"十二五"普通高等教育本科国家级规划教材

辽宁省"十二五"普通高等教育本科省级规划教材

韩国语视听说教程

（第二版）

何彤梅　总　主　编

张国强　执行总主编

陈艳平　主　编

图书在版编目(CIP)数据

韩国语视听说教程.4/何彤梅总主编;陈艳平主编.—2版.—北京:北京大学出版社,2016.7
(21世纪韩国语系列教材)
ISBN 978-7-301-26821-6

Ⅰ.①韩… Ⅱ.①何…②陈… Ⅲ.①朝鲜语—听说教学—高等学校—教材 Ⅳ.①H559.4

中国版本图书馆CIP数据核字(2016)第025496号

书　　名 韩国语视听说教程(四)(第二版)
HANGUOYU SHITINGSHUO JIAOCHENG (SI) (DI-ER BAN)
著作责任者 何彤梅 总主编 陈艳平 主编
组稿编辑 张 娜
责任编辑 刘 虹
标准书号 ISBN 978-7-301-26821-6
出版发行 北京大学出版社
地　　址 北京市海淀区成府路205号 100871
网　　址 http://www.pup.cn 新浪微博:@北京大学出版社
电子邮箱 编辑部 pupwaiwen@pup.cn 总编室 zpup@pup.cn
电　　话 邮购部 010-62752015 发行部 010-62750672 编辑部 010-62754382
印 刷 者 北京虎彩文化传播有限公司
经 销 者 新华书店
787毫米×1092毫米 16开本 14.75印张 430千字
2010年7月第1版
2016年7月第2版 2024年8月第4次印刷
定　　价 50.00元

제1부분 뉴스들으며 한국어 배우기

제2부분 한국 TV 프로그램 감상하며 한국어 학습하기

一、한국 전통 문화의 향기

二、사회 문화 보기

三、서울 관광 가이드

제1부분 뉴스들으며 한국어 배우기

제 1 과

뉴스1 [뉴스플러스] 회사에서 평균 11시간. 저녁 없는 삶

단어

녹록하다	텅	일제히	인사고과
단축되다	마인드	배분하다	

단어해석

1. **녹록하다** 庸庸碌碌,微不足道,无用的

   [형용사] (1)평범하고 보잘것없다.

   (2)만만하고 상대하기 쉽다.

2. **텅** 空荡荡,空空如也

   [부사] 큰 것이 속이 비어 아무것도 없는 모양.

   예 그가 던진 목침은 벽을 텅 맞고 떨어졌다.

3. **일제히** 一齐,一起

   [부사] 여럿이 한꺼번에

   예 사람들의 시선이 일제히 내게로 쏠렸다.

4. **인사고과** 人事考核

   <경제> 인원 배치, 임금 책정, 교육 훈련 따위를 위하여 종업원이나 직원의 능력·성적·태도를 종합적으로 평가하는 일.

5. **단축되다** 缩短

   [동사] 시간이나 거리 따위가 짧게 줄어들다.

   예 점심시간이 20분 단축되었다.

6. **마인드 心理,思想,思考方式,创意**
   [명사] mind(마인드) 외래어 표기
7. **배분하다 分配,分给**
   [동사] 몫몫이 별러 나누다.
   예 약을 배분하는 책임은 약사가 아닌 의사에게 있다.

질문에 답하기:

1. 뉴스에서의 이 회사는 6시퇴근제를 시행하고 있다고 보도했는데, 그럼 이 회사 규정대로 하면 늦게 퇴근하면 어떻게 되지요?
2. 회사원들이 일찍 퇴근하면 저녁 시간의 여유가 생기면서 무엇을 하지요?
3. 정시 퇴근 시행 이후 근무 시간이 줄어들면서 생산성이 떨어졌나요?
4. 서울의 한 구청에서 직원들을 상대로 반찬가게를 운영한 것은 어떤 생각에서 한 것이지요?
5. 가족과 함께 저녁식사를 하는 사람들은 생각보다 많지 않은데다 오히려 줄고 있는 추세랍니다. 왜 그럴까요?
6. 외국인 CEO로 있을 때 야근에 대한 태도가 어떻게 다르지요?

뉴스2 [이브닝 이슈] 각종 신고전화 3개로 통합. 112·119·110만 남긴다

단어

남기다	폐지되다	간첩	미아	총괄하다
부각되다	허비하다	접수되다	침몰하다	테러
하필	더듬	다이얼	분초를 다투다	
하수구	탐지견	횃김		

단어해석

1. **남기다** 留,保留,剩下
   [사동사] '남다'의 사동사
   예 용돈을 남겨 저금하다.

2. **폐지되다** 被废止
   [동사] 실시되어 오던 제도나 법규, 일 따위가 그만두어지거나 없어지다.
   예 영화의 사전 검열이 폐지되었다.

3. **간첩** 间谍,特务
   [명사]한 국가나 단체의 비밀이나 상황을 몰래 알아내어 경쟁 또는 대립 관계에 있는 국가나 단체에 제공하는 사람.

4. **미아** 走失儿童
   [명사] 길이나 집을 잃고 헤매는 아이.

5. **총괄하다** 总括,综合,概括
   [동사](1) 개별적인 여러 가지를 한데 모아서 묶다.
   (2) 낱낱의 개념을 통틀어서 외연이 큰 하나의 개념으로 포괄하다.
   예 그는 수많은 민요를 총괄하여 종합적으로 분류하였다.

6. **부각되다** 凸显
   [동사](1) 어떤 사물이 특징지어져 두드러지게 되다.
   (2) 주목받는 사람, 사물, 문제 따위로 나타나게 되다.
   예 실업 문제는 우리 사회의 가장 큰 문제로 부각되고 있다.

7. **허비하다** 费,浪费,耗费,耗
   [동사] 헛되이 쓰다.
   예 시간을 허비하다

8. **접수되다** 接收,接纳
   [동사](1) 신청이나 신고 따위가 구두(口頭)나 문서로 받아들여지다.
   (2) 돈이나 물건 따위가 받아들여지다.
   예 신청서는 도착순으로 접수되었다.

9. **침몰하다** 沉没,湮没
   [동사] 물속에 가라앉다.
   예 배는 급류에 침몰하고 말았다.

10. **테러** 恐怖,恐怖行动,恐怖主义,恐怖主义者
    [명사](1) 폭력을 써서 적이나 상대편을 위협하거나 공포에 빠뜨리게 하는 행위. '폭력', '폭행...
    (2) <정치> [같은 말] 테러리즘(정치적인 목적을 위하여 조직적·집단적으로 행하는 폭력 행위).
    예 미국이 테러를 당하다.

11. 하필 怎么搞的,何必

[부사] 다른 방도를 취하지 아니하고 어찌하여 꼭.

예 왜 하필 나를 불렀을까?

12. 더듬 摸,摸索,口吃,结巴

[자타동사] '더듬거리다' 의 어근.

예 그것 하나 제대로 못하고 더듬대니?

예 그는 긴장하면 말을 더듬댄다.

13. 다이얼(收音机) 调频旋钮,(电话机的)拨号盘

[명사](1) 라디오의 주파수를 맞추는 회전식 손잡이.

(2) 상대편 번호를 돌리기 위한 전화기의 숫자 회전 장치. '번호판' 으로 순화.

(3) 여러 가지 기계류의 눈금판. '글자판' 으로 순화.

예 어머니는 다이얼을 음악 방송에 맞추었다.

14. 분초를 다투다 分秒必争

[관용구] 아주 짧은 시간이라도 아끼어 급하게 서두르다.

예 이 환자의 생명은 분초를 다툰다.

15. 하수구 下水道,臭水沟

[명사] 빗물이나 집, 공장, 병원 따위에서 쓰고 버리는 더러운 물이 흘러내려 가도록 만든 도랑.

예 막힌 하수구를 팡팡 뚫다

16. 탐지견 嗅探犬,侦探犬

[명사] 냄새를 맡아 숨겨 놓은 대상물을 찾아내는 데 쓰는 훈련된 개.

17. 홧김 气头上

[명사] 화가 나는 기회나 계기.

본문 들어가기:

질문에 답하기:

1. 스무 가지에 달하는 각종 신고 전화번호가 어떻게 세 가지로 통합된다고 했지요? 전화번호 3개는 무엇인가요?
2. 통합방안에 따르면 범죄신고는 몇 번이고, 재난과 구조 구급신고는 몇 번? 노인학대와 학교폭력등 상담번호는 몇 번입니까?
3. 이번에 통합된 후에 폐지된 신고전화는 몇 번이에요?
4. 긴급신고전화를 왜 통합한 것이지요?
5. 범죄 신고는 몇 번이고? 구난 구조는 몇 번이에요?
6. 기존의 신고번호는 폐지되면 더 이상 연결이 안 되나요?
7. 학교 폭력이 있을 경우에 신고 전화는 몇번이에요?

뉴스1 [집중] 카카오톡에서 텔레그램으로. '사이버 망명' 소문과 진실

단어

카카오톡	불리다	내걸다	서버
확산되다	실추시키다	엄벌하다	해킹

단어해석

1. **카카오톡** Kakao Talk 是一款来自韩国的免费聊天软件，可供 iPhone、Android、WP、黑莓 等智能手机之间通讯的应用程序。

2. **불리다** 使吹,让吹,使唱,让唱,使叫做,强加

   [사동사] (1) '부르다(말이나 행동 따위로 다른 사람의 주의를 끌거나 오라고 하다)' 의 피동사.
   (2) '부르다(곡조에 맞추어 노래의 가사를 소리 내다)' 의 피동사.
   (3) '부르다(이름이나 명단을 소리 내어 읽으며 대상을 확인하다)' 의 피동사.

   예 쇠를 불리고 이기고 담그고 하는 것이 그가 하는 일의 전부였다.

3. **내걸다** 往外挂,挂在外边,提出,豁出命

   [동사](1) 밖이나 앞쪽에 내다가 걸다.
   (2) 목숨, 재산, 명예 따위의 희생을 무릅쓰다.
   (3) 목표, 주제, 조건 따위를 앞세우거나 내세우다.

4. **서버** (网球、排球、乒乓球等)发球员,发球方,服务器

   [명사](1) <컴퓨터> 주된 정보의 제공이나 작업을 수행하는 컴퓨터 시스템. 서버는 클라이언트 시스템이 요청한 작업이나 정보의 수행 결과를 돌려준다.
   (2) <운동> 테니스 · 탁구 · 배구 따위에서, 서브하는 쪽. 또는 그 사람.

5. 확산되다 波及

[동사] (1) 흩어져 널리 퍼지게 되다.

(2) <물리>서로 농도가 다른 물질이 혼합될 때 시간이 지나면서 차츰 같은 농도가 되다.

6. 실추시키다 失去威信,名誉扫地

[명사] 명예나 위신 따위를 떨어뜨리거나 잃음.

예 기업의 이미지가 크게 실추되다.

7. 엄벌하다 严惩

[동사] 엄하게 벌을 주다.

예 살인범을 엄벌하다.

8. 해킹 黑客

[명사] <컴퓨터> 다른 사람의 컴퓨터 시스템에 무단으로 침입하여 데이터와 프로그램을 없애거나 망치는 일.

예 불법인 컴퓨터 해킹 기술

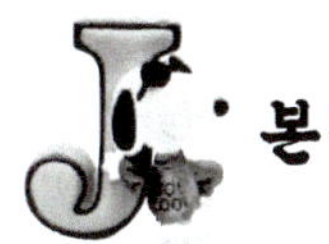

본문 들어가기

질문에 답하기:

1. 최근에는 많은 사람들이 카카오톡 대신에 외국계 메신저인 텔레그램으로 갈아타는 이유가 뭐지요?
2. 한국 국내 모바일 메신저 이용자는 몇명이고, 시장 점유율은 어떻게 되며, 한국에서 어떤 위치를 차지하고 있지요?
3. 사람들이 어떤 우려 때문에 카카오톡대신 독일에 서버로 둔 텔레그램을 사용하기 시작한 거지요?
4. '사이버 망명' 사태에 대응하기 위해 카카오톡은 어떤 대책을 내놨습니까?

뉴스2 [집중취재] '서울이 고향' 그런데 서울말 안 쓴다. 말의 변천사

단어

만담가	웃음바다	억양	역설적
대장장이			

단어해석

1. **만담가** 单口相声艺人,相声演员
[명사] 직업적으로 만담을 하는 사람. 또는 만담을 썩 잘하는 사람.
예 만담가의 훌륭한 연기는 청중들로 하여금 모두 넋을 잃게 했다.

2. **웃음바다** 哄堂大笑,笑声一片
[명사] 한데 모인 수많은 사람이 유쾌하고 즐겁게 마구 웃어 대는 웃음판을 비유적으로 이르는 말.
예 선생님의 한마디 우스개에 교실은 웃음바다가 되었다.

3. **억양** 语调,抑扬顿挫
[명사] (1) 혹은 억누르고 혹은 찬양함.
(2) <언어>음(音)의 상대적인 높이를 변하게 함. 또는 그런 변화.

4. **역설적** 反语的,反向的,反过来,反而
[관형사·명사] 어떤 주장이나 이론이 겉보기에는 모순되는 것 같으나 그 속에 중요한 진리가 함축되어 있는. 또는 그런 것.
예 내 말이 역설적으로 들릴지는 모르지만 사실이다.

5. **대장장이** 铁匠
[명사] 대장일을 하는 기술직 노동자.

본문 들어가기:

질문에 답하기:

1. 표준어와 서울말을 비교해 보면 어떻게 다르지요?
2. 서울 토박이는 어떻게 정의하고 있지요?
3. 지난 2007년 조사 결과에 따르면, 서울 토박이는 몇 명 정도 있다고 했지요?

제 3 과

뉴스1 2017 수능, 한국사 필수. 국어·수학 수준별 시험 없어져

단어

문항　　출제되다　　혼선　　치르다

단어해석

1. 문항　问题

[명사] 문제의 항목.

예 이 문항은 어려워서 풀지 못했다.

2. 출제되다　出题

[동사] 문제나 제목이 내어지다.

예 시험 문제가 사지선다형으로 출제되었다

3. 혼선　串线, 搅在一起,弄混

[명사] (1) 전신 · 전화 · 무선 통신 따위에서, 선이 서로 닿거나 전파가 뒤섞여 통신이 엉클어지는 일.
(2) 말이나 일 따위를 서로 다르게 파악하여 혼란이 생김.
(3) 줄이 갈피를 잡을 수 없게 뒤섞임. 또는 그 줄.

예 전화에 갑자기 혼선이 생겨 통화를 중단했다.

4. 치르다　支付,考,过,经受

[동사] (1) 주어야 할 돈을 내주다.
(2) 무슨 일을 겪어 내다.
(3) 아침, 점심 따위를 먹다.

예 혼사를 치르다.

본문 들어가기

질문에 답하기:

1. 언제부터 한국사 영역이 수능시험의 필수로 시행될 거지요?
2. 필수로 지정된 한국사 시험은 몇 문항이 출제될 것인지, 몇 분의 시간이 늘어날 것인지, 그리고 어떻게 치러질 것입니까?
3. 한국사 영역 만점은 몇 점인지? 그리고 몇 점 받으면 1등급을 받을 수 있지요?
4. 2015학년도 수능에서 어떤 변화가 있었지요? 그리고 2017학년도엔 어떤 변화가 있을까요?

뉴스2 만성 적자 속 또 '신공항' 추진?

단어

허브공항	적자 막대하다	숙원	발주하다
용역	울진공항	폐해	골칫거리

단어해석

1. **허브 공항** hub Airport
2. **적자** 赤字

[명사] 지출이 수입보다 많아서 생기는 결손액. 정부에 기록할 때 붉은 글자로 기입한 데서 유래한다. '결손'으로 순화.

3. **막대하다　巨大，宏伟**

[형용사] 더할 수 없을 만큼 많거나 크다.

예 막대한 손실
막대한 재산
이번 사건이 군대 전체의 사기에 미치는 영향은 막대하다.

4. **숙원　宿愿，夙愿**

[명사] 오래전부터 품어 온 염원이나 소망. ≒숙념(宿念).

5. **발주하다　订货，定货**

[동사] 『…을』 ⇒발주.
[명사] 물건을 보내 달라고 주문함. 주로 공사나 용역 따위의 큰 규모의 거래에서 이루어진다.

6. **용역　劳务**

[명사] <경제> 물질적 재화의 형태를 취하지 아니하고 생산과 소비에 필요한 노무를 제공하는 일. '품'으로 순화.

7. **울진공항　蔚珍空港, Uljin Airport**

8. **폐해　弊害，害处**

[명사] 폐단으로 생기는 해.

9. **골칫거리　牵扯，麻烦事**

[명사] 일을 잘못하거나 말썽만 피워 언제나 애를 태우게 하는 사람이나 사물.

본문 들어가기:

질문에 답하기:

1. 정부가 지난달 발표한 국토균형발전계획에서 '동남권 신공항건설'을 하겠다는 이유가 뭡니까?
2. 동남권은 어떤 지역을 가리키는 것입니까?
3. 정부가 내놓은 타당성 용역결과는 어떤 내용이었지요?

4. 3년 전 부산시가 발주한 용역 보고서는 공항 건설에 대해서 어떤 결론을 지었지요?
5. 신공항들의 사용현황은 어떻습니까?

뉴스1 개나리로 암 억제 '눈 호강' 봄 꽃, 몸에도 좋다

단어

팬지　제라늄　플라보노이드

카로티노이드　항산화

단어해석

1. 팬지　三色堇

[명사] <식물> [같은 말] 삼색제비꽃(제비꽃과의 한해살이 또는 두해살이 풀).

2. 제라늄　洋绣球,天竺葵

[명사] <식물> (1) 쥐손이풀과의 제라늄속을 통틀어 이르는 말.
(2) 쥐손이풀과의 여러해살이풀. 높이는 30~50cm이며 잎은 잎자루가 길고 심장 모양의 ...

3. 플라보노이드　生物类黄酮

4. 카로티노이드　类胡萝卜素

5. 항산화　抗氧化

예 항산화물질

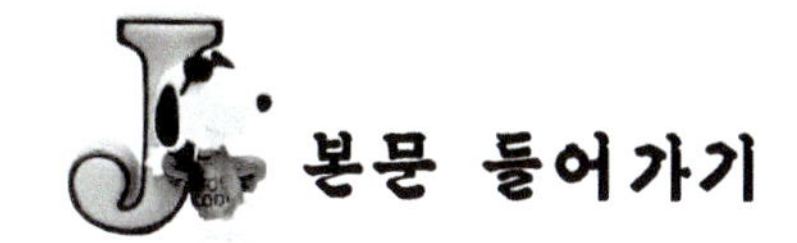

본문 들어가기

질문에 답하기:

1. 벚꽃에는 어떤 영양성분이 들어 있지요?
2. 개나리에는 어떤 영양성분이 들어 있지요?
3. 진달래에는 어떤 영양성분이 들어 있지요?
4. 가로수에 핀 봄꽃을 그냥 따서 먹어도 됩니까? 왜요?
5. 전문가들은 봄꽃을 먹을 때 유의해야 할 점이 뭐라고 했지요?

뉴스2 '기름 유출 사고 7년.' 태안은 지금 어떻게 달라졌나

단어

킬로리터　　콸콸　　바지락　　방제
되찾다　　드나들다

단어해석

1. 킬로리터　千升 (体积单位,符号kl)

[의존명사] 미터법에 의한 부피의 단위. 액체, 기체, 곡물 따위의 부피를 잴 때 쓴다. 1킬로리터는 1리터의 1,000배이다. 기호는 kl.

2. 콸콸　哗哗

[부사] 많은 양의 액체가 급히 쏟아져 흐르는 소리. '괄괄'보다 거센 느낌을 준다.

예 물이 콸콸 나오는 수도꼭지가 제일 신기하고 부러웠다.

3. 바지락 菲律宾蛤仔,蛤仔

4. 방제 防治

[명사] (1) 재앙을 미리 막아 없앰.

(2) 농작물을 병충해로부터 예방하거나 구제함.

예 미리 농약을 준비해 방제에 차질이 없도록 했다.

5. 되찾다 重新找,(使)再现,找回,光复

[동사] 다시 찾거나 도로 찾다.

예 시력을 되찾다.

6. 드나들다 进进出出,弯弯曲曲

[동사] (1) 어떤 곳에 많은 것들이 들어가고 나오고 하다.

(2) 일정한 곳에 자주 왔다 갔다 하다.

(3) 여러 곳에 자주 들어가고 나가고 하다.

예 많은 노점상이 이 골목으로 드나들고 있다.

본문 들어가기:

질문에 답하기:

1. 기름유출사고가 일어났던 태안 해안의 현재상황은 어때요?
2. 태안의 어업이 완전히 회복되는 데는 시간이 걸릴 것이라고 했는데, 왜 요?

제 5 과

뉴스1 남자 선생님 없는 초등학교, 교사 선발 방식 개선 해야

단어

하늘의 별 따기	임용고시	억세다	차분하다
정서적	신규	발령	

단어해석

1. 하늘의 별 따기　上天摘星星(喻指难得几乎没有可能)

[속담] 무엇을 얻거나 성취하기가 매우 어려운 경우를 비유적으로 이르는 말.

예 이 도시에서 주택 구입은 하늘의 별 따기이다.

2. 임용고시　招聘考试

<법률> 공무원 임용 제도의 하나. 일정한 시험에 합격하는 것을 임용 자격의 요건으로 한다.

3. 억세다　坚硬,强有力,有劲,坚决

[형용사] (1) 마음먹은 바를 이루려는 뜻이나 행동이 억척스럽고 세차다.
(2) 생선의 뼈나 식물의 줄기・잎, 풀 먹인 천 따위가 아주 딱딱하고 뻣뻣하다.
(3) 팔, 다리, 골격 따위가 매우 우락부락하고 거칠어 힘이 세다.

예 억센 의지

4. 차분하다　文静,平静

[형용사] 마음이 가라앉아 조용하다.

예 마음이 고인 물처럼 차분하다.

5. 정서적　情绪,心绪

[관형사·명사] 정서를 불러일으키는, 또는 그런 것.

예 낮은 학업 성취도는 정서적 장애와 결부된다.

6. **신규 新规定,新法规,新章程**

[명사]

(1) 새로운 규칙이나 규정.

(2) 새로이 하는 일.

예 공무원 신규 모집을 위한 시험 제도

7. **발령 发布命令,下达命令**

[명사] (1) 명령을 내림. 또는 그 명령. 흔히 직책이나 직위와 관계된 경우를 이른다.

(2) 긴급한 상황에 대한 경보(警報)를 발표함.

본문 들어가기

질문에 답하기:

1. 서울의 초등학교 교사 중 여성비율이 얼마나 되지요?
2. 초등학교에 남자 선생님이 많이 부족한 실정인데, 무슨 이유로 이렇게 됐지요?
3. 교원 선발 방식을 어떻게 개선해야 한다는 지적이 나와 있나요?

뉴스2 불 꺼지는 카지노 천국

단어

개척하다	카지노	여파	라스베이거스
불야성	사웃	카우보이	직격탄
씀씀이	언저리	북적이다	경기침체
수렁	썰렁하다	승화	주춤거리다

단어해석

1. **개척하다** 开拓，开辟

   [동사]『…을』⇒ 개척.

   새로운 영역, 운명, 진로 따위를 처음으로 열어 나감.

   예 해외 시장을 개척하다

2. **카지노** 卡西诺牌

   [명사] 카드놀이의 하나.

3. **여파** 余波，影响

   [명사] 일이 끝난 뒤에 남아 미치는 영향. '남은 영향'으로 순화.

   예 사건의 여파가 크다

   석유 파동의 여파로 물가가 크게 올랐다.

4. **라스베이거스** Las Vegas 拉斯韦加斯

5. **불야성** 不夜城

   [명사] 등불 따위가 휘황하게 켜 있어 밤에도 대낮같이 밝은 곳을 이르는 말.

6. **사뭇** 非常

   [부사] 아주 딴판으로.

   예 이번 겨울 방학은 사뭇 바빴다.

7. **카우보이** cowboy 牛仔

   [명사] 미국 서부 지방이나 멕시코 등지의 목장에서 말을 타고 일하는 남자를 이르는 말.

   예 카우보이들이 황량한 벌판에서 말을 달리고 있다.

8. **직격탄** 直射弹

   [명사] 직접적으로 치명적인 피해를 주거나 타격을 가하는 일.

   예 직격탄을 맞다

   상대편 얼굴에 직격탄을 날리다.

9. **씀씀이** 开销，花销

   [명사] 돈이나 물건 혹은 마음 따위를 쓰는 형편. 또는 그런 정도나 수량. ≒쓰임쓰임 • 용도(用度).

   예 씀씀이가 헤프다

   씀씀이가 크다

10. **언저리** 边，侧

    [명사] 둘레의 가 부분.

11. **북적이다** 闹忙

    [동사]『…에』『…으로』많은 사람이 한곳에 모여 매우 수선스럽게 들끓다.

12. **침체 停滞**
어떤 현상이나 사물이 진전하지 못하고 제자리에 머무름.
예 침체 상태/ 경기 침체

13. **수렁 泥坑,泥沼**
[명사] 헤어나기 힘든 곤욕을 비유적으로 이르는 말.

14. **썰렁하다 冷清,凉飕飕**
있어야 할 것이 없어 어딘가 빈 듯한 느낌이 있다.
예 점심때가 이른 탓인지 국밥 집에는 손님 하나 없이 썰렁했다.

15. **승화 升华**
[명사] 어떤 현상이 더 높은 상태로 전환되는 일.

16. **주춤거리다 踌躇,犹豫**
[동사] 『(…을)』 어떤 행동이나 걸음 따위를 망설이며 자꾸 머뭇거리다. ≒ 주춤대다.
예 걸음이 주춤거리다.

본문 들어가기:

질문에 답하기:

1. 글로벌 금융위기의 영향으로 미국 라스베이거스는어떻게 됐지요?
2. 경제 한파가 오기 전에 라스베이거스는 어땠나요?
3. 라스베이거스의 경제 신화가 어떻게 이어진 거지요?
4. 경기침체로 큰 타격을 겪은 라스베이거스 호텔업계는 어떤 조치들을 취하고 있지요?

제 6 과

뉴스1 '등산하기 좋은' 청명한 날씨. 가을철 산악 사고 예방법

단어

청명하다	돌부리	무심코	QR 코드
여벌	헬기		

단어해석

1. **청명하다** 晴朗,清朗
   [형용사] (1) 날씨가 맑고 밝다.
   (2) 소리가 맑고 밝다.
   (3) 형상이 깨끗하고 선명하다.
   예 초가을 날씨는 아주 청명하다.

2. **돌부리** (地面露出的)石头尖角
   [명사] 땅 위로 내민 돌멩이의 뾰족한 부분.
   예 그는 발 앞의 돌부리를 툭툭 차며 풀 죽은 목소리로 말했다.

3. **무심코** 无心地,不留意,有意无意,下意识
   [부사] 아무런 뜻이나 생각이 없이.
   예 무심코 고개를 돌리다.

4. **QR 코드** (Quick Response Code) 快速应答码

5. **여벌** 多余的,附带,副业,表面上的
   [명사] (1) 입고 있는 옷 이외에 여유가 있는 남은 옷.
   (2) 본래 소용되는 것 이외의 것.
   예 그 소설책이 여벌이면 나에게 선사해 주렴.

6. **헬기　直升机,"헬리콥터"的略语**
[명사] [같은 말] 헬리콥터
예 헬기가 급상승하여 기체가 흔들렸다.

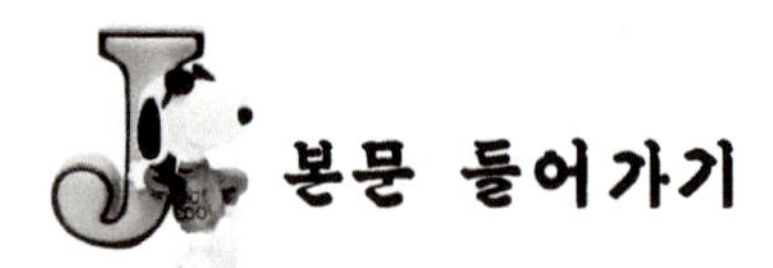

본문 들어가기

질문에 답하기:

1. 뉴스에서 어떤 산악 사고 예방법을 알려줬지요?
2. 사고가 나면 어떻게 해야 하지요?

뉴스2 따뜻함·그리움 담은 '집밥' 열풍, 현대인 외로움 반영

단어

투박하다	분주하다	썰다	따스하다
장아찌	언뜻	도란도란	

단어해석

1. **투박하다　粗制滥造,粗笨,粗鲁,愚鲁**
[형용사] (1) 생김새가 볼품없이 둔하고 튼튼하기만 하다.
(2) 말이나 행동 따위가 거칠고 세련되지 못하다.

2. **분주하다　奔走,忙忙碌碌,忙碌**
[동사] 몹시 바쁘게 뛰어다니다.
[형용사] 이리저리 바쁘고 수선스럽다.
예 세속의 일에 분주하다.

3. **썰다** 切, 耙(地)穿过,掠过

[타동사] 어떤 물체에 칼이나 톱을 대고 아래로 누르면서 날을 앞뒤로 움직여서 잘라 내거나 토막.

예 배추를 썰다.

4. **따스하다** 暖和,和煦

[형용사] 조금 다습다. '다스하다' 보다 센 느낌을 준다.

예 햇볕이 따스하다.

5. **장아찌** 酱菜

[명사] 오이, 무, 마늘 따위의 야채를 간장이나 소금물에 담가 놓거나 된장, 고추장에 박았다가 조금씩 꺼내 양념하여서 오래 두고 먹는 음식.

예 마늘 장아찌가 알맞게 삭았다.

6. **언뜻** 猛然

[부사] (1) 지나는 결에 잠깐 나타나는 모양.
(2) 생각이나 기억 따위가 문득 떠오르는 모양.

예 지난 일이 또 눈앞에 언뜻 나타났다.

7. **도란도란** 窃窃私语,低语

[부사] (1) 여럿이 나직한 목소리로 서로 정답게 이야기하는 소리. 또는 그 모양.
(2) 개울물 따위가 잇따라 흘러가는 소리. 또는 그 모양.

예 사람들이 마당에 모여 도란도란 얘기를 나누었다.

본문 들어가기:

질문에 답하기:

1. '집밥' 이라는 평범하고 투박한 밥상이 왜 인기가 있지요?
2. '집밥' 은 현대인들의 식단과 어떻게 다르지요?

제 7 과

뉴스1 딸이 좋다 지난해 출생 성비 최저. 여아 100명당 남아 105명

단어

선호　　성비　　균형을 이루다

단어해석

1. **선호　偏好**

   [명사] 여럿 가운데서 특별히 가려서 좋아함.

   예 그가 청년시대부터 음주에 대한 선호가 있었음을 말해준다.

2. **성비　性别比，两性比例**

   [명사] <생물> 같은 종(種) 안에서 암컷과 수컷의 개체 수의 비. 성염색체에 의한 성 결정에 따르면 일대일이 되나, 실제로는 한쪽으로 치우치기도 한다.

3. **균형을 이루다　保持平衡**

   예 양 팀은 6회까지 2–2로 팽팽한 균형을 이루었다.

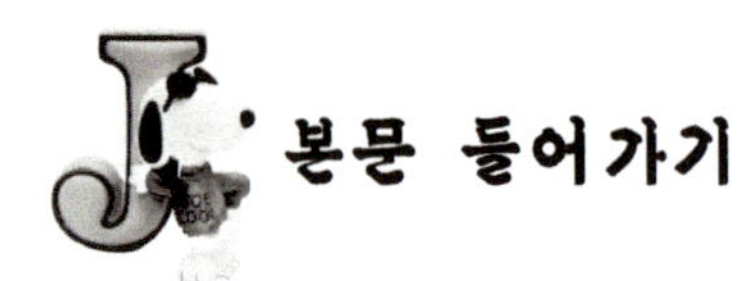

본문 들어가기

질문에 답하기:

1. 한국의 남아 출생률은 몇 년도에 가장 높았고, 얼마였지요?
2. 남아의 출생성비는 몇 년도부터 '정상범위' 에 들어섰지요?
3. 왜 사람들은 하나만 낳을 거라면 남자아이가 낫다는 생각으로 바뀌었지요?

뉴스2 먹구름 낀 베스트셀러 '구름빵'. 저작권 논란 휩싸여

단어

베스트셀러	저작권	애니메이션	도마에
오르다	반박하다	접근하다	해명하다

단어해석

1. **베스트셀러** (best seller) 畅销书籍,热门商品
   [명사] 어떤 기간에 가장 많이 팔린 물건. '인기 상품' 으로 순화.

2. **저작권** 著作权
   [명사] <법률> 문학, 예술, 학술에 속하는 창작물에 대하여 저작자나 그 권리 승계인이 행사하는 배타적 · 독점적 권리. 저작자의 생존 기간 및 사후 50년간 유지된다.
   예 이 책의 저작권은 그 출판사에 양도되었다.

3. **애니메이션** (animation) 动画片

4. **도마에 오르다** 成为众矢之的
   예 러나 저러나 마녀재판의 도마 위에 오르면 정치생명은 끝날 수밖에 없다.

5. **반박하다** 反驳
   [동사] 어떤 의견, 주장, 논설 따위에 반대하여 말하다.
   예 상대편의 논거에 대하여 반박하다

6. **접근하다** 接近,接触
   [동사] (1) 가까이 다가가다.
   (2) 친밀하고 밀접한 관계를 가지다.
   예 그는 안내원에게 접근하여 길을 물었다.

7. **해명하다** 辩解,解释

[동사] 까닭이나 내용을 풀어서 밝히다.

예 그는 기자에게 사건의 진상을 즉각 해명하였다.

본문 들어가기:

질문에 답하기:

1. 그림책 '구름빵' 은 어떠한 부가가치를 냈지요?
2. 부가가치를 많이 낸 그림책이 정작 작가에게 돌아간 대가는 얼마지요?
3. 이 책의 출판사는 작가에게 어떤 협상을 하고 있습니까?
4. 작가는 책 표지의 저작자에서 사진을 찍은 김향수 씨의 이름을 왜 빼달라고 했지요?

제 8 과

뉴스1 성남 재개발 지역 입주권 혼란

단어

이주	공람 공고	모호하다	호재
노리다	자초하다	웃돈	음모
지자체	정황	앞당기다	가중하다

단어해석

1. 이주 移住,移居

[명사] 개인이나 종족, 민족 따위의 집단이 본래 살던 지역을 떠나 다른 지역으로 이동하여 정착함.

2. 공람 공고 供览 公告

공람 [명사] 관람하게 함. 또는 여러 사람이 보게 함. '돌려 봄'으로 순화.
공고 [명사] <법률> 국가 기관이나 공공 단체에서 일정한 사항을 일반 대중에게 광고, 게시, 또는 다른 공개적 방법으로 널리 알림.

3. 모호하다 模糊,含糊

[형용사] 말이나 태도가 흐리터분하여 분명하지 않다.

예 모호한 설명
문장이 모호하여 의미를 알 수 없다.

4. 호재 利好条件

<경제> 증권 거래에서, 시세 상승의 요인이 되는 조건. ≒호재료.

예 이번에 발표된 정부의 경제 시책은 증시에 호재로 작용하였다.

5. **노리다 伺机,窥伺**

[동사]『…을』음흉한 목적을 가지고 남의 것을 빼앗으려고 벼르다.

6. **자초하다 闯祸,惹祸**

[동사]『…을』⇒자초.

[명사]어떤 결과를 자기가 생기게 함. 또는 제 스스로 끌어들임. '가져옴', '스스로 가져옴', '스스로 불러옴', '불러옴'으로 순화

예 죽음을 자초하다
화를 자초하다

7. **웃돈 额外费用**

[명사] 물건을 서로 바꿀 때에 값이 적은 쪽에서 물건 외에 더 보태어 주는 돈.

예 절약한다고 한 것이 결국은 삼만 원이 넘는 웃돈을 더 쓴 꼴이 되고 말았다.

8. **음모 阴谋,密谋**

[명사] 나쁜 목적으로 몰래 흉악한 일을 꾸밈. 또는 그런 꾀. ≒은모(隱謀)·음계(陰計).

9. **지자체 地方自治制度**

[명사] <정치>'지방 자치 단체'를 줄여 이르는 말.

10. **정황 情况,情形**

[명사] 일의 사정과 상황

11. **앞당기다 提前,提早**

[동사]『…을』이미 정해진 시간이나 약속을 당겨서 미리 하다.

12. **가중하다 加重**

[형용사] 정도가 심하고 부담이 무겁다.

본문 들어가기

질문에 답하기:

1. 경기도 성남시의 재개발 지역 주민들이 왜 시위를 하고 있지요?
2. 이주 대책 기준일은 어떻게 정해야 주민들이 입주권을 받게 되지요?
3. 구역지정고시일로 정한다면 어떻게 되고, 공람공고일 기준일로 하면 어떻게 되지요?
4. 대응 시위를 하고 있는 주민들은 어떤 사람들이지요?
5. 모호한 법 규정을 놓고 지자체가 검토만 한다는 태도에 대해 시위 주민들이 어떻게 생각하고 있지요?

뉴스2 못생긴 '늙은 호박' 알고 보면 '겨울 보약'

단어

울퉁불퉁하다	긁다	중탕하다	꿀단지
꼭지	쪼다	큼직하다	호박범벅
오븐	반죽하다		

단어해석

1. **울퉁불퉁하다** 疙疙瘩瘩,坎坎坷坷

   [형용사] 물체의 거죽이나 면이 고르지 않게 여기저기 몹시 나오고 들어간 데가 있다.

   예 울퉁불퉁하고 험한 길

2. **긁다** 搔(痒),抠,搂,扒,刮削

   [동사] (1) 손톱이나 뾰족한 기구 따위로 바닥이나 거죽을 문지르다.
   (2) 갈퀴 따위로 빗질하듯이 끌어 들이다.
   (3) 남을 헐뜯다

   예 머리를 긁다

3. **중탕하다** 烫,蒸,熘

   [동사] 끓는 물 속에 음식 담은 그릇을 넣어 익히거나 데우다.

   예 찬밥을 중탕하여 데워 먹다.

4. **꿀단지** 蜜坛子,蜜罐

[명사] 꿀을 넣어 두는 단지.

5. **꼭지** 蒂,把儿,柄,(盖子上的)抓手,(贴在风筝头上的)标记

[명사] (1) 그릇의 뚜껑이나 기구 따위에 붙은 볼록한 손잡이.
(2) 종이 연의 가운데에 붙이는 표.

[의존명사] (1) 모숨을 지어 잡아맨 물건을 세는 단위.
(2) 길이의 단위. 실의 길이를 잴 때 쓴다. 한 꼭지는 스무 자로 약 6.66미터에 해당한다.

6. **큼직하다** 偌大,大大的

[형용사] 꽤 크다.

예 큼직하게 글씨를 쓰다.

7. **호박범벅** 南瓜糊

[명사] 청둥호박과 찹쌀가루를 버무려서 꽤 되게 쑤어 만든 음식.

예 면 당원들은 수고한다면서 뜨뜻한 호박범벅을 내놓았다.

8. **쪼다** 凿,啄

예 닭이 모이를 쪼다.

9. **오븐** 烤炉,烤箱

[명사] 조리 기구의 하나. 기구 속에 음식을 넣고 밀폐하면 밀폐한 공간의 사방에서 보내는 열로 음식이 익는다. 전기 오븐과 가스 오븐이 있다.

예 오븐에서 갓 구워 낸 비스킷이라 바삭바삭하다.

10. **반죽하다** 拌,和,揉

[동사] 가루에 물을 부어 이겨 개다.

예 가루를 고루 잘 반죽하다.

본문 들어가기:

질문에 답하기:

1. 가을 늙은 호박은 왜 겨울 보약이라고 하지요?

2. 세계적으로 재배되는 호박은 몇 종류가 있지요?
3. 잘 익은 호박을 어떻게 고르지요?
4. 호박 꿀단지를 어떻게 만들지요?
5. 호박 꼭지는 어떤 효용이 있지요?

뉴스1 2012년 '정보 고속도로' 구축·인터넷 10배 빨라진다

단어

구축	기반	도입하다	양방향
초광대역	모바일	방통위	대변인

단어해석

1. 구축 构筑

[명사]체제, 체계 따위의 기초를 닦아 세움.

예 신뢰 구축.
안정 기반 구축.
통신망 구축.
새로운 무역 체제 구축.
전 세계를 무대로 한 판매망 구축.

2. 기반 基础

[명사] 기초가 되는 바탕. 또는 사물의 토대.

예 기반을 다지다.
기반을 닦다.
판소리는 전승되는 설화에 기반을 두고 형성되었다.
서울에 온 지 10년 만에야 생활의 기반을 잡았다.

3. 도입하다 引进

[동사] 기술, 방법, 물자 따위를 끌어 들이다.

예 새로운 공법을 건축에 도입하다.
그는 미술의 이미지 기법을 연극에 도입하고자 애쓰고 있다.

4. 양방향 双向

[명사] 양방향(Interactive)은 한 쪽이 아닌 다른 쪽에서 어떠한 행위가 발생할 수 있어 상호 주고 받고 할 수 있는 상태를 말한다.

5. 초광대역 超广区域

[명사] 단거리 구간에서 낮은 전력으로 넓은 스펙트럼 주파수를 통해 많은 양의 디지털 데이터를 전송하기 위한 무선기술로 GHz대의 주파수를 사용하면서도 초당 수천~수백만 회의 저출력 펄스로 이루어진 것이 큰 특색이다. 초고속 인터넷 접속, 레이더 기능, 전파탐지기 기능 등 응용범위가 광범위하다.

6. 모바일 移动电话,手机

[명사] 개인 휴대 전화로 언제 어디서나 네트워크에 접속하여 필요한 정보를 주고받을 수 있음.

7. 방통위 联邦通信委员会

[명사] 방통위는 미국의 연방통신위원회(FCC)를 모델로 삼아 2008년 2월 29일 방송통신위원회의 설치 및 운영에 관한 법률에 의거하여 설립된 대통령 직속 기구이다. 방송·통신, 주파수 연구 및 관리와 관련한 각종 정책들을 수립하고 심의·의결한다. 소속 기관에 전파연구소, 중앙전파관리소가 있다.

8. 대변인 发言人

[명사] 어떤 사람이나 단체를 대신하여 의견이나 태도를 발표하는 일을 맡은 사람.

예 정당의 대변인.

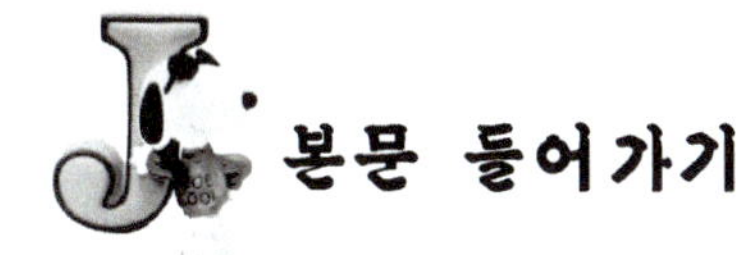

본문 들어가기

질문에 답하기:

1. 양방향 초광대역 정보 고속도로 구축 끝나면 어떤 서비스를 제공할 수 있지요?
2. 새로운 초광대역 정보 고속도로의 구축이 끝나면 지금의 HDTV는 어떻게

되지요?

3. 방통위는 2013년까지 양방향 초광대역 정보 고속도로 건설에 얼마를 투자하겠다고 했지요?

뉴스2 인터넷 전화, 기존 번호 그대로

단어

저렴하다	뛰어들다	혜택
절감	증진	추적

단어해석

1. 저렴하다 低廉

[형용사]물건 따위의 값이 싸다.

예 저렴한 가격

이 시장은 물건 값이 저렴하여 늘 많은 사람이 모인다.

2. 뛰어들다 扑,跳,投入

[동사]『…에』『…으로』

(1) 높은 데서 물속으로 몸을 던지다.

(2) 날쌔게 움직여 갑자기 들어가거나 들어오다.

(3) 몸을 던져 위험한 속으로 가다.

(4) 어떤 일이나…

3. 혜택 恩惠,实惠

[명사]은혜와 덕택을 아울러 이르는 말.

예 세금 혜택

혜택을 주다

혜택을 받다

혜택을 누리다

4. 절감 节减,缩减

[명사] 아끼어 줄임.

예 에너지 절감

원가 절감

5. 증진 增长,增进

[명사] 기운이나 세력 따위가 점점 더 늘어 가고 나아감.

예 복리 증진

식욕 증진

양국의 우호 증진과 상호 협력 방안을 논의하기 위한 회담이 개최되었다.

6. 추적 追寻,追踪

[명사] 사물의 자취를 더듬어 감.

예 추적을 당하다.

그들은 우리의 추적을 따돌리고 해외로 도피해 버렸다.

범인은 경찰의 추적을 피해 도망갔다.

본문 들어가기:

질문에 답하기:

1. 인터넷전화 번호 이동제가 뭐지요?
2. 인터넷 전화는 일반 유선 전화보다 좋은 점이 뭐예요?
3. 인터넷 전화의 불편한 점이 뭐예요?
4. 번호이동제도를 도입하게 되면 소비자들이 어떤 혜택을 받을 수 있지요?
5. 이번에 어떤 기술적인 문제점이 해결되었지요?
6. 여전히 해결하지 못한 문제점이 뭐예요?

뉴스1 가짜 명품 8톤, 100억 원어치 공개 폐기

단어

밀수 압수하다	폐기하다	반입하다	적발되다
기승을 부리다	파쇄	소각되다	정교하다

단어해석

1. **밀수 走私,偷运**
   [명사] 세관을 거치지 아니하고 몰래 물건을 사들여 오거나 내다 팖.

2. **압수하다 查扣,查缴**
   [동사]『…을』⇒압수.
   <법률> 물건의 점유를 취득하는 강제 처분. 압류, 영치(領置), 제출 명령이 있다. '거둬 감'으로 순화.
   예 출판물을 압수하다.
   마약 밀매품을 압수하다.
   검찰이 불법 복제품을 압수했다.

3. **폐기하다 废弃,作废**
   [동사]『…을』못 쓰게 된 것을 버림.
   예 유리병을 함부로 폐기해서는 안 된다.

4. **반입하다 搬进来,迁入**
   [동사] 운반하여 들여옴. '실어 들임', '실어 옴'으로 순화.

5. **적발되다 揭发,举发**
   [동사] 숨겨져 있는 일이나 드러나지 아니한 것을 들추어 냄. ≒적결.
   예 그 학생은 시험 시간에 부정행위를 하다가 적발되었다.

6. 기승을 부리다 势头猛烈

기운이나 힘 따위가 좀처럼 누그러들지 않다. ≒기승떨다 .

예 사흘간 기승부리던 산불을 겨우 잡았다.

7. 파쇄 破碎

[명사] 깨어져 부스러짐. 또는 깨뜨려 부숨.

8. 소각되다 烧毁,焚毁

[동사] 불에 태워 없애 버림. ≒소이.

예 노비 문서가 소각되다.

지난밤 화재로 중요한 서류의 상당량이 소각되어 버렸다.

9. 정교하다 精巧,密切交往,知交

[형용사] 내용이나 구성 따위가 정확하고 치밀하다.

예 인품이 훌륭한 그와 정교하고 싶다.

두 분은 일찍부터 정교하여 지금은 마치 형제와 같다.

조주(蘇州)의 많은 정원 건축물은 매우 작고도 정교하다.

전시회에 전시된 공예품은 하나같이 무두 정교하다.

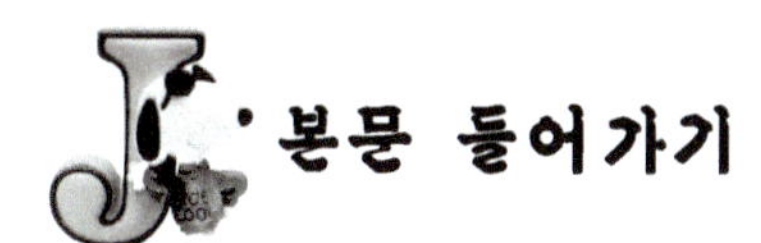

본문 들어가기

질문에 답하기:

1. 적발된 밀수품은 어떤 것들이 있지요?
2. 이번에 폐기된 밀수품의 양은 어떻게 되고, 진품 시가로 얼마정도 된다고 했지요?
3. 왜 가짜 밀수품은 소각해야 되지요?
4. 올해 들어 지난달까지 인천항에서 적발된 밀수품의 양은 어떻게 되고, 진품 시가로 얼마된다고 했지요?
5. 밀수품이 어떤 추세로 보인다고 했지요?
6. 왜 밀수품 적발하기가 어렵지요?

뉴스2 미세 플라스틱, 인체 영향은? 유해성 규명조차 안 돼

단어

플라스틱 축적되다 뒤섞이다 극지방
시급하다

단어해석

1. **플라스틱** 塑料,可塑性物质,塑胶,合成树脂,塑性体 (plastic (영))
   [명사] <화학> 열이나 압력으로 소성 변형을 시켜 성형할 수 있는 고분자 화합물을 통틀어 이르는 말. 천연수지와 합성수지가 있는데, 보통 합성수지를 이른다.

2. **축적되다** 积累,积蓄
   [동사] 지식, 경험, 자금 따위가 모여서 쌓이다.
   예 원자핵 속에는 막대한 에너지가 축적되어 있다.

3. **뒤섞이다** 混杂,混合
   [동사] (1) ‘뒤섞다(물건 따위를 한데 그러모아 마구 섞다)’의 피동사.
   (2) ‘뒤섞다(생각이나 말 따위를 마구 섞어 얼버무리다)’의 피동사.
   예 못마다 주렁주렁 여자 남자 옷이 뒤섞여 걸려 있었다.

4. **극지방** 极地
   [명사] <지리> 남극과 북극을 중심으로 한 그 주변 지역. 경계선은 일반적으로 교목 한계로 정하며, 북반구에서는 가장 더운 달의 평균 기온이 10℃인 등온선과 대략 일치한다.
   예 지구의 굽이률은 적도 지방이 극지방보다 더 크다.

5. **시급하다** 紧急,紧迫,迫在眉睫
   [형용사] 시각을 다툴 만큼 몹시 절박하고 급하다.
   예 한발 해소 대책이 시급하다.

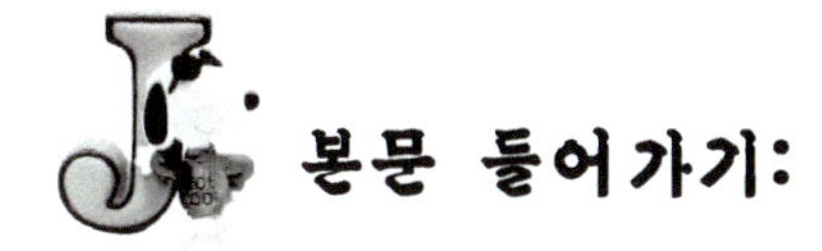

본문 들어가기:

질문에 답하기:

1. 송어 실험결과에 따르면, 오염물질 농도가 어떤 현상으로 나타났지요?
2. 다음 빈칸을 채우십시오.

   미세 플라스틱은 (　　) 체내에서 소화되지 못하고 위나 (　　) 안에 달라붙은 형태로만 발견되는 경우가 많았습니다. 그런데 최근 한 연구에선 오염물질 (　　)가 (　　)에서 높게 나타났습니다. 수컷 송어의 고환에서 (　　) 세포가 발견되는 등 암컷과 수컷이 뒤섞인 (　　) 혹은 (　　) 현상이 확인된 겁니다. (　　)과 내분비 (　　)까지 포함한 미세 플라스틱이 생물체 안에 축적돼 (　　) 영향을 끼칠 수 있다는 추론이 가능합니다."

제 11 과

뉴스1 박태환 금지약물 성분 남성호르몬 투약, 병원 과실여부 확인

단어

도핑테스트	호르몬	압수	잇따르
테스토스테론			

단어해석

1. 도핑테스트　兴奋剂检查

<운동> [같은 말] 약물 검사(운동선수가 성적을 올리기 위하여 약물을 사용했는지의 여부를 검사하는 일).

예 운동선수들은 경기 전이나 후에 도핑 테스트를 의무적으로 받는다.

2. 호르몬　荷尔蒙,激素

[명사] <의학> [같은 말] 내분비물(동물의 내분비샘에서 분비되는 체액과 함께 체내를 순환하여, 다른 기관이나 조직의 작용을 촉진, 억제하는 물질을 통틀어 이르는 말).

3. 압수　没收

[명사] (1) <법률>물건의 점유를 취득하는 강제 처분. 압류·영치(領置)·제출 명령이 있다.
(2) 물건 따위를 강제로 빼앗음.

예 밀수품을 압수하다.

4. 잇따르　跟着,接连

[동사] (1) 움직이는 물체가 다른 물체의 뒤를 이어 따르다.
(2) 어떤 사건이나 행동 따위가 이어 발생하다.

예 외국 영화들이 잇따라 수입되고 있다.

5. 테스토스테론 睾酮

[명사] <생물> 정소에서 분비되는 대표적인 남성 호르몬. 근육과 생식 기관의 발육을 촉진하고 이차 성징이 나타나게 한다.

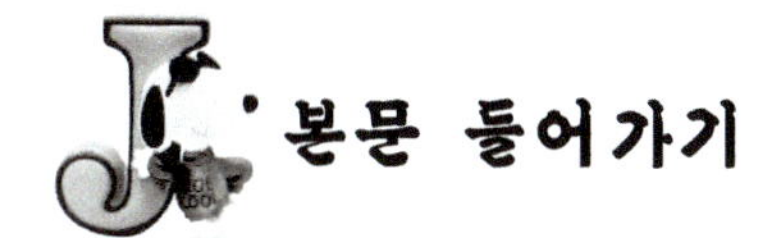

본문 들어가기

질문에 답하기:

1. 서울중앙지검은 도핑검사에서 양성 반응이 나온 박태환 선수에게 어떤 조사를 실시했지요? 조사 결과가 뭐지요?
2. 네비도는 어떤 약물이지요?
3. 박 선수는 주사를 맞은 것에 대해 어떻게 진술했지요?
4. 해당 병원장은 주사를 맞은 것에 대해 어떻게 주장하고 있지요?

뉴스2 밤바다 길잡이 묵호등대. 문화 공간 탈바꿈 '관광명소' 인기

단어

길잡이 탈바꿈하다 속초등대 랜드마크

단어해석

1. 길잡이 领路人，指路灯，先导

[명사] (1) 길을 인도해 주는 사람이나 사물.

(2) 나아갈 방향이나 목적을 실현하도록 이끌어 주는 지침을 비유적으로 이르는 말.

예 북극성을 길잡이로 삼다.

2. **탈바꿈하다 蜕变,形态完全改变**

[동사] (1) 원래의 모양이나 형태를 바꾸다.

(2) <동물>[같은 말] 변태하다(성체와는 형태, 생리, 생태가 전혀 다른 유생의 시기를 거치…).

예 그는 벌써 어린아이에서 조숙한 소년으로 탈바꿈하고 있었다.

3. **속초등대 束草灯塔**

4. **랜드마크 地标**

[명사] 어떤 지역을 대표하거나 구별하게 하는 표지.

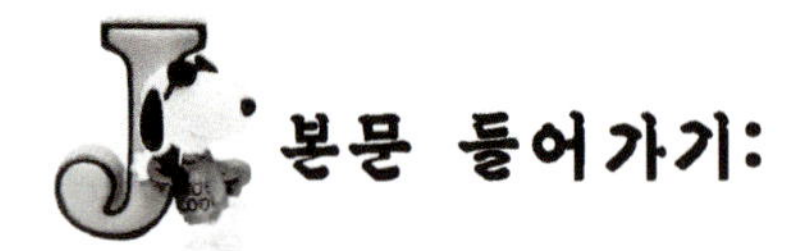

질문에 답하기:

1. 관망 좋은 곳에 위치한 등대가 어떤 볼 만한 구경거리가 되었지요?
2. 강원도 동해시 묵호등대는 어떤 곳입니까?

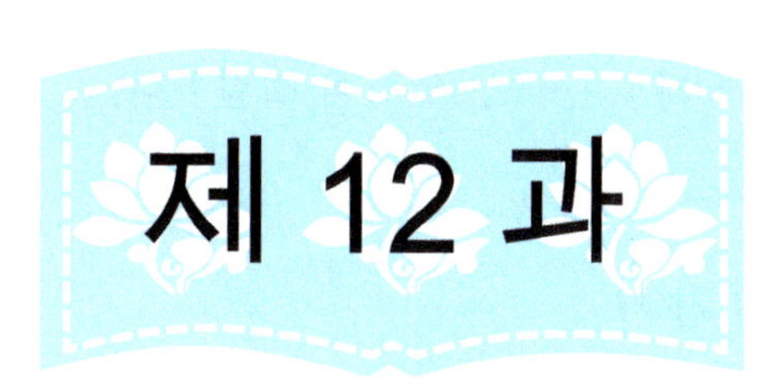

뉴스1 잘못된 수요예측, 빈 교실 3천 9백여 개

단어

드러나다　증축　유독　유동적
지적　감안하다　절실하다

단어해석

1. **드러나다**　显露，露出
   [동사] 가려 있거나 보이지 않던 것이 보이게 되다.

2. **증축**　增建，扩建
   [명사] 이미 지어져 있는 건축물에 덧붙여 더 늘리어 지음. '늘려 지음' 으로 순화

3. **유독**　唯独
   [부사] 많은 것 가운데 홀로 두드러지게.

4. **유동적**　流动的
   [관형사][명사] 끊임없이 흘러 움직이는. 또는 그런 것.

5. **지적**　指示，指出
   [명사] (1) 꼭 집어서 가리킴.
   예 선생님의 지적을 받은 학생이 의자에서 일어나 책을 읽었다.
   [명사] (2) 허물 따위를 드러내어 폭로함.
   예 일이 늦어지고 있다는 부장의 지적에 부원들이 야근을 하였다.

6. **감안하다**　斟酌，考虑
   [동사]『…을』『…임을』⇒ 감안.
   [명사] 여러 사정을 참고하여 생각함. '생각', '고려', '참작' 으로 순화.

7. **절실하다　切实**
[형용사]적절하여 실제에 꼭 들어맞다.
예 그는 배우가 되고 싶다는 열망이 절실했다.

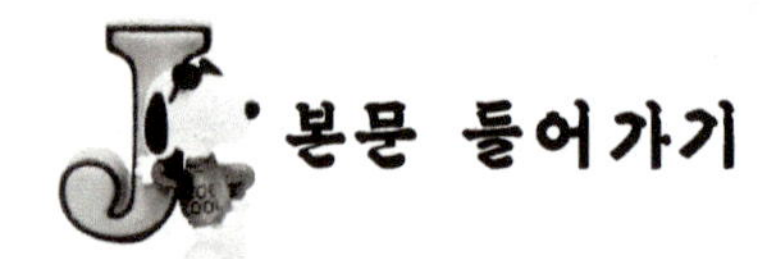

질문에 답하기:

1. 학교 관계자는 빈 교실이 많은 것에 대해 어떻게 주장하고 있습니까?
2. 무엇 때문에 경기도 내 학교에만 유독 빈 교실이 많은 것이지요?
3. 신도시 교실 수요 예측에 대해 담당기관이 어떻게 설명하고 있지요?

뉴스2 벌써 겨울? 스키장 '인공눈' 뿌려 일제히 개장 준비

단어

일제히	데스크	문턱	제설
슬로프	쌀쌀하다		

단어해석

1. **일제히　一齐，一起**
[부사] 동시에. 다 같이. 함께.

2. **데스크　(报纸、广播编辑部)负责人，(报纸、广播)编辑部**
[명사] (1) 신문사나 방송국의 편집부에서 기사의 취재와 편집을 지휘하는 직위. 또는 그런 사람.

(2) 호텔이나 병원 등의 접수처.

예 내가 내놓은 계획안을 내가 없었던 걸로 하자고 했겠어요. 기사를 쓸 신명이 안 나서였지만 데스크한테는 딴 핑계를 댔죠.

3. 문턱 门槛

[명사] (1) 문짝의 밑이 닿는 문지방의 윗부분.

(2) 어떤 일이 시작되거나 이루어지려는 무렵을 비유적으로 이르는 말.

[부사] 제법 큰 덩이로 뚝 끊어지거나 잘라지는 모양. '문덕1' 보다 거센 느낌을 준다.

예 그는 아무렇지도 않은 듯이 유리창 문턱을 훌쩍 뛰어넘어 교실 안으로 들어왔다.

4. 제설 各种说法,各种学说;扫雪,除雪,铲雪

[명사] (1) 여러 사람이 주장하는 말. 또는 그런 학설.

(2) 쌓인 눈을 치움. 또는 그런 일.

예 진입로의 눈 더미를 치우기 위해 그들은 두 시간 전에 제설 작업을 나갔었다.

5. 슬로프 斜坡

[명사] <운동> 스키장에서 스키를 탈 수 있는 경사진 곳.

예 그는 이제 장애인들을 대상으로 한 스키 경기에 참가하여 다시 슬로프에 돌아와 섰다.

6. 쌀쌀하다 (天气)凉飕飕的,(性格、态度)冷冰冰的,冷淡

[형용사] (1) 날씨나 바람 따위가 음산하고 상당히 차갑다.

(2) 사람의 성질이나 태도가 정다운 맛이 없고 차갑다.

예 초겨울 오후의 쌀쌀한 날씨인데도 그는 월남 땅 폭염 속을 걸을 때처럼 땀을 흘리고 있었다.

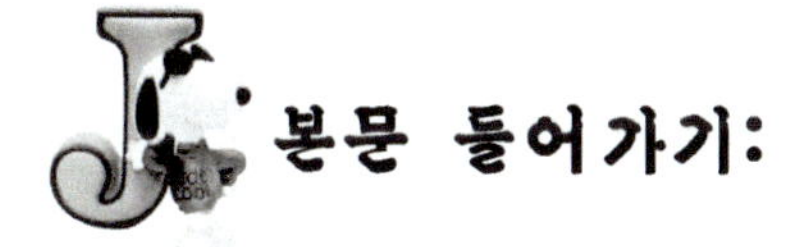

본문 들어가기:

질문답하기(다음 빈칸을 채우십시오)

다음 빈칸을 채우십시오
발왕산 (　　)에 펼쳐진 (　　) 스키장.
기온이 영하 1도를 기록한 (　　)을 넘어서자 푸른 빛이 채 (　　) 않은 슬로프에 하얀 눈이 뿌려집니다.
눈을 만드는 장비 60대가 (　　) 밤하늘을 향해 인공눈을 (　　).
(　　) 눈가루가 어느새 (　　)을 이뤘습니다.
지난해 (　　)보다 하루 (　　) 건데, 밤사이 7시간 동안 2천 톤의 물을 인공눈으로 만들어 뿌렸습니다.
이곳 스키장은 이르면 다음 달 7일쯤 일부 슬로프를 개장한다는 계획입니다.

제 13 과

뉴스1 희로애락 담겨있는 '표정 예술'

단어

셔터	좌충우돌	쓸쓸하다	고스란히
로맨스	포스터	각광받다	

단어해석

1. 셔터　相机快门

[명사] <연영>사진기에서, 필름에 적당한 양의 빛을 비추기 위하여 렌즈의 뚜껑을 재빨리 여닫는 장치.

2. 좌충우돌　横冲直撞，左冲右突

[명사] 이리저리 마구 찌르고 부딪침. ≒동충서돌·좌우충돌

예 협회 이사진들이 서로 몇 년 동안 좌충우돌이니 일이 제대로 될 리 없다.

3. 쓸쓸하다　凄凉，寂寞

[형용사] 외롭고 적적하다.

4. 고스란히　和盘(地)，原封不动地

[부사] 건드리지 아니하여 조금도 축이 나거나 변하지 아니하고 그대로 온전하다.

예 그분의 생가에는 생전에 쓰시던 물건들이 고스란히 남아 있다.
그는 봉급 외의 수입은 고스란히 저축했다.

5. 로맨스　罗曼史，爱情佳话

[명사] 남녀 사이의 사랑 이야기. 또는 연애 사건.

예 그들의 로맨스는 학교에서 모르는 사람이 없을 만큼 유명했다.

6. **포스터 招贴,海报**

[명사] 광고나 선전을 위한 매개체의 하나. 일정한 내용을 상징적인 그림과 간단한 글귀로 나타내어, 길거리나 사람의 눈에 많이 띄는 곳에 붙인다. '광고용 도화', '광고지'.

예 관광 포스터.
영화 포스터.
벽에 포스터를 붙이다.

7. **각광받다 受人瞩目,受人欢迎**

[관용구] 각광(을) 받다(입다)

예 많은 사람들로부터 주목을 받다.

본문 들어가기

질문에 답하기:

1. 근육의 움직임으로 표현될 수 있는 사람의 표정은 몇 가지가 있다고 했어요? 그리고 실제로는 몇 가지 있다고 했지요?
2. "예술 속 표정은 갈수록 다항해지고, 현실 속 표정은 갈수록 굳어만 갑니다." 이 말을 어떻게 이해해야 하지요?

뉴스2 범인 잡고 범죄 예측까지. 'IT 신기술'로 범죄 해결한다

단어

포착되다	관제센터	추적하다	배회하다
감지하다	순찰		

단어해석

1. 포착되다 捕捉到

[동사] (1) 꼭 붙잡히다.
(2) 요점이나 요령이 얻어지다.
(3) 어떤 기회나 정세가 알아차려지다.

2. 관제센터 控制中心

[명사] 지상의 교통관제 센터에서, 항공 교통관제가 실시되고 있는 구역.

3. 추적하다 追踪

[동사] (1) 도망하는 사람의 뒤를 밟아서 쫓다.
(2)사물의 자취를 더듬어 가다.

예 경찰은 그가 범인이라는 심증을 굳히고 그를 추적하기 시작했다.

4. 배회하다 徘徊

[동사] 아무 목적도 없이 어떤 곳을 중심으로 어슬렁거리며 이리저리 돌아다니다.

5. 감지하다 察觉,觉察,感知

[동사] 느끼어 알다.

예 그는 아직도 사태의 중대성을 감지하지 못했다.

6. 순찰 巡察,巡逻

[명사] 여러 곳을 돌아다니며 사정을 살핌. '돌아봄' 으로 순화

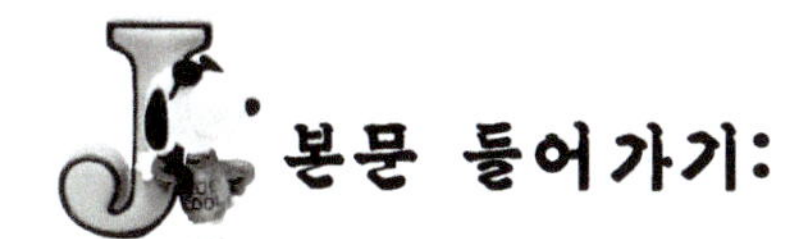

질문에 답하기:

1. 최근 4년동안 CCTV가 몇 건의 범죄를 해결했다고 했지요?
2. 범죄 예측 지도란 무엇이지요?
3. 지능형 CCTV는 어떻게 범인을 잡고 범죄를 예측하는 것이지요?

뉴스1 '헌책방'으로 떠나는 추억 여행

단어

헌책방	바래다	군것질	정겹다
명맥	다름없다	아늑하다	다락방
호가하다	지저분하다		

단어해석

1. 헌책방 二手书店

[명사] 헌책을 팔고 사는 가게. ≒헌책사.

예 동생은 작년에 쓰던 참고서와 문제집을 헌책방에 팔았다.

2. 바래다 褪色

[동사] 볕이나 습기를 받아 색이 변하다.

예 빛 바랜 편지.
색이 바래다.
종이가 누렇게 바래다.
오래 입은 셔츠가 흐릿하게 색이 바랬다.
누렇게 바랜 벽지를 뜯어내고 새로 도배를 했다.

3. 군것질 吃零食

[명사] 끼니 외에 과일이나 과자 따위의 군음식을 먹는 일. ≒입치레 .

예 아이들의 군것질 습관
하루 종일 군것질만 하니 밥맛이 있을 리 있나?

4. 정겹다 深情的

[형용사] 정이 넘칠 정도로 매우 다정하다.

예 정겨운 목소리.
정겹게 이야기를 나누다.
고향 마을의 정겨운 분위기가 더욱더 그립다.
고향의 억센 사투리도 내게는 정겹기만 했다.

5. 명맥 命脉

[명사] (1) 맥(脈)이나 목숨이 유지되는 근본.
명맥을 이어 가다.
명맥을 유지하다.
(2) 어떤 일의 지속에 필요한 최소한의 중요한 부분.
조선 시대에는 불교의 교세가 땅에 떨어져 아녀자와 서민층을 중심으로 명맥만 이어 가게 되었다.

6. 다름없다 没有两样

[형용사]『…과』{'…과' 대신 '…(이)나'가 쓰이기도 한다} 견주어 보아 같거나 비슷하다.
예 이 물건은 진짜와 다름없다.
그는 10년 전과 조금도 다름없는 모습이었다.

7. 아늑하다 雅静

[형용사] (1) 포근하게 감싸 안기듯 편안하고 조용한 느낌이 있다.
예 그 마을은 산으로 둘러싸여 아늑한 느낌을 준다.
방이 아늑하여 책 읽기에 좋다.
(2) 따뜻하고 포근한 느낌이 있다.
예 아늑한 봄날의 오후

8. 다락방 阁楼

[명사] 다락을 거처하기 좋게 꾸민 방.
예 방이 모자라 언니와 나는 한동안 다락방에서 지내야 했다.

9. 호가하다 要价

[타동사] 팔거나 사려는 물건의 값을 부름.

10. 지저분하다 乱七八糟

[형용사] 정돈이 되어 있지 아니하고 어수선하다.
예 지저분한 교실
방에 벗어 놓은 옷가지들이 지저분하게 널려 있다.
행사가 끝난 광장은 사람들이 버리고 간 쓰레기로 지저분했다.

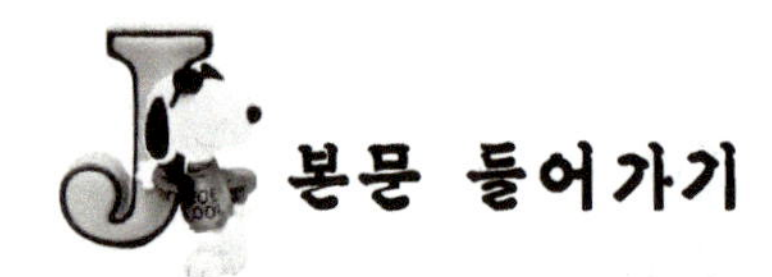

본문 들어가기

질문에 답하기:

1. 한국의 헌 책방은 어떤 곳입니까?
2. 한국 사람들은 헌책방에 가서 무엇을 하지요?

뉴스2 겨울 방학 체험으로 배우는 문화

단어

북돋우다	캐릭터	눈요기	품평하다
객석　난타	알갱이	퍼덕거리다	타임머신

단어해석

1. **북돋우다　鼓舞**

   [동사]『…을』기운이나 정신 따위를 더욱 높여 주다.

   예 사기를 북돋우다.
   애국심을 북돋우다.
   피로에 지친 그에게 기력을 북돋워 주려고 쉴 곳을 마련해 주었다.

2. **캐릭터　人物形象**

   [명사] 소설, 만화, 극 따위에 등장하는 독특한 인물이나 동물의 모습을 디자인에 도입한 것. 장난감이나 문구, 아동용 의류 따위에 많이 쓴다.

   예 만화 캐릭터.
   이제 우리 업계도 고유의 캐릭터를 쓴 독자적인 캐릭터 상품을 개발해야 한다.

3. **눈요기** 眼福

[명사] 눈으로 보기만 하면서 어느 정도 만족을 느끼는 일.

예 눈요기로만 즐기다.

잔칫상을 두고도 속이 좋지 못해 눈요기만 하다 왔다.

4. **품평하다** 品评,鉴定,评点

[동사]『…을』{'…을' 대신에 '…에 대하여'가 쓰이기도 한다} ⇒품평.

예 작품을 좋게 품평하다.

그는 자신의 작품에 대하여 다른 사람이 품평하는 것을 싫어했다.

5. **객석** 座位

[명사] 극장 따위에서 손님이 앉는 자리.

예 객석을 꽉 메운 청중

3,000여 개의 객석을 가진 극장

연극이 끝난 후 객석은 텅 비었다.

6. **난타** 自由练习,乱打

[명사] <운동·오락>테니스·배구·탁구 따위에서, 카운트나 서브 없이 연습하는 일.

7. **알갱이** 粒

[명사] 열매나 곡식 따위의 낟알.

예 보리 알갱이

호두 알갱이

8. **퍼덕거리다** 扑腾

[동사] 큰 새가 잇따라 가볍고 크게 날개를 치다. ≒퍼덕대다.

예 문밖에서 갑자기 닭들이 날개를 퍼덕거리는 소리가 들려 왔다.

9. **타임머신** 时光机

[명사] 과거나 미래로 시간 여행을 가능하게 한다는 공상의 기계. 영국의 소설가 웰스가 지은 공상 과학 소설의 제목에서 온 이름이다. '초시간 여행선'으로 순화.

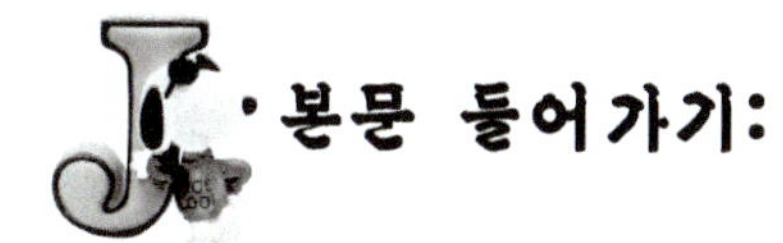

질문에 답하기:

이번 겨울 방학에 어떤 예술이나 문화체험 프로그램이 있지요?

제 15 과

뉴스1 '시멘트서 발암물질 다량 검출'

단어

시멘트	폐기물	규제	야적장
폐타이어	간담회	소상히	민관합동
입수하다	해명하다	주지하다	허가제

단어해석

1. **시멘트　水泥**

[명사] <건설> 건축이나 토목 재료로 쓰는 접합제. 석회석과 진흙과 적당량의 석고를 섞어 이긴 것을 구워서 가루로 만든 것이다. '양회'로 순화. ≒ 인조 석분.

2. **폐기물　废料,废弃物**

[명사] 못 쓰게 되어 버리는 물건.

예 음식 폐기물.
폐기물 처리.
폐기물의 재활용.

3. **규제　控制,限制**

[명사] 규칙이나 규정에 의하여 일정한 한도를 정하거나 정한 한도를 넘지 못하게 막음.

예 수입에 대한 규제.
규제를 강화하다.

4. **야적장　露天储放场**

[명사] 곡식 단이나 그 밖의 물건을 임시로 한데에 쌓아 두는 곳.

5. **폐타이어　废轮胎**

[명사] 구멍이 나서 더 이상 쓸 수 없게 된 타이어.

6. **간담회　恳谈会,座谈会**

[명사] 정답게 서로 이야기를 나누는 모임. '정담회(情談會)', '대화 모임'으로 순화.

예 간담회를 가지다.
간담회를 열다.
담당자들은 수시로 간담회 등을 통해 주요 경제 시책을 논의한다.

7. **소상히　详细**

[부사]분명하고 자세하다.

예 소상히 기록하다.
소상히 말하다.
소상히 알다.

8. **민관합동　官民协作**

9. **입수하다　到手,拿到**

[동사]『…에서/에게서 …을』{'…에서/에게서' 대신에 '…으로부터'가 쓰이기도 한다} ⇒입수.

[명사] 손에 들어옴. 또는 손에 넣음. ≒낙수(落手).

10. **해명하다　阐明,澄清**

[동사]『…에/에게 …을』『…에/에게 -고』{'…을' 대신에 '…에 대하여'가 쓰이기도 한다} ⇒해명.

[명사] 까닭이나 내용을 풀어서 밝힘.

예 그는 기자에게 사건의 진상을 즉각 해명하였다.
그는 정치 자금 수수 의혹에 대해 국민들에게 공개적으로 해명했다.

11. **주지하다　周知**

[동사] 여러 사람이 두루 앎.

예 결과는 주지하는 바와 같다.
다음의 사실을 주지해 주시기 바랍니다.

12. **허가제　许可制度**

[명사] <법률> 행정 관청의 허가를 받은 뒤에 영업이나 상업 행위를 할 수 있도록 하는 제도.

예 정부는 허가제를 신고제로 전환하였다.

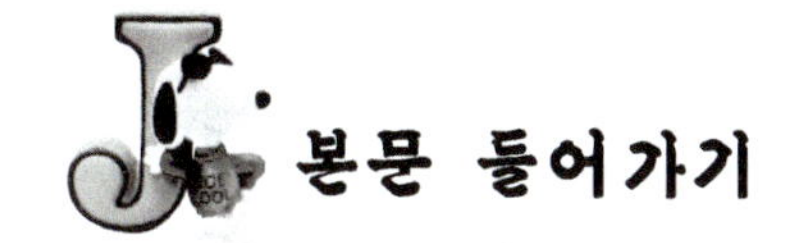

본문 들어가기

질문에 답하기:

1. 시멘트 제조에 무슨 문제점이 있지요?
2. 환경부는 시멘트 제조에 폐기물을 사용하는 것에 대해 어떤 조치를 취할 것이라고 했지요?

뉴스2 65세 이상 노인 인구 비중 10% 돌파

단어

돌파하다 부양하다

단어해석

1. **돌파하다** 突破
   [동사]『…을』⇒돌파
   예 일정한 기준이나 기록 따위를 지나서 넘어섬.
2. **부양하다** 供养,养活,赡养
   [동사]『…을』⇒부양.
   [명사]생활 능력이 없는 사람의 생활을 돌봄.
   예 가족을 부양하다.
   부모를 부양하다.
   부모님이 일찍 돌아가셔서 장남인 그가 동생들을 부양했다.

본문 들어가기:

질문에 답하기:

1. 65세 이상 노인 인구 비중이 올해 처음으로 몇 퍼센트를 돌파했습니까?
2. 노인들에게 가장 큰 어려움이 무엇입니까?
3. 노인 재혼상담이 왜 해마다 10% 정도씩 늘고 있습니까?

제 16 과

뉴스1 예술 통해 꿈 키우는 '이웃집 예술가'

단어

샐러리맨	저물다	허름하다	주축
테헤란	오케스트라	팽팽하다	아마추어
독학	폴포츠	무모하다	

단어해석

1. **샐러리맨 工薪阶层**
   [명사] 봉급으로 생활하는 사람. '봉급 생활자'로 순화.
2. **저물다 日暮,天黑**
   [동사] (1) 해가 져서 어두워지다
   저문 거리에는 불빛이 하나둘씩 반짝이기 시작하였다.
   (2) 계절이나 한 해가 거의 다 지나게 되다.
   이렇게 봄이 가고 가을도 저물었다.
   (3) 어떠한 일이 날이 어두워질 때까지 늦어지게 되다.
   일이 이렇게 저무니 우리가 먼저 떠납시다.
3. **허름하다 破旧**
   [형용사] 좀 헌 듯하다. 사람이나 물건이 표준에 약간 미치지 못한 듯하다.
4. **주축 主轴**
   [명사] 전체 가운데서 중심이 되어 영향을 미치는 존재나 세력.
5. **테헤란 (Tehran) 德黑兰**
6. **오케스트라 管弦乐团**
   [명사] <음악> =관현악단.

7. **팽팽하다 紧张**
   [형용사] 분위기 따위가 한껏 부풀어 있다.

8. **아마추어 业余**
   [명사] 예술이나 스포츠, 기술 따위를 취미로 삼아 즐겨 하는 사람. '비전문가'로 순화.
   예 아마추어 권투 선수
   그의 바둑 실력은 대단하지만, 아직은 아마추어에 불과하다.

9. **독학 自学**
   [명사] 스승이 없이, 또는 학교에 다니지 아니하고 혼자서 공부함.

10. **폴포츠 (Paul Potts) 保罗·珀特斯**

11. **무모하다 莽撞**
   [동사] 앞뒤를 잘 헤아려 깊이 생각하는 신중성이나 꾀가 없다.

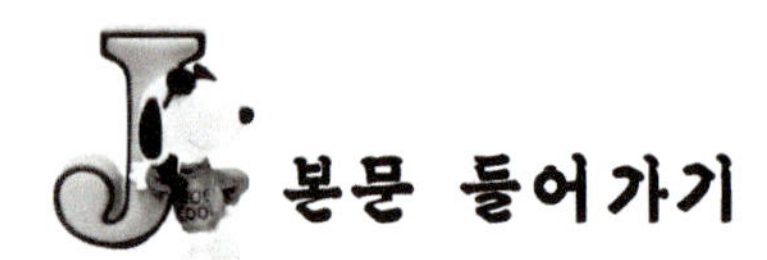

본문 들어가기

질문에 답하기:

뉴스에서 예술을 통해 삶을 꿈꾸는 '이웃집 예술가'들을 소개했는데, 몇 명 소개했지요? 그리고 이 사람들은 각각 어떻게 예술을 통해 삶을 꿈꾸는 것이지요?

뉴스2 봄의 향연 꽃 피는 유달산 축제 개막 '목포로 오세요'

단어

유달산	완연하다	모양이	서로
비슷하다	남녘	잔잔하다	거닐다

단어해석

1. **유달산 儒达山**

   [명사] <지명> 전라남도 목포에 있는 산. 고도는 높지 않으나 산세가 험하고 기암절벽이 첩첩하여 호남의 개골산(皆骨山)이라는 별명을 가지고 있다. 노적봉, 유선각(儒仙閣), 유달사(儒達寺)

2. **완연하다 宛然,跃然纸上,一览无余**

   [형용사] (1) 눈에 보이는 것처럼 아주 뚜렷하다.
   (2) 모양이 서로 비슷하다.

   예 지리산 천왕봉에서 내려다보는 산줄기는 완연하게 아래로 아래로 뻗어 가고 있었다.

3. **남녘 南边,南方**

   [명사] (1) 남쪽 방면의 땅.
   (2) 분단된 한국의 남쪽 땅.

   예 남녘에 있을 땐, 아무리 둘러보아도, 제가 보람을 느끼면서 살 수 있는 광장은 아무 데도 없었어요.

4. **잔잔하다 平静**

   [형용사] (1) 바람이나 물결 따위가 가라앉아 잠잠하다.
   (2) 분위기가 고요하고 평화롭다.
   (3) 태도 따위가 차분하고 평온하다.

   예 바다 물결이 잔잔하였다.

5. **거닐다 溜达,溜弯儿,踱步,徜徉**

   [동사] 가까운 거리를 이리저리 한가로이 걷다.

   예 그녀는 저녁이면 친구들과 해변을 거닐다 오곤 했다.

본문 들어가기:

질문에 답하기:

뉴스 내용을 요약해 보세요. (어떤 뉴스예요? 뉴스의 주요 내용이 뭐예요? 뭐 하는 뉴스예요? 등등)

뉴스1 청명한 가을 '화사한 꽃의 향연'

단어

향연	나들이	청명하다	향긋하다
화사하다	인테리어	매콤하다	아스타
구절초	용담	소국	메리골드
굵직하다	리스	맨드라미	리본

단어해석

1. 향연 宴席

[명사] 특별히 융숭하게 손님을 대접하는 잔치.

예 향연을 베풀다.

2. 나들이 郊游

[명사] 집을 떠나 가까운 곳에 잠시 다녀오는 일. ≒바깥나들이.

3. 청명하다 清脆

[형용사] 소리가 맑고 밝다.

예 청명한 까치 울음소리가 들려왔다.

4. 향긋하다 香

[형용사] 은근히 향기로운 느낌이 있다.

예 봄나물 냄새가 향긋하게 났다.

5. 화사하다 华丽,奢华

[형용사] 화려하게 곱다.

6. **인테리어** 室内装饰,室内布景
   [명사] 실내를 장식하는 일. 또는 실내 장식용품. '실내 장식'으로 순화
7. **매콤하다** 微辣
   [형용사] 냄새나 맛이 약간 맵다.
8. **아스타** 紫菀属植物
9. **용담** 龙胆
   [명사] 용담(龍膽)은 용담과에 속하는 여러해살이풀로 산지의 풀밭에서 자라며, 한국·일본·만주 및 시베리아 동부 등지에 분포한다.
10. **구절초** 察氏菊
    [명사]<식물> 국화과의 여러해살이풀. 높이는 50cm 정도이며, 9~11월에 붉은색·흰색의 꽃이 줄기 끝에 피고 열매는 수과(瘦果)를 맺는다. 한방에서 약재로 쓴다.
11. **소국** 小菊
    [명사]<식물> 꽃송이가 작은 국화. 대개 지름 7cm 이하의 작은 것을 이른다.
12. **메리골드** 万寿菊,金盏花
13. **굵직하다** 粗
    [형용사] 길쭉한 물건의 둘레가 꽤 크다.
    예 굵직한 장작단
    굵직한 나무
14. **맨드라미** 鸡冠花
15. **리스** 租赁
    [명사] <경제> 기계, 설비, 기구 따위를 임대하는 제도. 일반적으로 장기간의 임대를 이른다.

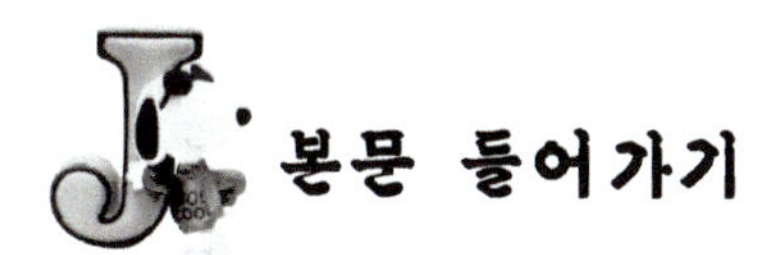

본문 들어가기

질문에 답하기:

1. 뉴스를 듣고 가을에 핀 꽃을 몇 가지 얘기해 보세요.
2. 강원도 산간지역에 피는 꽃은 왜 유난히 색이 선명하지요?
3. 보통 가을에 어떤 꽃이 인기지요?
4. 꽃시장에서 파는 꽃들의 가격은 어때요?
5. 가을에 꽃꽂이 하는 게 좋다는 이유가 뭐지요?

뉴스2 행복한 나만의 공간

단어

오롯이	방치되다	자투리	알뜰
크레파스	삭막하다	아기자기하다	수납장
갤러리	쓰임새		

단어해석

1. 오롯이　完全

[부사] 고요하고 쓸쓸하게.

예 새벽하늘에 작은 별 하나가 오롯이 빛나고 있다.

2. 방치되다　放起来,置之不顾

[동사] 내버려 두다.

예 죽은 물고기가 저수지에 그대로 방치된 채 썩고 있었다.

3. 자투리　边角料,碎料

[명사]자로 재어 팔거나 재단하다가 남은 천의 조각. ≒말합(末合)·잔척(殘尺).

예 어떤 기준에 미치지 못할 정도로 작거나 적은 조각.

4. 알뜰　精细,克俭

[명사] {주로 일부 명사 앞에 쓰여} 생활비를 아끼며 규모 있는 살림을 함.

5. 크레파스 蜡笔, 粉蜡

[명사] <미술> 안료(顔料)를 연질유로 굳힌 막대기 모양의 물감. 크레용과 파스텔의 특색을 따서 만든 것으로, 색깔을 덧칠하거나 섞어 칠할 수 있다.

6. 삭막하다 荒凉

[형용사] 쓸쓸하고 막막하다.

7. 아기자기하다 美丽可爱

[형용사]여러 가지가 오밀조밀 어울려 예쁜 모양.

예 아기자기한 신혼 살림
완구점에는 갖가지 아기자기한 물건들이 쌓여 있었다.

8. 수납장 收款帐

[명사] 현금의 수납을 기록하는 장부.

9. 갤러리 画廊

[명사] 미술품을 진열·전시하고 판매하는 장소. ‘그림 방’, ‘화랑(畫廊)’으로 순화.

10. 쓰임새 用处

[명사] 쓰임의 정도

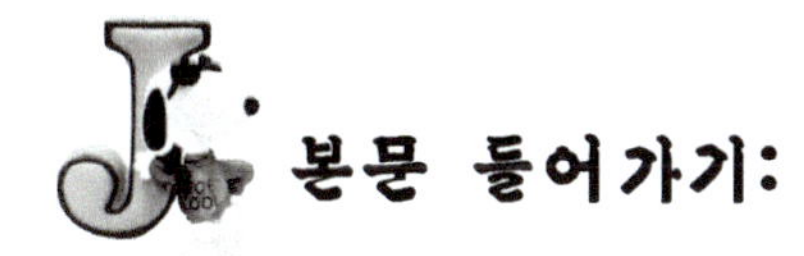

본문 들어가기:

질문에 답하기:

1. 주부 이지원 씨는 나만의 공간을 어떻게 꾸몄지요?
2. 류정순 씨는 나만의 공간을 어떻게 꾸몄지요?
3. 이영자 씨는 나만의 공간을 어떻게 꾸몄지요?

제 18 과

뉴스1 외줄타기 고수들

단어

까마득하다	졸이다	줄광대	모질다	
꿋꿋이	외길 지름	비틀다	사뿐사뿐	
아슬아슬하다	쥐락펴락	남사당패	대역	
굴곡진	명맥	애지중지	동이 트다	
쌍홍잽이	두렁	행여	학수고대	완주

단어해석

1. 까마득하다　遥远，久远

[형용사]거리가 매우 멀어 아득하다. 시간이 아주 오래되어 아득하다. '가마득하다' 보다 센 느낌을 준다.

2. 졸이다　煎熬

[동사]{주로 '마음', '가슴' 따위와 함께 쓰여} 속을 태우다시피 초조해하다.

예 마음을 졸이다.
　가슴을 졸이다.

3. 줄광대　走绳艺人

[명사]외줄타기를 하는 어릿광대.

4. 모질다　残忍，残酷

[형용사]

예 마음씨가 몹시 매섭고 독하다.
　기세가 몹시 매섭고 사납다.

5. **꿋꿋이** 坚强的
[부사] 사람의 기개, 의지, 태도나 마음가짐 따위가 매우 굳세다

6. **외길** 一条道
[명사] 한 가지 방법이나 방향에만 전념하는 태도.

7. **지름** 径
[명사] <수학> 원이나 구 따위에서, 중심을 지나는 직선으로 그 둘레 위의 두 점을 이은 선분. ≒경선(徑線)·중경(中徑)·직경(直徑).

8. **비틀다** 扭
[동사] 힘 있게 바싹 꼬면서 틀다.
예 빨래를 비틀어 짰다.

9. **사뿐사뿐** 轻飘飘
[부사] 소리가 나지 아니할 정도로 잇따라 가볍게 발을 내디디며 걷는 모양.

10. **아슬아슬하다** 惊险
[형용사] 소름이 끼칠 정도로 약간 차가운 느낌이 잇따라 드는 모양.

11. **쥐락펴락** 随心驱使，任意摆布
[부사] 남을 자기 손아귀에 넣고 마음대로 부리는 모양.

12. **남사당패** 扁担戏班
[명사] <민속> 남사당의 무리. 조선 후기부터 떠돌아다니며 노래와 춤, 풍물 연주, 갖가지 재주 부리기 따위를 일삼는 무리로서 본래는 독신 남성으로 이루어졌다가 1900년 이후에 여자가 끼게 되었다.

13. **대역** 替身
[명사] <연영> 배우가 맡은 역할을 사정상 할 수 없을 때에 다른 사람이 그 역할을 대신 맡아 하는 일. 또는 그 사람. '대리 역할'로 순화.
예 대역을 쓰다
주연 배우가 갑자기 사고가 나서 대역이 필요하다.

14. **굴곡진** 弯曲的，曲折的

15. **명맥** 命脉
[명사] 맥(脈)이나 목숨이 유지되는 근본.

16. **애지중지** 疼爱，珍惜
[부사] 매우 사랑하고 소중히 여기는 모양.

17. **동이 트다** 破晓，东方露出鱼肚白

18. **쌍홍잽이=쌍홍잡이**
[명사] <민속> 줄타기에서, 줄을 타고 앉았다가 줄 위로 올라섰다 하는 동작을 반복하는 기술.

19. 두렁　田畔

[명사] 논이나 밭의 가장자리로 작게 쌓은 둑이나 언덕

20. 행여　或许,兴许,难道

[부사] 어쩌다가 혹시.

예 치료에 행여 도움이 될까 하여 이 약을 보냅니다.

21. 학수고대(鶴首苦待)　翘首企盼

[명사] 학의 목처럼 목을 길게 빼고 간절히 기다림.

예 어머니는 아들이 돌아오기를 학수고대하고 있다.
그는 집에서 편지가 오기를 학수고대했다.

23. 완주　走完全程

[명사] 목표한 지점까지 다 달림.

예 마라톤 경기에 참가하는 일반 시민들은 대부분 기록보다는 완주가 목표이다.

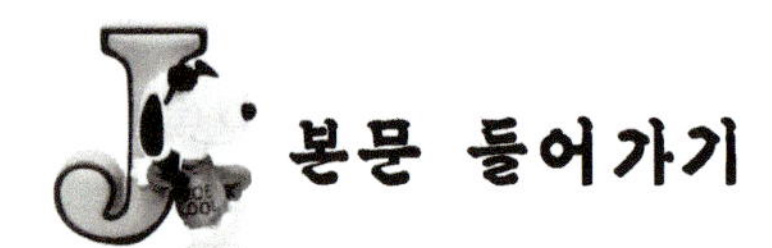

본문 들어가기

질문에 답하기:

1. 학생 민중이는 줄꾼의 길로 어떻게 들어서게 됐지요?
2. 학생 민중이는 매일 줄타기를 어떻게 연습을 하지요?
3. 왜 권원태 씨는 줄타기를 포기하다가 계속 꿋꿋이 한길을 걸어왔습니까?

뉴스2 서울시 대중교통 요금 2년마다 인상, 환승 할인 축소

단어

붐비다　부과되다　인상되다　전가하다

확정하다　방침

단어해석

1. **붐비다 拥挤**

[동사] (1) 좁은 공간에 많은 사람이나 자동차 따위가 들끓다.
(2) 어떤 일 따위가 복잡하게 돌아가다.

예 천안을 지날 때부터 고속 도로는 차량으로 심하게 붐비기 시작했다.

2. **부과되다 征收**

[동사] (1) 세금이나 부담금 따위가 매겨져 부담하게 되다.
(2) 일정한 책임이나 일이 부담되어 맡게 되다.

예 어려운 흉년에도 조세는 여느 해나 마찬가지로 부과되었다.

3. **인상되다 上涨**

[동사] (1) 물건 따위가 끌려 올라가다.
(2) 물건값, 봉급, 요금 따위가 오르다.

예 전화 요금이 40원에서 50원으로 인상되었다.

4. **전가하다 转嫁**

[동사] 잘못이나 책임을 다른 사람에게 넘겨씌우다.

예 우리가 이런 상태에까지 빠지게 된 건 누구의 탓이라고 서로 전가할 필요는 없다고요.

5. **확정하다 确定**

[동사] 일을 확실하게 정하다.

예 그 기업은 새로운 진출 분야를 자동차 산업으로 확정했다.

6. **방침 方针**

[명사] (1) 앞으로 일을 치러 나갈 방향과 계획.
(2) 방위를 가리키는 자석의 바늘.

본문 들어가기:

질문에 답하기:

1. 2017년부터는 서울시 대중교통요금이 어떤 변화가 일어날까요?
2. 대중교통 요금 인상 문제에 대해서 서울시는 어떤 방침을 취하겠다고 했지요?

제 19 과

뉴스1 소비자 우롱하는 '칼로리 표시제'

단어

함정	나트륨	편법	되도록
방관하다	취지	우롱	하루속히

단어해석

1. **함정** 陷阱
   [명사] 빠져나올 수 없는 상황이나 남을 해치기 위한 계략을 비유적으로 이르는 말.

2. **나트륨** 钠
   [명사] <화학> 열을 가하여 녹인 수산화나트륨을 전기 분해를 하여 얻는 알칼리 금속 원소. 바닷물·광물·암염 따위에 다량으로 들어 있으며, 동물의 몸 안에서 생리 작용에 중요한 구실을 한다. 원자로의 냉각제·환원제, 합금 금속, 촉매 따위로 널리 쓴다. 원자 기호는 Na, 원자 번호는 11, 원자량은 22.98977. ≒소듐(sodium).

3. **편법** 权宜之计
   [명사] 간편하고 손쉬운 방법.
   예 편법 운영
   편법을 동원하다.
   편법을 쓰다.

4. **되도록** 尽可能
   [부사]될 수 있는 대로.
   예 되도록 빨리 일을 시작합시다.

5. 방관하다 旁观

[명사] 어떤 일에 직접 나서서 관여하지 않고 곁에서 보기만 함.

예 속수무책으로 일을 방관하다.
사태를 더 이상 방관할 수만은 없다.
가끔은 방관하는 태도를 보이는 것도 나쁘지 않다.

6. 취지 主旨,本意

[명사] 어떤 일의 근본이 되는 목적이나 긴요한 뜻.

7. 우롱 愚弄

[명사] 사람을 어리석게 보고 함부로 대하거나 웃음거리로 만듦. '놀림'으로 순화.

8. 하루속히 火速,早日

[부사]=하루빨리.

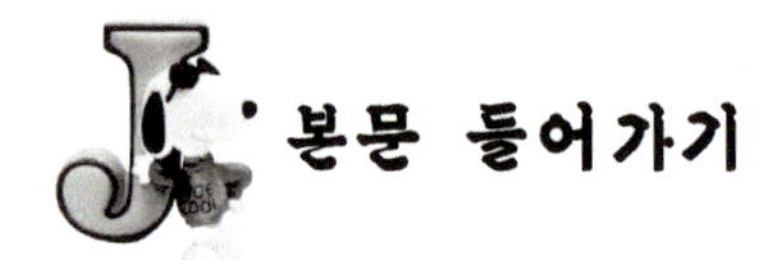

본문 들어가기

질문에 답하기:

1. 왜 칼로리 표시제가 소비자를 우롱하고 있다고 했지요?
2. 현재 과자와 같은 먹을거리의 칼로리는 어떻게 표시하고 있지요?
3. 칼로리 표시에 대해서 제과업체에서 어떻게 생각하고 있지요?
4. 지난 2006년부터 적용된 칼로리 표시 세부기준은 왜 함정이라고 했지요?

뉴스2 과일 칼로리 무시하다가는 독!

단어

과당　후식　거봉　수막　섬위질　수치

단어해석

1. **과당 果糖**

   [명사] <화학> 꿀이나 단 과일 속에 들어 있는 단당(單糖). 흰색 가루로 물과 알코올에 녹으며, 단맛이 있고 발효하면 알코올이 된다. 감미료, 당뇨병 환자의 영양식, 이뇨제로 쓴다. 화학식은 C6H12O6. ≒프룩토오스.

2. **후식 饭后甜点**

   [명사] 식사 뒤에 먹는 과일이나 아이스크림 따위의 간단한 음식.

   예 오늘 저녁 후식은 수박이다.
   다과는 간식이나 후식으로 쓴다.

3. **거봉 巨峰**

   [명사] 뛰어난 인물을 비유적으로 이르는 말.

4. **수막 髓膜**

   [명사] <의학> 중추 신경인 뇌와 척수를 싸고 있는 결합 조직의 막. 경뇌막, 거미막, 연막의 세 층으로 이루어져 있으며 뇌와 척수를 뼈로부터 보호하고 두개와 척수관에 각각 안정시키는 구실을 한다. ≒뇌척수막.

5. **섬유질 纤维质**

   [명사] 섬유로 이루어진 물질.

6. **수치 数值**

   [명사] <수학> 계산하여 얻은 값. ≒셈값·숫값.

본문 들어가기:

질문에 답하기:

1. 왜 '과일도 과식은 금물이다'라고 했지요?
2. 당뇨병과 비만 환자들에게는 어떤 과일이 좋지요?
3. 하루에 어느 시간대에 과일을 먹으면 좋지요?

뉴스1 어린이집 '불량 급식' 논란. '상한 음식 먹였다' 학부모 분노

단어

급식　　시래기　　곰팡이　　소환하다　　물의

단어해석

1. 급식　供餐

[명사] 식사를 공급함. 또는 그 식사.

예 우리 학교에서는 급식을 실시하고 있다.

2. 시래기　干菜叶

[명사] 무청이나 배추의 잎을 말린 것. 새끼 따위로 엮어 말려서 보관하다가 볶거나 국을 끓이는 데 쓴다.

예 그는 자기가 낙선된 소식을 듣자마자, 시든 시래기처럼 그 자리에서 의자에 푹 주저앉고 말았다.

3. 곰팡이　霉

[명사] <식물> 몸의 구조가 간단한 하등 균류를 통틀어 이르는 말. 동물이나 식물에 기생하는데, 어둡고 습기가 찰 때 음식물・옷・기구 따위에도 난다.

예 장마가 길어져서 벽에 곰팡이가 슬었다.

4. 털어놓다　和盘托出,开诚布公

[동사] (1) 속에 든 물건을 모두 내놓다.
(2) 마음속에 품고 있는 사실을 숨김없이 말하다.

예 나는 주머니 속에 있는 모든 돈을 책상 위에 털어놓고 얼마인지 세어 보았다.

5. **소환하다 召回**

[동사] <법률> 법원이 피고인, 증인, 변호인, 대리인 따위의 소송 관계인에게 소환장을 발부하여, 공판 기일이나 그 밖의 일정한 일시에 법원 또는 법원이 지정한 장소에 나올 것을 명령하다.

예 외교 사절단을 본국에 소환해 문책했다.

6. **물의 物议,众议**

[명사] (대개 부정적인 뜻으로 쓰여) 어떤 사람 또는 단체의 처사에 대하여 많은 사람이 이러쿵저러쿵 논평하는 상태.

예 더 이상 사회에 물의를 일으키는 일이 없도록 하시오.

본문 들어가기

질문에 답하기:

1. 어린이집 학부모들이 왜 시위를 벌였지요?
2. 이번 사건에 대해서 어린이집 교사가 어떻게 생각하고 있지요?
3. 경찰 수사에 왜 어려움이 있지요?

뉴스2 '가을 사과, 이렇게 즐겨요!'

단어

새콤달콤	으뜸으로 꼽히다	들뜨다	소목
스튜	계핏가루	오븐	

단어해석

1. **새콤달콤 酸甜儿**
   [형용사]약간 신 맛이 나면서도 단맛이 나서 맛깔스럽다.

2. **으뜸으로 꼽히다 首屈一指**

3. **소목 苏木**
   〈식물〉 다목. 소방목. = [苏枋]

4. **스튜 炖肉**
   [명사]서양식 요리의 하나. 쇠고기, 돼지고기, 닭고기 따위에 버터와 조미료를 넣고, 잘게 썬 감자, 당근, 마늘 따위를 섞어 뭉근히 익혀서 만든다.
   예 쇠고기 스튜.

5. **들뜨다 浮,飞越,飘,兴奋**
   [동사] (1)마음이나 분위기가 가라앉지 아니하고 조금 흥분되다.
   (2)단단한 데에 붙은 얇은 것이 떨어져 틈이 벌어지며 일어나다.

6. **계핏가루 桂皮粉**
   [명사] 계피를 곱게 빻은 가루. 음식의 향료로 쓴다. ≒계말(桂末)·계피말.

7. **오븐 烤箱,电烤箱**
   [명사]조리 기구의 하나. 기구 속에 음식을 넣고 밀폐하면 밀폐한 공간의 사방에서 보내는 열로 음식이 익는다. 전기 오븐과 가스 오븐이 있다.

본문 들어가기:

질문에 답하기:

1. 사과는 왜 좋은 과일이라고 합니까?
2. 맛있는 사과를 어떻게 고르지요?
3. 사과나무를 이용해서 천연 염색을 어떻게 하지요?
4. 통 사과 오븐구이를 어떻게 만들지요?

제 21 과

뉴스1 가을 등산, 좋다고 무조건 나섰다간…

단어

절정	선뜻	선선하다	추스르다
북적이다	처치	호소하다	엑스레이
연골	마모되다	미연	심근경색
뇌졸중	압박 붕대	스트레칭	

단어해석

1. **절정　顶峰**
   [명사] 산의 맨 꼭대기.

2. **선뜻　干脆,爽快**
   [부사] 동작이 빠르고 시원스러운 모양. ≒선뜻이.
   예 선뜻 나서다.
   선뜻 포기하다.

3. **선선하다　凉爽**
   [형용사] 시원한 느낌이 들 정도로 서늘하다.
   예 여름도 다 지나갔는지 새벽엔 제법 선선하다.

4. **추스르다　活动,舒展**
   몸을 가누어 움직이다.
   예 어머니는 며칠째 몸도 못 추스르고 누워만 계신다.

5. **북적이다　嘈杂,吵闹**
   [동사]『…에』『…으로』많은 사람이 한곳에 모여 매우 수선스럽게 들끓다.

6. 처치 处置

[명사] 일을 감당하여 처리함.

7. 호소하다 诉苦,申诉

[명사] 억울하거나 딱한 사정을 남에게 하소연함.

8. 엑스레이 X光片

[명사] 엑스선, 엑스선 사진

9. 연골 软骨

[명사] <의학> 뼈와 함께 몸을 지탱하는 무른 뼈. 탄력이 있으면서도 연하여 구부러지기 쉽다. ≒물렁뼈.

10. 마모되다 磨损

[명사] 마찰 부분이 닳아서 없어지다.

예 톱니바퀴가 심하게 마모되어 잘 돌아가지 않는다.

11. 미연 预先

[명사] {주로 '미연에' 꼴로 쓰여} 어떤 일이 아직 그렇게 되지 않은 때.

예 미연에 예방하다.

12. 심근경색 心肌梗塞

[명사] 심근 경색증.

13. 뇌졸중 脑梗塞

[명사]<의학> 뇌에 혈액 공급이 제대로 되지 않아 손발의 마비, 언어 장애, 호흡 곤란 따위를 일으키는 증상. 뇌동맥이 막히거나, 갑자기 터져 출혈한 혈액이 굳어져 혈관을 막고 주위 신경을 압박하여 여러 가지 신경 증상이 나타나게 된다.

14. 압박 붕대 止血绷带

<의학> 심한 출혈이나 헤르니아, 내장 하수 따위가 일어났을 때 이를 막기 위하여 몸의 한 부분을 내리누르는 붕대. ≒압박대·죔띠.

15. 스트레칭 舒展运动

[명사] 몸과 팔다리를 쭉 펴는 것.

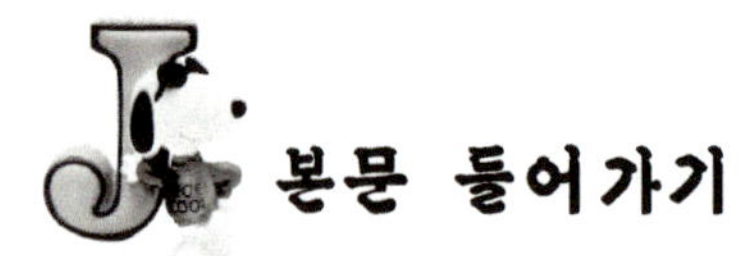

본문 들어가기

질문에 답하기:

1. 어떻게 해야 산악사고를 예방할 수 있을까?
2. 등산 경험이 거의 없거나 평상시 운동을 잘 하지 않는 사람들이 무리하게 등산을 하면 어떻게 되지요?
3. 하산할 때 주의해야 할 점이 뭐예요?
4. 등산할 때 어떤 것들을 챙겨야지요?

뉴스2 독감접종, 빠를수록 좋아

단어

보조금	구태여	접종	바이러스
검출	백신	중이염	

단어해석

1. 보조금　补贴

[명사] <법률> 정부나 공공 단체가 기업이나 개인에게 교부하는 돈. 특정 산업의 육성이나 특정 시책의 장려 따위와 같이 일정한 행정 목적을 달성하기 위한 것이다. ≒교부금·보급금.

예 보조금 지급
정부는 실업자에게 보조금을 지급하기로 했다.

2. 구태여　何必

[부사] {부정하는 말과 어울려 쓰이거나 반문하는 문장에 쓰여} 일부러 애써.

예 구태여 가겠다는 이유가 뭐냐?
네가 원한다면 구태여 나서지는 않겠다.
구태여 이름까지 밝힐 필요는 없다.

3. 접종　接种

[명사] <의학> 병의 예방, 치료, 진단, 실험 따위를 위하여 병원균이나 항독소, 항체 따위를 사람이나 동물의 몸에 주입함. 또는 그렇게 하는 일.

4. 바이러스 病毒

[명사]<생물>동물, 식물, 세균 따위의 살아 있는 세포에 기생하고, 세포 안에서만 증식이 가능한 미생물.

5. 검출 检出,查出

[명사]<화학> 화학 분석에서, 시료(試料) 속에 어떤 원소나 이온 화합물의 유무를 알아내는 일.

6. 백신 疫苗

[명사]<의학>전염병에 대하여 인공적으로 면역을 주기 위해 생체에 투여하는 항원의 하나.

7. 중이염 中耳炎

8. [명사]<의학> 화농성의 병원균 때문에 일어나는 가운데귀의 염증. 급성 전염병, 감기, 폐렴, 코나 목의 병, 고막 외상 따위로 생기며 급성과 만성이 있다.

본문 들어가기:

질문에 답하기:

1. 독감접종을 해야 합니까?
2. 독감은 보통 일년 중 언제부터 유행하기 시작하지요?
3. 접종 후 얼마정도 지나야 면역 항체가 생기지요?
4. 어떤 사람이 독감 백신을 맞을 필요가 있지요?
5. 접종 외에 독감을 어떻게 예방할 수 있지요?

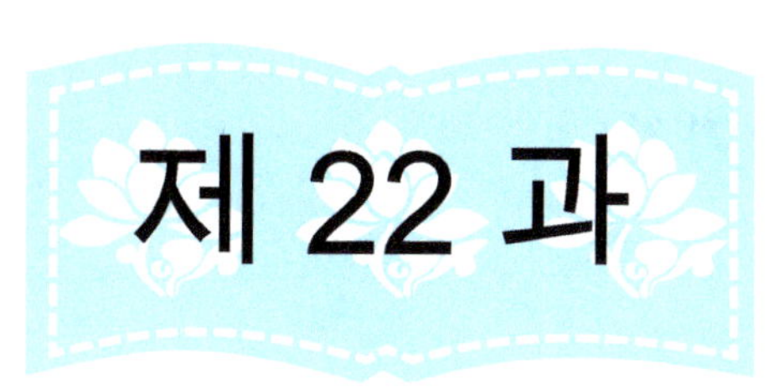

제 22 과

뉴스1 성형수술 사고 급증 이유는?

단어

빈발하다	몸짱	얼짱	맞물리다
째다	충격기		

단어해석

1. **빈발하다　频发**
   [명사] 어떤 일이나 현상이 자주 일어남. ≒빈기(頻起).
   예 실수 빈발

2. **몸짱　体形好的人**
   [명사] 몸매가 좋은 사람.

3. **얼짱　长得漂亮的人**
   [명사] 얼굴이 예쁜 사람.

4. **맞물리다　紧随**
   [동사] '맞물다'의 피동사.
   예 열풍과 맞물리다.

5. **째다　撕破,割破**
   [동사] "찢다"라는 뜻의 강원도 사투리.
   예 생선 배를 째다.

6. **충격기　心脏起勃器**

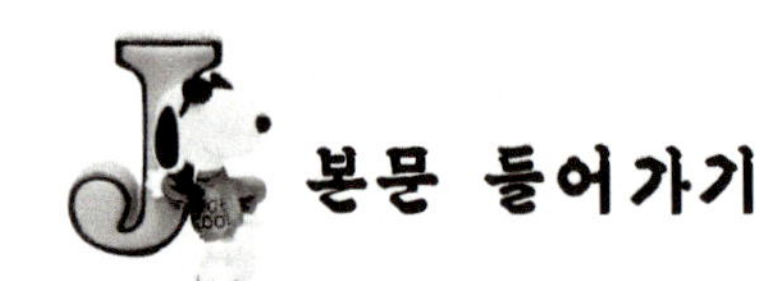

본문 들어가기

질문에 답하기:

1. 성형수술 사고 급증의 주요 원인이 뭡니까?
2. 대부분 성형병원에 응급 시설이 어떤 상태지요?
3. 성형 사고를 예방하기 위해서는 어떤 병원을 선택해야 하지요?

뉴스2 '영양 만점' 달걀, 제대로 먹는 방법

단어

딱히	후딱	저렴하다	암탉
사육되다	양계장	따끈따끈하다	무정란
청정	노른자	탱탱하다	도톰하다
이쑤시개	끄떡없다	뭉툭하다	뾰족하다
간편하다	파슬리	근사하다	

단어해석

1. **딱히 清楚地**

[부사]정확하게 꼭 집어서.

예 처지를 딱히 여기다.
딱히 갈 곳도 없다.
딱히 뭐라 표현하기 어렵지만 싫은 느낌은 아니었다.

2. **후딱** 很快地

[부사] 시간이 매우 빠르게 지나가는 모양.

예 후딱 일어서다.
후딱 해치우다.

3. **저렴하다** 低廉,便宜

[형용사]물건 따위의 값이 싸다.

예 저렴한 가격.
이 시장은 물건 값이 저렴하여 늘 많은 사람이 모인다.

4. **암탉** 母鸡

[명사] 닭의 암컷.

예 암탉이 알을 품다
암탉을 잡다.

5. **사육되다** 饲养

[동사] 가축이나 짐승을 먹이어 기름. ≒사양(飼養).

예 농장에서 소와 돼지, 닭 따위가 사육된다.

6. **양계장** 养鸡场

[명사] 여러 가지 필요한 설비를 갖추어 두고 닭을 먹여 기르는 곳.

예 닭이 수만 마리나 되는 양계장

7. **따근따근하다** 暖烘烘

[형용사] [북한어]어지간히 따갑게 더운 느낌. ≒따근따근히.

예 따근따근한 우유를 공급하다.

8. **무정란** 无精卵

[명사]<생물> 수정이 되지 아니한 알. ≒민눈알·불수정란·홀알.

9. **청정** 清净

[명사]맑고 깨끗함.

예 청정 해역.
청정 작업.
청정이 깃들다.

10. **노른자** 蛋黄

[명사]=노른자위.

11. **탱탱하다** 胖鼓鼓,硬绷绷

[부사]살이 몹시 찌거나 붓거나 하여 팽팽한 모양. '댕댕'보다 거센 느낌을 준다.

예 치통으로 볼이 탱탱하게 부었다.
운동으로 단련된 몸이라 그런지 살이 아주 탱탱하다.

12. **도톰하다 厚实**

[형용사] 보기 좋을 정도로 알맞게 두껍다.

예 도톰한 입술.
도톰한 귓불.
솜을 도톰하게 두어 만든 이불.

13. **이쑤시개 牙签**

[명사]잇새에 낀 것을 쑤셔 파내는 데에 쓰는 물건. 보통 나무의 끝을 뾰족하게 하여 만든다.

예 이쑤시개로 이를 쑤시다

14. **끄떡없다 稳如泰山**

[형용사] 아무런 변동이나 탈이 없이 매우 온전하다.

예 그는 무수한 매를 맞았는데도 끄떡없다.
그 나무가 자라고 뿌리를 내리면 제아무리 큰비가 와도 끄떡없을 것이었다.

15. **뭉툭하다 粗短**

[형용사] 굵은 사물의 끝이 아주 짧고 무딘 모양. '뭉뚝' 보다 거센 느낌을 준다.

예 뭉툭한 연필.

16. **뾰족하다 尖**

[형용사] 물체의 끝이 점차 가늘어져서 날카로운 모양. ≒뾰족이.

예 뾰족한 손톱
코가 납작하고 턱이 뾰족하고 두꺼운 입술이 바나나만큼이나 크다.

17. **케첩 果酱**

[명사] 과일, 채소 따위를 끓여서 걸러 낸 것에 설탕, 소금, 향신료, 식초 따위를 섞어서 조린 소스.

예 아이들은 감자튀김을 케첩에 찍어 먹었다.

18. **간편하다 简便**

[형용사]『…에』『-기에』간단하고 편리하다.

예 이 물건은 접을 수 있어서 가지고 다니는 데 간편하다.
이 제품은 위생적이며 사용이 간편하다.
그는 활동하기에 간편하도록 옷을 입었다.
인스턴트식품은 조리하기가 간편하다.

19. **파슬리 荷兰芹**

[명사] <식물> 산형과의 두해살이풀. 높이는 30~60cm이며, 잎은 세쪽 겹잎이고 광택이 난다. 노란색을 띤 녹색 꽃이 겹산형 꽃차례로 피고 열매는 달걀 모양의 삭과를 맺는다.

20. 근사하다 近似

[형용사]『…에』『(…과)』{‘…과’가 나타나지 않을 때는 여럿임을 뜻하는 말이 주어로 온다} 거의 같다.

예 실전에 근사한 군사 훈련

계산이 예상과 근사하게 맞아 떨어졌다.

학생들의 작품이 개성이 부족하여 거의 근사하다는 느낌을 들었다.

본문 들어가기:

질문에 답하기:

1. 달걀의 영양가치는 어떻게 되지요?
2. 달걀의 등급은 어떻게 매기지요?
3. 달걀은 어떤 종류가 있지요?
4. 달걀을 고를 때 유통기한을 따지기보다는 무엇을 먼저 봐야지요?
5. 어떤 달걀은 신선한 것이지요?
6. 신선한 달걀이 어떻게 보관해야 합니까?

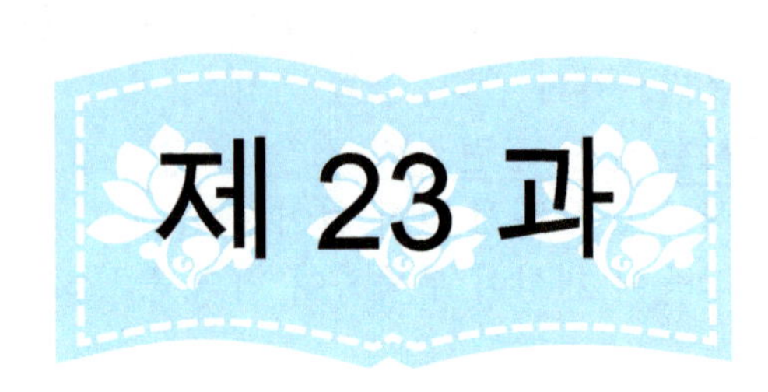

제 23 과

뉴스1 정부, '치매와의 전쟁'… 4년새 2배 이상 증가

단어

치매	재활치료	바우처	호전시키다	선포
건진	저소득층	꾀하다	유산소 운동	

단어해석

1. **치매　痴呆**
   [명사] 정상적인 정신 능력을 잃어버린 상태. 대뇌 신경 세포의 손상 따위로 말미암아 지능, 의지, 기억 따위가 지속적·본질적으로 상실된 경우이다.

2. **재활치료　残疾人克服障碍生活，康复治疗**
   [명사] 다시 활동하게 하는 치료
   예 재활치료, 재활의학

3. **바우처　传票，凭单，担保人**
   [명사] 정부가 특정 수혜자에게 교육, 주택, 의료 따위의 복지 서비스 구매에 대하여 직접적으로 비용을 보조해 주기 위하여 지불을 보증하여 내놓은 전표.

4. **호전시키다　使好转**
   [동사] 병의 증세가 나아지게 하다.

5. **선포　宣布，宣告**
   [명사] 세상에 널리 알림.

6. **검진　诊察**
   [명사] <의학> 건강 상태와 질병의 유무를 알아보기 위하여 증상이나 상태를 살피는 일. '진찰'로 순화.

7. **저소득층** 低收入阶层
[명사] <사회> =저소득 계층

8. **꾀하다** 谋算,图谋
[동사]『…을』어떤 일을 이루려고 뜻을 두거나 힘을 쓰다.

9. **유산소 운동** 有氧运动
[명사] 몸속의 지방을 산화시켜 체중 조절에 효과가 있는 운동.

본문 들어가기

질문에 답하기:

1. 왜 60살 이상 건강 검진 항목에 치매검사를 추가하기로 했습니까?
2. 뉴스의 제목은 '치매와의 전쟁'인데, 그럼 치매와 어떻게 전쟁하지요?

뉴스2 '학업 스트레스' 청소년 정신질환 급증

단어

빽빽하다	검진	기피하다
절실하다	비행	

단어해석

1. **빽빽하다** 稠密,密麻麻
[형용사]『…에』『…으로』사이가 촘촘하다.

2. **검진** 诊察
[명사] <의학> 건강 상태와 질병의 유무를 알아보기 위하여 증상이나 상태

를 살피는 일. '진찰'로 순화.

3. 기피 忌讳,逃避

[명사] 꺼리거나 싫어하여 피함. ≒위피(違避).

4. 절실하다 切实,迫切

[형용사] (1) 느낌이나 생각이 뼈저리게 강렬한 상태에 있다.

(2) 매우 시급하고도 긴요한 상태에 있다.

예 적절하여 실제에 꼭 들어맞다.

5. 비행 胡作非为

[명사] 잘못되거나 그릇된 행위.

본문 들어가기:

질문에 답하기:

1. 부모님들은 정신건강에 문제가 있어서 정밀검진이 필요한 학생에게 왜 해 주지 않습니까?
2. 아이들한테 나타나는 정신질환은 어떤 특징이 있지요?

제 24 과

뉴스1 황사철, 천식·뇌졸중 입원환자 증가

단어

천식	호흡기질	가래	추세
삼가다	폐포	혈전	배포하다

단어해석

1. **천식 气喘,哮喘**
   [명사] <의학>기관지에 경련이 일어나는 병. 숨이 가쁘고 기침이 나며 가래가 심하다. 기관지성, 심장성, 신경성, 요독성(尿毒性) 따위로 나눈다.

2. **호흡기질 呼吸基质**
   <생물> 호흡을 위하여 사용되는 물질. 주로 탄수화물과 지방이며 단백질도 쓴다.

3. **가래 痰**
   [명사] <의학> 허파에서 후두에 이르는 사이에서 생기는 끈끈한 분비물. 잿빛 흰색 또는 누런 녹색의 차진 풀같이 생겼으며 기침 따위에 의해서 밖으로 나온다. ≒가래침·담(痰) .

4. **추세 趋势**
   [명사] 어떤 현상이 일정한 방향으로 나아가는 경향. 어떤 세력이나 세력 있는 사람을 붙좇아서 따름.

5. **삼가다 谨慎,慎重,小心**
   [동사] 몸가짐이나 언행을 조심하다.
   예 꺼리는 마음으로 양(量)이나 횟수가 지나치지 아니하도록 하다.

6. 폐포 肺泡

[명사] <의학> =허파 꽈리.

7. 혈전 血栓

[명사] <의학> 생물체의 혈관 속에서 피가 굳어서 된 조그마한 핏덩이.

8. 배포하다 分发

[동사] 신문이나 책자 따위를 널리 나누어 주다.

본문 들어가기

질문에 답하기:

1. 다음 빈칸을 채우십시오.

   황사철은 아닙니다만 황사가 발생하면 (　　)이나 (　　) 입원 건수가 늘어난다는 조사가 나왔습니다. 황사 발생이 갈수록 늘고 있어 환자들의 주의가 필요합니다. 이영진 기자의 보도입니다.

   황사가 심할 때는 병원마다 (　　　) 환자가 (　　)입니다. 실제 황사 발생일부터 이틀 후까지 (　　)으로 인한 입원건수가 평상시보다 (　　　) 높은 것으로 나타났습니다. 국립환경과학원이 1999년부터 2003년까지 서울 등 국내 7대 도시의 병원 입원자료를 분석한 결과입니다. 특히 서울과 대전, 부산의 경우 황사발생 당일의 천식 입원건수는 대조일보다 각각 (　　) 와 (　　), (　　) 증가했습니다.

   (　　)으로 인한 입원건수도 황사발생 사흘 후 (　　)까지 높아졌습니다.

2. 황사가 발생할 때 우리는 어떻게 대응해야 합니까?

뉴스2 부모님 건강, 이렇게 체크하세요!

단어

만성적	묽다	어눌하다	금물
부어오르다	쌕쌕거리다		

단어해석

1. **만성적 慢性的**
[명사] <의학>병이 급하거나 심하지도 아니하면서 쉽게 낫지도 아니하는. 또는 그런 것.

2. **묽다 稀,淡**
[형용사]
(1) 죽이나 반죽 따위가 보통 정도에 비하여 물기가 많다.
(2) 물감이나 약 따위에 섞여야 할 물의 비중이 지나치게 많다.
(3) 사람이 야무지거나 맺힌 데가 없이 무르다.

3. **어눌하다 木讷**
[형용사]말을 유창하게 하지 못하고 떠듬떠듬하는 면이 있다.

4. **금물 禁物**
[명사] 해서는 안 되는 일.
예: 지나친 욕심은 금물이다.
• 환자에게 술과 담배는 금물이다.

5. **부어오르다 肿,肿胀**
[동사] 살갗 따위가 부어서 부풀어 오르다.

6. **쌕쌕거리다**
[부사] 숨을 고르고 가늘게 쉬는 소리. '색색' 보다 센 느낌을 준다.

본문 들어가기:

질문에 답하기:

1. 부모님의 건강을 어떻게 체크해야 합니까?
2. 뇌졸중을 의심하는 증상은 어떤 것 있지요?

제 25 과

뉴스1 '멋진 하루'

단어

간사하다	시끌벅적	앵커	달래다	따분하다
복귀작	느닷없다	어처구니가	없다	능글맞다
수상쩍다	멜로	풍기	문란	혐의 딴따라
풍조 첨병	분출하다	쏘울이	충만하다	

단어해석

1. **간사하다** 奸诈
   [형용사] 간교하고 바르지 않다.

2. **앵커** 锚
   [명사] 어떤 설치물을 튼튼히 정착시키기 위한 보조 장치.

3. **시끌벅적** 喧闹，喧腾
   [부사] 많은 사람들이 어수선하게 움직이며 시끄럽게 떠드는 모양

4. **달래다** 哄，哄劝
   [동사] (1) 슬퍼하거나 고통스러워하거나 흥분한 사람을 어르거나 타일러 기분을 가라앉히다.
   (2) 슬프거나 고통스럽거나 흥분한 감정 따위를 가라앉게 하다.
   (3) 좋고 옳은 말로 잘 이끌어 꾀다.

5. **따분하다** 无聊，无味
   [형용사] (1) 재미가 없어 지루하고 답답하다.
   (2) 몹시 난처하거나 어색하다.

6. **복귀작** 复归作,回归作
[명사] 한 동안 쉬었던 배우나 연기자가 다시 일을 시작하면서 처음으로 출연하는 작품

7. **느닷없다** 突然,忽然
[형용사] 나타나는 모양이 아주 뜻밖이고 갑작스럽다.

8. **어처구니가 없다** 无可无奈

9. **능글맞다** 阴险狡猾
[형용사] 태도가 음흉하고 능청스러운 데가 있다.
예 능글맞게 굴다

10. **수상쩍다** 可疑
[형용사] 『…이』 수상한 데가 있다.
예 분위기가 수상쩍다

11. **멜로** 情景剧,通俗剧
<연영> =멜로드라마(melodrama).

12. **풍기** 风纪
[명사] 풍속이나 풍습에 대한 기율. 특히 남녀가 교제할 때의 절도를 이른다.
예 풍기를 바로잡다

13. **문란** 乌糟糟
[명사] 도덕, 질서, 규범 따위가 어지러움.
예 풍기 문란

14. **혐의** 嫌疑
[명사] <법률>범죄를 저지른 사실이 있을 가능성. 수사를 개시하게 되는 동기가 된다.
예 범죄 혐의
혐의를 받다
경찰은 그를 사기 혐의로 수배했다.

15. **딴따라**
[명사] '연예인' 을 낮잡아 이르는 말.

16. **풍조** 潮流
[명사] 시대에 따라 변하는 세태.
예 과소비 풍조
불신 풍조

17. **첨병** 尖兵
[명사] <군사> 행군의 맨 앞에서 경계·수색하는 임무를 맡은 병사. 또는 그런 부대. '선봉장', '앞장' 으로 순화.

18. 분출하다 喷出

[동사] 요구나 욕구 따위가 한꺼번에 터져 나옴. 또는 그렇게 되게 함.

예 집단 이기주의의 분출

19. 충만하다 充满

[형용사] 가득하게 차다.

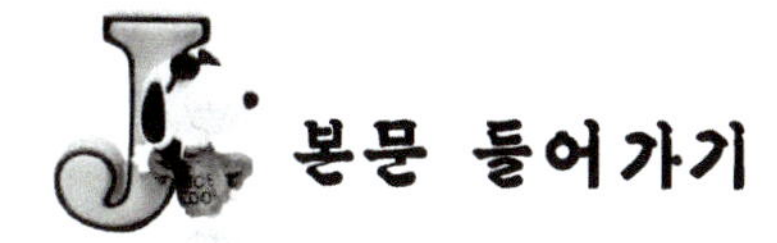

본문 들어가기

질문에 답하기:

1. <멋진 하루>의 여주인공은 누구입니까?
2. <멋진 하루>는 어떤 영화입니까?

뉴스2 '문화 콘텐츠가 경쟁력!'

단어

콘텐츠　페어　캐릭터　스캐너

원격제어장치　자유자재　메이플스토리　열악하다

입증　거듭하다　애니메이션

단어해석

1. 콘텐츠 内容,资讯,目录

[명사] 사진·음악·동영상 등과 같은 콘텐츠를 자신이 직접 디지털 기기로 생산하여 인터넷 상에서 저장하고 공유하는 세대를 말함.

2. 페어 正直的

3. 캐릭터 人物形象

[명사] 소설, 만화, 극 따위에 등장하는 독특한 인물이나 동물의 모습을 디자인에 도입한 것. 장난감이나 문구, 아동용 의류 따위에 많이 쓴다.

예 만화 캐릭터

4. 스캐너 扫描器,影像扫描仪

[명사] <컴퓨터>그림이나 사진, 문자 따위를 복사하듯 읽어서 파일로 변환하여 저장하는 주변 장치.

5. 원격제어장치 远程制动装置

6. 자유자재 自由自在

[명사]{주로 '자유자재로' 꼴로 쓰여} 거침없이 자기 마음대로 할 수 있음. ≒무궁자재.

예 영어를 자유자재로 구사하다
비행기를 자유자재로 조종하다
그는 어떤 악기든지 자유자재로 다룬다.

7. 메이플스토리 (MapleStory) 冒险岛

8. 열악하다 恶劣

[형용사] 품질이나 능력, 시설 따위가 매우 떨어지고 나쁘다.

예 열악한 환경
아이들은 열악한 교육 환경 속에서도 열심히 공부했다.

9. 입증 作证,说明

[명사] 어떤 증거 따위를 내세워 증명함.

10. 거듭하다 反复,重复

[동사] 어떤 일을 자꾸 되풀이하다.

11. 애니메이션 动画片,卡通片

[명사] <연영> 만화나 인형을 이용하여 그것이 마치 살아 있는 것처럼 생동감 있게 촬영한 영화. 또는 그 영화를 만드는 기술.

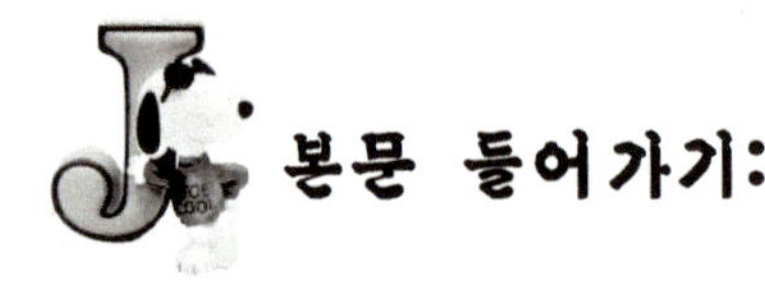

본문 들어가기:

질문에 답하기:

1. 한국 문화 콘텐츠 산업의 발전 현황은 어때요? (경쟁력이 어때요?)
2. 문화 콘텐츠 산업 앞으로 풀어야 할 과제가 뭐지요?
3. 왜 문화 콘텐츠 산업은 인기가 높습니까?

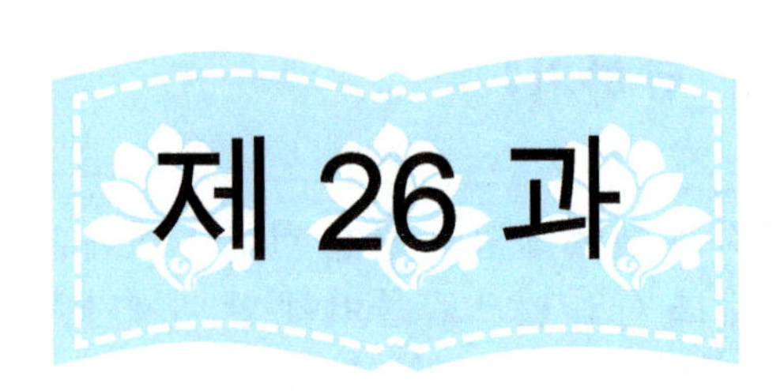

뉴스1 역사 도시에 들어선 문턱 낮춘 카페형 갤러리

단어

갤러리 들르다 야무지다 연단

단어해석

1. 갤러리 画廊

[명사] (1) 미술품을 진열・전시하고 판매하는 장소. ‘그림 방’, ‘화랑’(畫廊)으로 순화.

(2) <운동> 골프 경기장에서 경기를 구경하는 사람.

예 미술에 관심이 없는 사람이 갤러리에 들렀다가 마음에 드는 작품을 발견해 단골이 되기도 한다.

2. 들르다（途中） 暂停，暂住，顺便去

[동사] 지나는 길에 잠깐 들어가 머무르다.

예 그는 집에 가는 길에 술집을 들러 한잔했다.

3. 야무지다 扎实

[형용사] 사람의 성질이나 행동, 생김새 따위가 빈틈이 없이 꽤 단단하고 굳세다.

예 그는 일을 야무지게 처리하는 사람이다.

4. 연단 讲台

[명사] 연설이나 강연을 하는 사람이 올라서는 단.

예 세 번째로 연단에 오른 입후보자는 우선 점잖은 목소리로 운을 떼었다.

본문 들어가기

질문에 답하기:

1. 카페형 갤러리는 어떤 곳이지요?
2. 카페형 갤러리에서 어떤 활동들이 진행되지요?

뉴스2 당찬 훈남, 여심 사로잡다

단어

당차다	리스트	윙크	세리모니
폭주하다	다운되다	반열	경기매너
어지간하다	복식 완소남	세트	스매싱
코트	리플	두각	득점
훤칠하다	로망하다	거듭나다	아테네

단어해석

1. 당차다 有魄力

[형용사] 나이나 몸집에 비하여 마음가짐이나 하는 짓이 야무지고 올차다.

예 당찬 각오.
당찬 얼굴.
당차게 말하다.
사람이 당차고 다부지다.

2. **리스트 名单**

[명사]물품이나 사람의 이름 따위를 일정한 순서로 적어 놓은 것. '목록', '명단'으로 순화.

예 리스트를 작성하다
승진 리스트에 오르다.

3. **윙크 眨眼,放电**

[명사] 상대에게 무엇인가 암시하거나 추파(秋波)로서 한쪽 눈을 깜빡거리며 하는 눈짓.

4. **세리모니 (ceremony) 礼节,礼仪**

5. **폭주하다 飞驰,暴走,竞走**

[동사] 매우 빠른 속도로 난폭하게 달리다.

6. **다운되다 击倒**

[동사] 일에 지치거나 좋지 아니한 일 따위를 당하여 감정이나 기력이 저조함. 또는 그런 상태를 속되게 이르는 말.

예 난 이제 완전히 다운이니 자네가 알아서 하게.

7. **반열 行列**

[명사] 품계나 신분, 등급의 차례. ≒반차(班次).

예 그는 드디어 명창의 반열에 서게 되었다.

8. **경기매너 竞技态度**

9. **어지간하다 差不多**

[형용사] 수준이 보통에 가깝거나 그보다 약간 더 하다.

예 국어 성적은 어지간하게 올랐으니 이젠 수학 성적에 신경 좀 써라.
인물도 어지간하고 성격도 무난해서 사윗감으로 승낙했네.

10. **복식 双打**

[명사] <운동·오락>=복식 경기.

11. **완소남 完美男人**

12. **세트 局**

[명사] <운동·오락>테니스·배구·탁구 따위에서, 경기의 한 판. '판'으로 순화.

13. **스매싱 (smashing)了不起的,猛烈的**

[명사]<운동·오락> =스매시. '강타'로 순화

14. **코트 (court) 赛场**

[명사] <운동·오락> 테니스, 농구, 배구 따위의 경기를 하는 곳. '경기장', '운동장'으로 순화.

예 선수들이 코트에 나오자 관중들은 환호하였다.

15. **리플 (Reply) 回答，回应**
(리플라이 : 대답하다, 응수하다, 메아리)의 준말 형태로 쓰는 통신언어로, 게시판에서는 Re 로 쓰기도 한다.

16. **두각 头角**
[명사]뛰어난 학식이나 재능을 비유적으로 이르는 말.

17. **득점 得分，比分**
[명사]시험이나 경기 따위에서 점수를 얻음. 또는 그 점수.

18. **훤칠하다 修长**
[형용사]길고 미끈하다.
예 막힘없이 깨끗하고 시원스럽다.

19. **로망하다 鲁莽**
[형용사]거칠고 서투르다.

20. **거듭나다 (基督教)新生**
[동사]<기독교> 원죄 때문에 죽었던 영이 예수를 믿음으로 해서 영적으로 다시 새사람이 되다.
예 열심히 개조하여 새사람으로 거듭나다.

21. **아테네 (Athina) 雅典**

22. **일거수일투족 一举一动**
[명사]손 한 번 들고 발 한 번 옮긴다는 뜻으로, 크고 작은 동작 하나하나를 이르는 말.
예 일거수일투족을 감시하다

23. **바벨 杠铃**
[명사] <운동·오락> 역도나 근육 단련 훈련에 쓰는, 강철로 된 기구. 철봉 양쪽에 원반형의 쇳덩이가 매달려 있다. ≒역기(力器).

24. **연륜 年轮**
[명사] 여러 해 동안 쌓은 경험에 의하여 이루어진 숙련의 정도. ≒연력(年歷).
예 오랜 연륜을 쌓은 데서 나오는 여유로운 모습
연륜이 짧다

25. **복근 腹肌**
[명사] <의학> 복부에 있는 근육. 몸을 전후좌우로 굽히고 돌리는 것 외에 호흡 운동의 일부 작용을 맡고 있으며, 배뇨·배변·분만 때 배의 압력을 높이는 역할을 한다. ≒복벽근.

26. **담담하다 淡淡，清澈，明亮**
[형용사] (1) 차분하고 평온하다.

(2) 사사롭지 않고 객관적이다.
(3) 물의 흐름 따위가 그윽하고 평온하다. 담백하다.

27. 모나코 摩纳哥

[명사] <지명> 모나코 만에 있는 도시. 해양 박물관·수족관·선사 인류 박물관 따위가 있다. 모나코의 수도이다.

28. 훈남(신조어)

[명사] 미남은 아니지만 정이 가는 남자

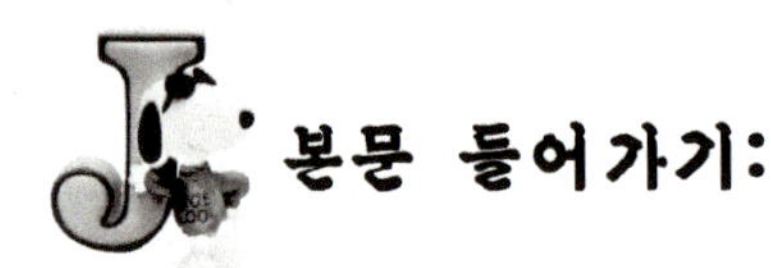

본문 들어가기:

질문에 답하기:

사람들이 이용대 선수에게 반했다는 가장 중요한 이유가 무엇입니까?

제 27 과

뉴스1 '올해 덜 춥다더니'…예상 밖 초겨울 한파, 원인은?

단어

매섭다	곤두박질치다	몰아치다	무색하다
이례적	시베리아	제트기류	

단어해석

1. **매섭다** 凶，严酷

[형용사] (1) 남이 겁을 낼 만큼 성질이나 기세 따위가 매몰차고 날카롭다.
(2) 정도가 매우 심하다.
(3) 비판이나 비난, 공격 따위가 이치에 맞고 날카로워 두려움을 주는 상태이다.

예 그 사내는 특히 눈길이 매서워 보였다.

2. **곤두박질치다** 栽跟头

[동사] (1) 몸이 뒤집혀 갑자기 세게 거꾸로 내리박히다.
(2) (비유적으로) 좋지 못한 상태로 매우 급격히 떨어지다.

예 그는 언덕을 달려 내려가다가 발을 헛디뎌 땅바닥에 곤두박질쳤다.

3. **몰아치다** 交加，卷裹，赶着干

[동사] (1) 한꺼번에 몰려 닥치다.
(2) 갑작스럽게 하거나 몹시 서두르다.
(3) 기를 펴지 못할 만큼 심하게 구박하거나 나무라다.

4. **무색하다** 没有脸面，黯然失色

[형용사] (1) 겸연쩍고 부끄럽다.
(2) 본래의 특색을 드러내지 못하고 보잘것없다.

예 그는 내 앞에서 넘어지자 무색하여 어쩔 줄을 몰라 했다.

5. 이례적　异乎寻常的，破例的，特别的，罕见的

[관형사·명사] 상례에서 벗어나 특이한. 또는 그런 것.

예 규모가 작은 기업에 대해 2개월이나 조사를 한다는 것은 매우 이례적이다.

6. 시베리아　西伯利亚

<지리> 겨울철에 시베리아와 중국 동북부 지역에서 발생하는 대륙성 한랭 기단. 이 기단이 한국 겨울철의 기후를 좌우한다.

7. 제트기류　喷射气流

<지리> 대류권의 상부 또는 성층권의 하부에서, 좁은 영역에 거의 수평으로 집중하는 강한 기류. 최대 풍속이 100m/s를 넘는 일도 있다.

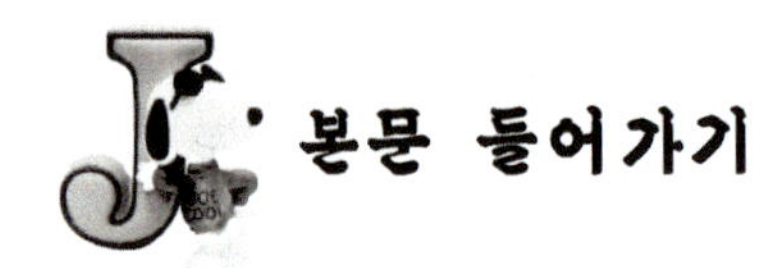

본문 들어가기

질문에 답하기:

1. 이 며칠 동안 서울의 날씨가 어때요?
2. 예측과 달리 올해 날씨가 평년보다 많이 추운 이유가 뭐지요?

뉴스2 연예 리포터들의 24시

단어

열혈	경조사	똘똘	고둔분투	내로라하다
올인	쇄도	아우라	팔짱	뻗다
개콘	왕비호	발랄하다	성대모사	미션
자자하다	따끈따끈하다			

단어해석

1. 열혈 热血

[명사] 열렬한 정신이나 격렬한 정열 따위를 비유적으로 이르는 말.

2. 경조사 红白喜事

[명사] 경사스러운 일과 불행한 일.

3. 똘똘 骨碌碌

[부사] 작고 둥근 물건이 가볍고 빠르게 구르거나 돌아가는 소리. 또는 그 모양. '돌돌' 보다 센 느낌을 준다.

4. 고군분투 孤军奋战

[명사] 남의 도움을 받지 아니하고 힘에 벅찬 일을 잘해 나가는 것을 비유적으로 이르는 말.

5. 내로라하다 (某领域)的代表人物

[동사] 어떤 분야를 대표할 만하다.

예 내로라하는 재계의 인사들이 한곳에 모였다.

6. 올인 (all in) 全部投入,全力以赴

[명사] 포커에서, 가지고 있던 돈을 한판에 전부 거는 일.

7. 쇄도 涌向

[명사] 어떤 곳을 향하여 세차게 달려듦.

8. 아우라 (aura) 光环

[명사]예술 작품에서, 흉내 낼 수 없는 고고한 분위기. 독일의 철학가 발터 벤야민(Walter Benjamin)의 예술 이론에서 나온 말이다.

9. 팔짱 抄手儿

[명사] (1) 두 손을 각각 다른 쪽 소매 속에 마주 넣거나, 두 팔을 마주 끼어 손을 두 겨드랑이 밑으로 각각 두는 일.
(2) 나란히 있는 두 사람 중 한 사람이 옆 사람의 팔에 자신의 팔을 끼는 일.

10. 뻗다 伸展,延伸

[동사] (1) 『(…을) …으로』 가지나 덩굴, 뿌리 따위가 길게 자라나다. 또는 그렇게 하다. '벋다' 보다 센 느낌을 준다.
(2) 『…으로』 길이나 강, 산맥 따위의 긴 물체가 어떤 방향으로 길게 이어져 가다. '벋다' 보다 센 느낌을 준다.
(3) 『(…을)…에/에게』『(…을)…으로』 기운이나 사상 따위가 나타나거나 퍼지다. '벋다' 보다 센 느낌을 준다.
(4) 『…을』 오므렸던 것을 펴다. '벋다' 보다 센 느낌을 준다.
(5) 『…을 …에/에게』『…을 …으로』 어떤 것에 미치게 길게 내밀다. '벋다' 보다 센 느낌을 준다.

(6) (속되게) 죽거나 기진맥진하여 쓰러지다.

11. **개콘 笑星演唱会**

[명사] (KBS 2TV방송 프로그램) '개그 콘서트' 의 약어

12. **왕비호**

[명사] 왕비호는 kbs2 채널에서 방송하는 개그콘서트에서 봉숭학당 맨마지막에 나오는 사람입니다

13. **발랄하다 泼辣**

[형용사]표정이나 행동이 밝고 활기가 있다. ≒발발하다.

예 재기 발랄한 젊은이들
기쁜 일이 있는지 그의 모습은 발랄해 보였다.

14. **성대모사 模仿别人声音**

[명사]자신의 목소리로 다른 사람의 목소리나 새, 짐승 따위의 소리를 흉내 내는 일.

15. **미션 任务**

[명사]① 목표나 목적. ② 임무나 과업. ③ 중요한 일. ④ 포교나 전도. 국립국어원이 개설 운영하고 있는 '모두가 함께하는 우리말 다듬기' 사이트를 통하여 '중요임무' 로 순화하였다.

16. **자자하다 广为流传**

[형용사] 여러 사람의 입에 오르내려 떠들썩하다.

예 김 박사가 의술이 뛰어나다는 평판이 온 동네에 자자하게 퍼졌다.
근무 조건이 나쁘다는 사원들의 불평이 회사 내에 자자했다.

17. **따끈따끈하다 暖烘烘的**

[형용사] 매우 따뜻하고 더운 느낌.

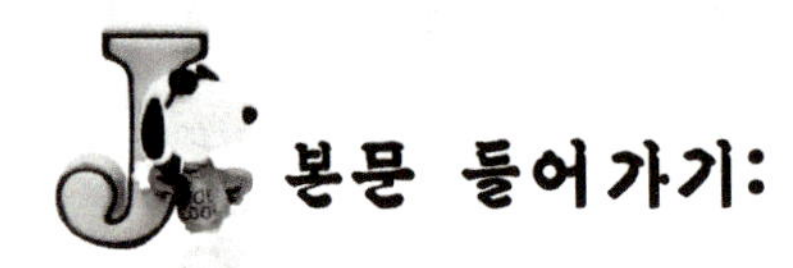

본문 들어가기:

질문에 답하기:

연예 리포터는 뭘 하는 직업입니까?

제 28 과

뉴스1 새 MC들의 '4인 4색'

단어

선사하다	페이스	꿰차다	휘어잡다
프렌즈	리딩하다	시종일관	여걸식스
영입하다	혹독하다	앙증맞다	애드리브
순발력	재량	톡톡히	

단어해석

1. **선사하다** 赠送
   [동사] 존경, 친근, 애정의 뜻을 나타내기 위하여 남에게 선물을 주다.
2. **페이스** face 脸
3. **꿰차다** 取得
   [동사]『 …을』(속되게) 자기 것으로 만들다.
4. **휘어잡다** 揪住,握住
   [동사] (1) 무엇을 구부리어 거머잡다.
   (2) 손아귀에 넣고 부리다.
5. **프렌즈** (friends) 朋友
6. **리딩하다** (leading) 带领
7. **시종일관** 始终如一
   [명사] 일 따위를 처음부터 끝까지 한결같이 함. ≒수미일관·종시일관.
8. **여걸식스** 女杰 6

9. **영입하다** 欢迎加入
[동사] 환영하여 받아들임. '맞아들임'으로 순화.

10. **혹독하다** 狠毒,残酷
[명사] 일 따위를 처음부터 끝까지 한결같이 함. ≒수미일관·종시일관.

11. **앙증맞다** 小巧玲珑
[형용사] 작으면서도 갖출 것은 다 갖추어 아주 깜찍하다.

12. **애드리브** 即兴表演
[명사] <연영> 연극이나 방송에서 출연자가 대본에 없는 대사를 즉흥적으로 하는 일. 또는 그런 대사.

13. **순발력** 反应
[명사]<운동·오락> 근육이 순간적으로 빨리 수축하면서 나는 힘. 멀리뛰기, 높이뛰기 따위로 측정한다.
예 저 야구 선수는 순발력이 뛰어나다.
그는 순발력은 뛰어난데 지구력이 부족해서 장거리 달리기에는 적합하지 않다.

14. **재량** 斟酌
[명사] 자기의 생각과 판단에 따라 일을 처리함. ≒재작(裁酌)·재탁(裁度).
예 이 일은 너의 재량에 맡기겠다.
구체적인 사항은 실무자의 재량에 따라 조치하도록 했다.
나는 그 일을 결정할 재량이 없습니다.

15. **톡톡히** 着实
[부사] 구실이나 역할 따위가 제대로 되어 충분하다.

본문 들어가기

질문에 답하기:

지금 이 네 명 MC를 소개하는 프로그램의 이름은 무엇입니까?

뉴스2 이 땅에 하늘이 처음 열린 날, 제 4346주년 개천절 행사 풍성

단어

황금연휴	선사하다	영정	예를 갖추다
한복판	부정부패	불감증	청산하다

단어해석

1. **황금연휴　黄金长假**
   [명사] 명절이나 공휴일이 이어져 있는 연휴를 비유적으로 이르는 말.

2. **선사하다　馈赠**
   [동사] 존경, 친근, 애정의 뜻을 나타내기 위하여 남에게 선물을 주다.
   예 나는 졸업을 한 언니에게 꽃다발을 한 아름 선사했다.

3. **영정　遗像**
   [명사] 제사나 장례를 지낼 때 위패 대신 쓰는 사람의 얼굴을 그린 족자.
   예 그는 영정 앞에서 고인의 명복을 빌었다.

4. **예를 갖추다　行礼**
   예 예를 갖추고 사과하다.

5. **한복판　中心**
   [명사] ‘복판’을 강조하여 이르는 말.
   예 길 한복판에 누가 서 있다.

6. **부정부패　腐败**
   [동사] 바르지 못하고 부패하다.
   예 당내의 부정부패를 척결하다.

7. **불감증　不敏感，无感觉**
   [명사] 감각이 둔하거나 익숙해져서 별다른 느낌을 갖지 못하는 일.
   예 이번 사고는 도덕적 불감증에 걸린 우리 사회의 분위기를 말해 주는 것이었다.

8. **청산하다　清算**
   [동사] (1) 서로 간에 채무・채권 관계를 셈하여 깨끗이 해결하다.
   (2) 과거의 부정적 요소를 깨끗이 씻어 버리다.
   예 나는 건달 생활을 청산하고 계획대로 대학에 진학할 수 있었지만, 결국 그 뒤로는 아무것도 뜻대로 되지 않았다.

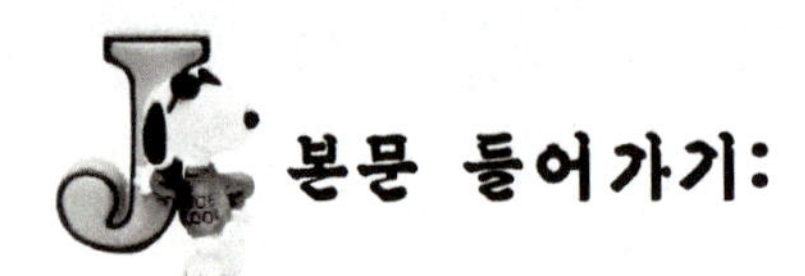

질문에 답하기:

1. 개천절은 어떤 날이지요?
2. 개천절에는 참석자들이 어떤 행사를 하지요?

제 29 과

뉴스1 스타의 어린시절, 이런 모습 처음이야!

단어

앙증	똘똘	새치름하다	발랄
멜빵바지	오밀조밀	똘망똘망하다	연상케
망토하다	모락모락	인상파	입담꾼
청순하다	요염하다	사절단	호랑나비
뻣뻣하다	메뚜기	거구 골리앗	왜소하다
뒹굴다	털털하다	드리운	

단어해석

1. **앙증** 小巧
   [형용사] 작으면서도 갖출 것은 다 갖추어 깜찍하고 귀엽다.

2. **똘똘** 骨碌碌
   [부사] 작고 둥근 물건이 가볍고 빠르게 구르거나 돌아가는 소리. 또는 그 모양. '돌돌' 보다 센 느낌을 준다.

3. **새치름하다** 冷冰冰
   [형용사] 조금 쌀쌀맞게 시치미를 떼는 태도가 있다.

4. **발랄하다** 泼辣
   [형용사] 표정이나 행동이 밝고 활기가 있다. ≒발발하다

5. **멜빵바지** 背带裤
   [명사] 어깨에 멜빵을 걸치게 만든 바지.

6. **오밀조밀** 小巧玲珑

[부사] (1) 솜씨나 재간이 매우 정교하고 세밀한 모양.
(2) 마음 씀씀이가 매우 꼼꼼하고 자상한 모양.

7. **똘망똘망하다** 可爱

8. **망토** 披风

[명사]소매가 없이 어깨 위로 걸쳐 둘러 입도록 만든 외투. 남녀가 다 입으며, 손을 내놓는 아귀가 있다.

9. **모락모락** 袅袅

[부사] 연기나 냄새, 김 따위가 계속 조금씩 피어오르는 모양.

10. **인상파** 印象派

[명사]<미술> 19세기 후반 프랑스에서 활동한 인상주의를 신봉한 유파. 표현 대상의 고유한 색채보다 그 색조를 분할하여 외광(外光)의 효과를 주로 하여 원색의 강렬한 색감으로 표출하였다. ≒외광파.

11. **입담꾼** 口才好的人,能说会道的人

12. **청순하다** 清纯

[형용사] 깨끗하고 순수하다.

13. **요염하다** 妖艳

[형용사] 사람을 호릴 만큼 매우 아리땁다. ≒완염하다.

예 요염한 눈길
요염한 미소

14. **사절단** 使团

[명사] 나라를 대표하여 일정한 사명을 띠고 외국에 파견되는 사람들의 무리.

15. **호랑나비** 凤蝶

[명사] 호랑나빗과의 곤충. 편 날개의 길이는 8~12cm이며, 누런 녹색 또는 어두운 갈색이고 검은 띠와 얼룩얼룩한 점이 있으며 뒷날개에는 가는 돌기가 있다. 애벌레는 감나무, 귤나무 따위의 해충이다. 한국, 일본, 중국 등지에 분포한다. ≒귀거(鬼車)·봉접(鳳蝶). (Papilio xuthus)

16. **뻣뻣하다** 硬

[형용사] 물체가 굳고 꿋꿋하다.

예 빨래가 얼어서 뻣뻣하다
팔다리가 뻣뻣하다

17. **메뚜기** 蚂蚱

[명사] <동물> 메뚜깃과의 곤충을 통틀어 이르는 말. 겹눈과 세 개의 홑눈이 있고 뒷다리가 발달하여 잘 뛴다. 불완전 변태를 하며 알로 겨울을 난

다. ≒부종(阜螽)·사종(斯螽)·송서(蚣蝑)·저계(樗鷄)·책맹(蚱蜢)·청메뚜기·황남(蝗蝻).

18. 거구　巨大的身躯

[명사] 거대한 몸집. ≒거체(巨體) .

예 거구의 사내

19. 골리앗　(Goliath) 歌利亚

[명사]<기독교> 구약 성경에 나오는 블레셋의 장군. 대단한 거인으로 힘센 장사였으나 이스라엘 소년 다윗이 던진 돌에 맞아 죽었다.

20. 왜소하다　矮小

[형용사] 작고 초라하다.

예 그는 삼십 대 초반의 왜소하고 깡마른 체구의 사내였다.
　우주에 견주면 인간은 더할 나위 없이 왜소한 존재다.

21. 뒹굴다　打滚儿

[동사] (1) 누워서 이리저리 구르다. 하는 일 없이 빈둥빈둥 놀다.
　(2) 여기저기 어지럽게 널려 구르다.
　(3) 물건 따위가 어디에 함부로 버려지다.

본문 들어가기

질문에 답하기:

프로그램 현장에 직접 오지 않은 사람은 누구지요?

뉴스2 입양아 대부분이 미혼모 아이. 미혼모 지원책 절실

단어

입양아　　안타깝다　　수치　　지원금

단어해석

1. **입양아　被领养的孩子**

   [명사] 데려다 기른 아이

   예 새삼 주위 사람들을 보면 자녀 넷에 또 입양아를 받아들여 정성껏 양육했다.

2. **안타깝다　可惜**

   [형용사] 뜻대로 되지 아니하거나 보기에 딱하여 가슴 아프고 답답하다.

   예 이번 시합에서 우승을 놓친 것이 안타깝다.

3. **수치　数据,羞耻**

   [명사] (1) <수학>계산하여 얻은 값.

   (2) 다른 사람들을 볼 낯이 없거나 스스로 떳떳하지 못함. 또는 그런 일.

4. **지원금　援助金**

   [명사] 지지하여 돕기 위하여 주는 돈.

   예 양로원 지원금을 내년 예산에 반영하기로 하였다.

본문 들어가기:

질문에 답하기:

1. 한국 입양 부모들이 아이성별을 선택할 때 어떤 경향이 있지요?
2. 전문가들은 입양아 대부분이 미혼 부모로부터 입양됐다는 사실에 대해 어떤 건의를 하고 있지요?

제 30 과

뉴스1 중부내륙 '대설특보' 최고 8cm 쌓인다. 출근길 비상

단어

빙판길　　함박눈　　치솟다

단어해석

1. **빙판길　结满了冰的道路**
   [명사] 얼음이 얼어 미끄러운 길.
   예 겨울에는 빙판길 교통사고를 조심해야 한다.
2. **함박눈 鹅毛大雪**
   [명사] 굵고 탐스럽게 내리는 눈.
   예 함박눈이 내리다.
3. **치솟다 (往上)冒,冲,涌**
   [동사] (1) 위쪽으로 힘차게 솟다.
   (2) 감정, 생각, 힘 따위가 세차게 복받쳐 오르다.
   예 검은 연기가 하늘로 치솟는다.

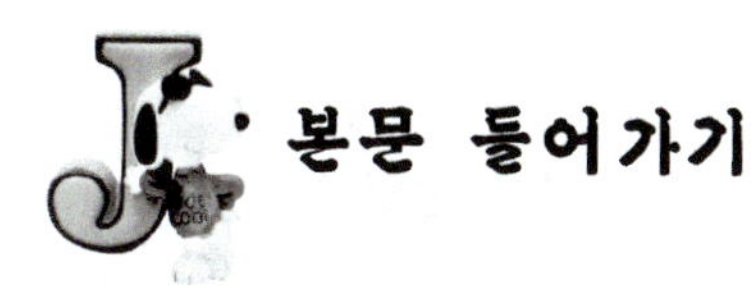

본문 들어가기

질문에 답하기:

1. 내일 아침에 출근길은 어떨 것 같아요?
2. 이번 눈은 언제 그치고, 또 어떤 날씨가 이어질까요?

뉴스2 한국인 면 사랑 세계 최고. 한사람 한해 74개 '호로록'

단어

호로록	간편하다	힘입다	파스타	글루텐
곤약	뚝딱	조리하다	대용식	

단어해석

1. 호로록　噗噜噜;(喝热水、喝稀粥的声音)呼噜呼噜

[부사] (1) 작은 새 따위가 날개를 가볍게 치며 갑자기 날아가는 소리. 또는 그 모양.

(2) 적은 양의 액체나 국수 따위를 가볍고 빠르게 들이마시는 소리. 또는 그 모양.

예 참새가 호로록 날아가다.

2. 간편하다　简便,简单,方便

[형용사] 간단하고 편리하다.

예 이 제품은 위생적이며 사용이 간편하다.

3. 힘입다　仰仗,依赖,借助

[동사] (1) 어떤 힘의 도움을 받다.

(2) 어떤 행동이나 말 따위에 용기를 얻다.

(3) 어떤 것의 영향을 받다.

예 그 색감이 아기자기한 모양새에 힘입어 돌올하게 선명하다.

4. 파스타　意大利面;软膏

[명사] (1) 이탈리아식 국수. 밀가루를 달걀에 반죽하여 만들며 마카로니, 스파게티 따위가 대표적이다.

(2) <약학>[같은 말]파스5(타박상, 근육통, 신경통 따위에 쓰이는 소염 진통제).

5. 글루텐 面筋,麸质,谷胶

[명사] <화학> 식물의 종자 속에 들어 있는 식물성 단백질의 혼합물. 당과 지질을 함유하고 있다.

예 글루텐이 없는 식단에 차도를 보이는 관절염 환자들이 있다.

6. 곤약 蒟蒻,魔芋

[명사] (1) 구약나물의 땅속줄기를 가루를 내어, 거기에 석회유를 섞어 끓여서 만든 식품. '우무'로 순화.

(2) <식물>[같은 말] 구약나물(천남성과의 여러해살이풀). '구약나물', '구약 감자'로 순화.

7. 뚝딱 (敲打坚硬物体的声音)啪啪,当当,叮当;干净利落

[부사] (1) 일을 거침없이 손쉽게 해치우는 모양.

(2) 단단한 물건을 조금 가볍게 두드리는 소리.

예 가슴이 뚝딱거리다.

국밥 한 그릇을 뚝딱 먹어 치우다.

8. 조리하다 [동사] 养护;烹调

(1) 건강이 회복되도록 몸을 보살피고 병을 다스리다.

(2) 요리를 만들다.

예 산후에 몸을 잘 조리해야 건강을 유지할 수 있다.

9. 대용식 替代食品

[명사] 주식(主食) 대신으로 먹는 음식.

예 빵은 밥의 대용식으로 많이 사용된다.

본문 들어가기:

질문에 답하기:

1. 한국의 연간 라면 생산액은 얼마이고, 한 사람당 한 해에 라면을 몇 개 소비하지요?
2. 한국 사람들은 왜 라면을 좋아하지요?

제1과

뉴스1 회사에서 평균 11시간, 저녁 없는 삶

여러분, 보통 몇 시에 퇴근하십니까?

일찍 퇴근해서 가족들과 시간도 보내고 또 하고 싶은 일도 하고 싶지만 현실이 녹록지는 않죠.

그래도 이제 우리 사회, 저녁이 있는 삶에 대한 관심이 점점 커지고 있는데요.

오늘 저희가 준비한 뉴스 보면서 함께 생각해 보시겠습니까?

먼저 오유림 기자입니다.

◀ 리포트 ▶

"모든 업무는 6시까지 종료하시고 늦어도 6시 30분까지는 퇴근해주시기 바랍니다."

기다렸다는 듯이 직원들이 쏟아져 나옵니다.

저녁 7시, 사무실은 이미 텅 비었고, 불이 일제히 꺼집니다.

이 회사는 직원들에게 저녁 시간을 돌려주겠다며 지난 1월부터 6시 퇴근제를 시행하고 있습니다.

늦게 퇴근하면 인사고과에 반영돼 불이익이 주어집니다.

[정유선]

"다 같이 빨리 가야 하니까 쓸데없이 눈치 보고 그런 부분들은 확실하게 사라졌고요."

저녁 시간의 여유가 생기면서 탱고를 배우는 사람, 피아노를 배우는 사람, 취미생활도 다양해졌습니다.

[신단]

"버스키 공연을 두명 세 명 정도 모여가지고 해보고 싶은 게 제 최종 꿈입니다."

근무 시간이 줄어들면 생산성이 떨어지지 않겠느냐는 우려도 있지만, 정시 퇴근 시행 이후 오히려 매출이 늘고 이직률은 떨어졌다고 말하는 기업들이 많습니다.

서울의 한 구청은 직원들을 상대로 퇴근길 반찬가게를 운영하고 있습니다.

퇴근 후 장을 보거나 식사준비하는 시간을 절약해서 가족과 함께 더 많은 시간을 보내라는 의미입니다.

[천성미]

"한 시간 정도가 단축되니까 아이들하고 숙제 봐주고 훨씬 여유롭게 저녁 생활을 즐길 수 있어요."

그런데 가족과 함께 저녁식사를 하는 사람들은 생각보다 많지 않은데다 오히려 줄고 있는 추세입니다.

지난 2005년 조사에선 10명 중 8명 정도가 일주일에 이틀 이상 가족과 함께 저녁을 먹는다고 답했는데요.

최근 조사에선 6명 정도로 줄었습니다.

왜 그럴까요?

전종환 기잡니다.

◀ 리포트 ▶

또, 야근을 마치고 집에 오니 밤 11시.

일주일에 5일은 야근입니다.

작년까지 시행되던 7시 칼퇴근은 CEO가 외국인에서 한국인으로 바뀌면서 없던 일이 됐습니다.

석 달 된 딸아이 얼굴 보기가 어렵습니다.

[직장 9년차]

"외국인이 CEO로 있을 때는 회사일도 중요하지만 가장 중요한 건 가정이다. 한국적 마인드에서는 그게 없는 거죠. 일이 먼저고 회사가 먼저다."

우리나라 직장인이 회사에서 보내는 시간은 하루 평균 10시간 55분.

퇴근한 후에도 회식에, 접대에, 회사일과 관련된 뭔가를 해야 하는 경우가 많습니다.

[직장 8년차]

"나의 인사고과와 직접 연관이 있는 사람들인데 좋게 가져가야지. 거절하고 이럴 순 없는거죠."

회사 중심, 일 중심의 문화가 아직도 강한 탓입니다.

늦게 귀가하는 엄마 아빠, 야간학습에 시달리는 아이들, 여기에 일인가구까지 크게 늘면서 가족과 함께 하는 저녁 시간이 계속 줄고 있는 겁니다.

[배규식/한국노동연구원]

"직장만을 중심으로 하는 생활습관과 근무시간을 배분해서 직장, 지역사회, 가정 사이에 적절한 시간 배분이 불가피하고."

직장인들에게 저녁이 있는 삶을 돌려주기 위한 노력이 여러 곳에서 이뤄지고 있지만 아직도 가족이 차지하는 자리가 충분해 보이지 않습니다.

MBC뉴스 전종환입니다.

뉴스2 각종 신고전화 3개로 통합. 112·119·110만 남긴다

스무 가지에 달하는 각종 신고 전화번호가 112와 119, 110, 이렇게 세 가지로 통합됩니다.

오늘 이브닝 이슈에서는 이번에 국민 안전처가 마련한 신고전화 통합방안에 대해 자세히 살펴보겠습니다.

먼저 어떤 번호가 바뀌고, 또 없어지는지 윤성철 기자가 보도합니다.

◀ 리포트 ▶

국민안전처가 마련한 통합방안에 따르면 범죄신고는 112, 재난과 구조·구급신고는 119, 노인학대와 학교폭력 등 상담과 민원은 110으로 통합되며, 해양사고 신고전화인 122는 폐지됩니다.

국민안전처는 "20개 긴급전화를 3개로 통합하기로 부처 간 협의가 이뤄진 상태"라며, "신고번호를 몰라 신고가 지연되는 현상이 해소되길 기대한다"고 밝혔습니다.

지난달 열린 긴급전화 통합방안 공청회에서 112와 119까지 통합하는 방안도 논의됐지만, 대형 재난상황 발생 시 통화량 폭주로 범죄신고가 어려워질 수 있다는 지적이 제기돼, 현 체제를 유지키로 했습니다.

상대적으로 긴급성이 떨어지는 학교폭력신고나 노인학대신고, 여성긴급상담신고 등은 110으로 통합됩니다.

안전처는 "기존의 신고번호도 통합번호로 연결해 그대로 이용할 수 있다"며, 통합방안을 다음 주 발표할 예정이라고 밝혔습니다.

MBC뉴스 윤성철입니다.

◀ 앵커 ▶

해상에서 벌어지는 사고든 육상 사고든, 또 도둑이든 간첩이든, 아니면 학교폭력이든 가정폭력이든 하나의 번호로 신고가 가능해야 한다는 지적, 일리가 있어 보입니다.

김대호 아나운서, 현재 우리나라의 긴급 신고전화는 너무 많아서 활용도가 많이 떨어진다는 지적이 있지 않습니까?

◀ 김대호 아나운서 ▶

그렇습니다. 휴대전화 번호 하나 외우기 힘들다는 요즘, 알고 있어야 할 신고 번호도 너무 많습니다.

다들 알고 있는 화재 구급 신고 119, 범죄 신고 112 말고도, 간첩신고는 113, 해양사고는 122, 마약은 127, 사이버 테러는 118, 밀수 125, 안보 신고 111, 또 학교폭력 117번까지.

현재 국가가 운영하는 긴급 신고 번호는 9개나 됩니다.

여기에 각 기관들이 운영하는 신고전화는 더 많은데요.

아동학대 129번, 가정폭력 등 여성긴급전화 1366번, 미아·가출 신고는 182번, 또 군 관련 신고와 상담은 1303번 등 각종 신고와 상담 전화번호는 무려 30여 개에 이릅니다.

그래서 앞으로는 이 모든 전화번호를 단 3개의 번호로 통합 운영하기로 했습니다.

긴급 신고 전화는 112와 119로, 비(非) 긴급 신고전화는 110번으로 합쳐집니다.

즉, 모든 종류의 범죄를 통틀어서 112번 하나로 신고를 받고, 화재와 구급상황에 해양사고까지 더해 모든 구난 구조는 119번이 총괄합니다.

또, 시급성이 떨어지는 신고나 상담 전화는 110번으로 전화하면 알아서 해당 기관으로 연결이 되는 시스템입니다.

예를 들어 볼까요, '학교 폭력'의 경우, 당장 눈앞에 벌어지고 있는 긴급 폭력 상황이라면 112번에 신고를 해야 하지만, 그렇지 않은 일반적인 신고와 상담전화는 110번으로 하면 됩니다.

또 노인폭력과 가정폭력 모두 같은 논리를 적용하면 됩니다.

◀ 앵커 ▶

복잡한 신고전화 체계를 정비할 필요성이 부각된 사건이 있었죠.

바로 지난해 4월 발생한 세월호 침몰 사고인데요.

당시 승객들은 119와 112로 신고했지만, 해양사고의 경우, 인지도가 낮은 122번으로 신고해야 했기 때문에, 인명구조를 위해 절대적인 골든타임을 허비할 수밖에 없었습니다.

당시의 신고 상황, 다시 한번 살펴보겠습니다.

◀ 리포트 ▶

세월호 사고 당시 112에 접수된 신고전화 내용입니다.

시시각각 침몰해가는 배 위에서 "출동하는데 몇 분이 걸리는지" 묻는 승객에게 경찰은 "해경 신고전화는 122번"이라고 알려줍니다.

다시 승객이 선체가 넘어간다며 신고를 부탁하자, 경찰은 122로 전화하라고 재차 안내하고 있습니다.

세월호가 침몰한 지난 16일, 119상황실에는 30분 동안 23건, 112 경찰상황실에는 4건의 신고가 접수됐지만, 해양긴급신고 122에는 단 한 건의 신고도 없었습니다.

한시가 급한 상황에서 119나 112로 접수된 신고를 다시 해경에 '3자 통화' 방식으로 연결해주면서, 소중한 초기 구조 시간을 허비하게 됐습니다.

◀ 앵커 ▶

네, 이제는 해양신고번호 122뿐만 아니라 모든 위급상황 신고전화가 119와 112로 통합 운영됩니다.

그럼, 외국은 어떻게 운영되고 있을까요?

미국과 유럽 사례, 자료를 보면서 살펴보겠습니다.

미국은 전국 어디서나 911번으로, 범죄, 테러, 화재, 사고, 폭력 등 모든 긴급상황을 신고하게 돼 있습니다.

신고전화가 걸려오면 상황과 위치를 파악해서, 해당 소방서와 경찰, 병원에 동시다발적으로 전달을 하는 시스템입니다.

영국 역시, 999번 하나로 통합 운영되고 있고요,

EU 유럽연합도 112번 하나로 회원 국가 어디서나 긴급신고를 할 수 있게 돼 있습니다.

지금 보신 것처럼 미국과 영국, 유럽연합 모두 신고 전화번호는 한 가지로 통합 운영되고 있죠?

그래서 우리나라도 112와 119도 하나로 통합해서, 단일번호체계를 도입하자는 의견이 제시되기도 했는데요,

하지만 그럴 경우, 효율성이 오히려 떨어지는 것으로 나타났습니다.

다음 자료를 살펴볼까요.

이 자리는 계명대 경찰행정학과 이성용 교수팀이 지난 다섯 달 동안, 전국의 1,000명을 대상으로 신고번호 인지도를 조사한 건데요,

112와 119 모두 98% 이상의 높은 인지도를 보였습니다.

그러니까 국민 100명 중 1-2명 정도를 제외하고는, 대부분 특정 상황이 발생하면, 112와 119 중 어디로 전화해야 할지 이미 충분히 인식하고 있다는 얘기죠.

그래서 만약 이 번호를 하나로 통합할 경우, 해당 기관으로 다시 연결을 해야 하는 '2중 전달 체계'가 오히려 불필요한 시간 낭비를 가져올 수 있다는 이런 지적이 제기 됐습니다.

또 번호 통합을 위해 새로 '시스템을 구축' 해야 하고, 또 '홍보에 들어가는 막대한 비용' 역시 비효율적이라는 판단을 하게 된 거죠.

◀ 앵커 ▶

그런데 우리나라뿐 아니라 다른 나라에서도 긴급 전화번호에는 숫자 1과 9가 많이 쓰고 있는데요.

김대호 아나운서, 1과 9를 많이 사용되는 데는 그럴 만한 이유가 있다면서요?

◀ 김대호 아나운서 ▶

네, 그렇습니다. 119 와 112처럼 세 자리 응급전화번호가 처음 등장한 곳은 영국입니다.

1937년부터 지금까지 '999' 번을 쓰고 있는데요.

그전까지는 0번을 눌러 전화 교환수와 연결한 뒤 교환수를 통해 신고가 들어갔다고 합니다.

그런데 1936년 발생한 화재로 큰 인명피해를 입은 뒤, 직접 연결되는 세 자리 응급전화번호를 신설했습니다.

미국과 캐나다는 2차 세계대전 이후 세 자리 응급전화를 도입했습니다.

1957년, 영국 방식을 본따 '911' 번으로 정했는데요,

많은 번호 중, 왜 하필이면 9와 1이라는 숫자를 사용했을까요?

가장 큰 이유는 화재로 인한 연기 때문에 전화기의 숫자를 눈으로 확인하기 어려운 경우에도, 손으로 더듬어서 쉽게 찾을 수 있게 하기 위해서였습니다.

과거에 쓰던 다이얼식 전화기의 경우, 손끝으로 기준점만 찾으면 바로 숫자 0을 찾을 수 있었는데요.

0을 누르면 바로 교환수로 연결됐기 때문에, 그 옆의 9번을 사용하게 된 겁니다.

1번 역시, 숫자의 제일 끝에 있어 신고 전화를 잘못 걸 가능성을 최소화할 수 있었습니다.

◀ 앵커 ▶

반찬통의 뚜껑이 안 열린다, 자동차 시동이 안 걸린다.

들으신 것처럼 응급상황이 아닌데 도와달라는 전화가 하루 평균 2백여 건 이상, 매년 9만여 건이나 걸려온다고 합니다.

장난전화는 물론이고, 이같은 '개념 없는 신고 전화' 역시, 정말 꼭 필요하고 긴급한 출동을 방해해 결국 시민의 생명과 안전을 위협할 수밖에 없는데요.

119와 112에 걸려오는 전화 가운데 얼마나 황당한 내용이 많은지 알아봅니다.

영상으로 확인해 보시죠.

◀ 리포트 ▶

"띠리리~네, 119입니다."

분초를 다투는 구조요청 전화가 하루종일 밀려드는 119 종합방재센터.

그런데 황당한 민원들이 이어집니다.

|(119입니다) 벌레가 너무 큰 게 들어와서…꼽등이 같은데 너무 커서 못 잡겠어

요."

"지금 화장실에 물이 잘 안 내려가서…솔이 부러져서 안으로 들어갔는데, 이거 조금 빼 주실 수 있습니까?"

119 구급대원들이 긴급히 출동합니다.

"사실 술이 많이 취한 상태예요."

(어디 아픈 건 아니고요? 정신 차려 보세요.)

"안 아파요. 아픈 데 없고요."

비가 많이 내려 택시가 잘 안 잡히자 119에 신고했던 겁니다.

결국 구급차가 집 앞까지 택시 노릇을 대신했는데, 돌아온 건 욕설뿐입니다.

"XX! 돈이 중요하면 다 얘기해! 돈 중요하면 돈 줄게! XX"

◀ 김성준/마포소방서 구급대원▶

"아기가 아프다, 이런 식으로 나가 보면

애완용 동물들이 아프거나, 휴대폰이 하수구에 빠졌는데 휴대폰 좀 꺼내달라."

"네, 경찰입니다."

"불 지른다고 하고, 사람 죽인다고 하고, 여자 잡고 목 조르고 빨리 좀 와주세요!"

"지금 납치당했어요. (네?) 납치요."

2건 모두 장난 전화로 판명났습니다.

"(네, 112입니다.) 대리기사를 불렀는데 강도여서 칼 들고 협박을 하더라고요."

회사 차량으로 음주사고를 낸 뒤 징계가 두려워 저지른 자작극이었습니다.

"신림동 경마장이요. 내가 폭발물을 설치했거든요."

경찰 40명이 탐지견 4마리를 데리고 급히 출동했고, 폭발물은 없었습니다.

허위 신고를 한 사람은 43살 정 모 씨.

홧김에 저지른 일이었습니다.

"죽고 싶어 미리 전화했다", "사람이 죽어 있으니 치워달라", 5년 동안 이런 허위 신고를 4천6백 번이나 한 40대 여성이 구속되기도 했습니다.

허무맹랑한 전화도 많습니다.

"(주문한) 치킨 값을 가지고 가야 되거든요. 저 보고 오라는데. 너무 늦어서 못 가거든요. 전화 좀 해 주세요."

"불이 안 켜지니까 경찰을 좀 불러주세요."

심지어 유명 댄스그룹의 병역 문제를 묻기도 합니다.

"가수 EXO 있잖아요. 그분들 군대 면제돼요?"

(그건 국방부에 문의하셔야죠.)

"진짜 너무 큰 벌레가 있어서 처리를 할 수가 없거든요." (책이나 이런 걸로 한 대 때리면 벌레 죽는데…)

◀ 앵커 ▶

정말 황당한 사례들이 많이 있네요.

응급 '의료' 전용번호였던 1339번이 지난해 119로 통합된 뒤 불필요한 신고 내지 문의 전화가 20% 이상 줄었다는 분석도 있는데요.

이번에 신고 전화번호가 3가지로 통합된 후에는, 장난 전화나 불필요한 전화가 더 줄어들고, 긴급 전화 서비스가 보다 효율적으로 운영되길 기대해 보겠습니다.

제2과

뉴스1 카카오톡에서 텔레그램으로. '사이버 망명' 소문과 진실

최근 카카오톡 대신에 외국계 메신저인 텔레그램으로 갈아타는 분들 꽤 있다죠.

서버가 외국에 있어 사생활 보호가 더 잘 될 것이다, 이런 믿음 때문인데, 이를 두고 이른바 '사이버망명' 논란이 일고 있습니다.

박성원 기자가 취재했습니다.

◀ 리포트 ▶

국내 이용자 3700만 명.

모바일 메신저 시장 점유율 90%가 넘는 카카오톡은 국민 SNS로 불리며 대표적인 의사소통 창구로 자리잡았습니다.

◀ 전재민/대학생 ▶

"전화 통화보다는 카톡을 하고 심지어 부모님 안부를 묻는 경우에도카톡으로 연락합니다."

하지만 최근 독일에 서버를 둔SNS 텔레그램이 철저한 비밀보장을 내걸면서 이용자가 급증했고 국내에도 대략 100만 명 정도가 이 앱을 설치한 것으로 추정됩니다.

이를 두고 일부에서는 검찰이 최근 사이버 명예훼손 집중 단속에 나서면서, 국내에 서버를 둔 SNS가 검찰의 수사 대상이 될 수 있다는 우려가 확산된 결과라는 분석이 나왔습니다.

이용자들이 사생활보호를 위해 사이버 망명을 하고 있다는 겁니다.

◀ 김한지 ▶

"카카오톡 민간인 사찰 얘기가 있었고, 검찰에 일반인들의 대화가 넘어간다는 얘기가 있어서.."

하지만 검찰은 근거없는 내용으로 명예를 실추시키거나 재산상 손해를 끼는 행위를 엄벌할 뿐 혐의가 없는 일반인에 대한 무차별적인 사찰은 결코 없다고 밝혔습니다.

또 영장없이 카카오톡의 대화 내용을 보는 것은 불가능한데 '망명'이란 표현으로 사이버상의 불안감을 확산시키는 것은 부적절하다는 반론도 나왔습니다.

◀ 김민호 교수/성균관대 로스쿨 ▶

"'사이버 망명'이란 표현은 다소 과장된 언어도단이라는 생각이 듭니다. 국내 SNS 산업에 엄청난 악영향을 미칠 수도 있습니다."

카카오톡은 대화 저장기간을 지금의 절반인 이틀 정도로 줄이겠다는 대책을 내놨습니다.

전문가들은 외국계 SNS라고 무조건 안전한 것은 아니며 검증되지 않은 한글 버전들은 오히려 해킹에 취약할 수 있다고 지적했습니다.

뉴스2 '서울이 고향' 그런데 서울말 안 쓴다. 말의 변천사

이 두 사람의 대화가 마치 어느 지방의 사투리 같죠.
하지만 이 했걸랑이라는 말은 온전히 서울말입니다.
그럼 이 서울 토박이 말은 표준말일까요, 사투리일까요?
먼저 김나리 기자의 리포트 보시겠습니다.

◀ 리포트 ▶

한복 차림의 만담가가 입을 열자마자 일대는 웃음바다로 변합니다.
"제게 돈과 여자를 주세요 하고 간절히 기도했데. 하느님께서 기도 내용 고대로 돈 여자하고 결혼시켜줬데"
이 말이 사투리 같은지 표준말 같은지, 물어봤습니다.

[이준희]

"우리가 쓰는 말이랑 다른 거 같아서…."
만담에 쓰인 말은 이른바 서울 토박이말, 서울 사투리입니다.

[장광팔]

"약 100년 이상 서울 토박이의 말이 오롯이 보존돼 있는 게 만담이다."
흔히 서울말을 표준어로 생각하지만, 사실은 다릅니다.
'콧구멍'을 '콧구녕'으로, '발가락'을 '발꾸락'으로, '했거든'을 '했걸랑'으로 말하는 식입니다.
표준어와 서울말을 비교해 봤습니다.
표준어 발음은 진폭이 일정한데 반해, 서울말은 처음과 끝의 진폭 차가 큽니다.
시작은 센 반면, 끝은 늘어지는 서울말 고유의 억양 때문입니다.
교양있는 사람이 두루 쓰는 현대 서울말이 표준어로 돼 있지만 실제로는 경기나 인천지방 말이 표준어 발음에 더 가깝다는 분석도 있습니다.
20년 넘게 소리공학을 연구한 학자도 흥미롭다는 반응입니다.

[배명진 교수/숭실대 소리공학과]

"서울말은 유하게 정감 있게 하려는 경향이 있습니다. 그게 토박이 발음이지 우리가 아는 서울, 경기도 표준어가 아니에요."
표준어 사용이 일반화되면서 역설적으로 전통 서울말은 약화되고 있는 것입니다.
그런가하면 서울시민 중에 내 고향은 서울이라는 사람은 지난 2003년 65%에서 2013년에는 84%로 급증했습니다.
태어난 곳이 서울이 아니라도 서울에서 살면 서울을 고향으로 느낀다는 겁니다.
반면 서울 토박이는 줄고 있는데요, 여기서도 변화하고 있는 서울의 모습을 찾을 수 있습니다.
서울 명륜동에서 70년 넘게 산 서병국 씨에게는 흔히 보기 힘든 인증서가 있습니다.
'서울 토박이 인증서', 서울 종로구가 발급한 겁니다.
[서병국/'서울토박이 인증']
"지금은 아들이 여기서 살고 있으니 4대째죠. 그러니까 토박이가 될 수 있는 조건이 충분한 거죠."

60년 넘게 서울 중구를 떠나본 적 없는 김동원 씨도 서울의 산증인입니다.

[김동원/78세]

"대장장이들이 많았어요. 어렸을 때 보면요. 지금 을지로 4가서부터 왕십리 한양공고까지 쫙 있고…."

서울시는 1910년 이전부터 3대 이상이 서울에서 살고 있는 경우를 서울 토박이로 정의하고 있습니다.

지역으로는 사대문 안과 사대문 밖 10리까지로 요즘으로 치면 종로구와 중구, 용산 등지가 해당합니다.

지난 2007년 조사 결과 3대 이상의 순수 '서울 토박이' 혈통은 서울 인구의 4.6%, 40여만 명에 그쳤습니다.

산업화를 거치며 인구 1천만 도시로 성장한 수도 서울, 그 사이 서울 토박이도 서울말도 시간 속에 녹아들며 또 다른 서울의 모습을 만들어내고 있습니다.

MBC뉴스 이경미입니다.

제3과

뉴스1 2017 수능, 한국사 필수.국어·수학 수준별 시험 없어져

지금의 고등학교 1학년이 수능시험을 치르는 2017학년부터 한국사 영역이 필수로 시행됩니다.

다만 절대평가가 도입돼 50점 만점에 40점을 넘으면 1등급을 받을 수 있습니다

김지훈 기자의 보도입니다.

◀ 리포트 ▶

교육부가 현재 고등학교 1학년에 해당하는 2017학년도 대학수학능력시험 기본계획을 확정, 발표했습니다.

우선 필수로 지정된 한국사 시험은 20문항이 출제되며, 30분의 시간이 늘어난 4교시 탐구 영역 시간에 치러집니다.

한국사 영역 만점은 50점이지만 절대평가로 치러지기 때문에 40점만 넘으면 1등급을 받을 수 있습니다.

2015학년도 수능에서 영어영역 수준별 시험을 없앤 데 이어 2017학년도엔 국어와 수학의 수준별 시험도 없어집니다.

2017학년도 수능 시험일은 11월 셋째 주인 17일에 치러집니다.

한편, 교육부는 전형방법을 최대 6개 이내로 운영하는 대입전형 간소화의 틀을 유지하고, 정시모집에서의 혼선을 줄이기 위해 같은 모집단위 내에서의 분할모집을 2017학년도부터 전면 금지하기로 했습니다.

MBC뉴스 김지훈입니다.

뉴스2 만성 적자 속 또 '신공항' 추진?

전국 16개의 공항중 10곳이 막대한 적자를 내고있는 가운데 정부가 최근 또 영남지역에 제2의 허브공항을 짓겠다고 나섰습니다.

이 지역 자치단체의 조사에서도 사업성이 낮다는 조사결과가 나온 공항입니다.
보도에 김원장 기자입니다.

◀ 리포트 ▶

정부가 지난달 발표한 국토 균형발전계획에는 '동남권 신공항 건설'이 포함됐습니다.

부산시 등 이 지역의 오랜 숙원사업인데다 오는 2025년이면 지역 공항들의 수용능력이 한계에 달하게 된다는 이유에섭니다.

<인터뷰> 이용걸(기획재정부 예산실장/지난달 10일) : "동남권은 부산, 경남, 울산을 포괄하는 지역을 의미합니다. 동북아 제2허브공항을 추진하고..."

정부는 단거리 여행객 증가와 저비용 항공사의 활성화로 20년 내에 국제여객수요가 4배 증가할 것이라는 타당성 용역결과도 내놨습니다.

<인터뷰> 이영(신공항추진협의회 상근부회장) : "천3백만 주민들이 제대로 된 국제공항이 없어서 굉장한 불편을 겪고 있을 뿐만 아니라 연간 3천억 원의 손실을 보고 있습니다."

하지만 3년 전 부산시가 발주한 용역 보고서는 '공항 건설은 경제성이 없다'고 결론짓고 있습니다.

실제 정치적인 이유로 지방공항이 하나둘 늘면서 지금도 전국공항 16곳중 10곳이 적자입니다.

영남지역에는 천 백억 원을 투입해 지어놓고도 취항 항공사가 없어 3년째 문도 못 여는 울진공항을 비롯해 이미 6개의 공항이 있습니다.

여기에 KTX노선이 완공되면 수요가 더 줄것이라는 분석도 많습니다.

<인터뷰> 김연명(한국교통연구원 실장) : "정치적인 논리로 건설된 공항들은 반드시 그 지역에 폐해가 될 수 있고 골칫거리가 될 수 있기 때문에 논리적인 수요예측과..."

공항의 필요성을 인정한 1차 용역보고서에 이어, 신공항을 어디에 건설할지를 결정하는 2차용역 조사 결과는 내년 9월에 발표됩니다.

KBS 뉴스 김원장입니다.

제4과

뉴스1 개나리로 암 억제 '눈 호강' 봄 꽃, 몸에도 좋다

앞서 보신 아름다운 봄꽃.
눈만 즐거운 것이 아니라 몸에도 좋다고 합니다.
무슨 말인가 싶으시죠.
어떤 꽃을 어떻게 먹으면 되는지 김윤미 기자가 알려드립니다.

◀ 리포트 ▶

방금 따온 봄꽃으로 요리를 시작합니다.
팬지나 제라늄 같은 색색의 꽃을 듬뿍 넣은 비빔밥.
꽃을 얹은 감자전에 꽃과 함께 먹는 샤부샤부까지 한 상 가득 꽃 요리가 차려집니다.

"완전 봄을 먹는다. 봄을 먹어."

이맘때 피는 봄꽃에 영양성분이 얼마나 들었는지, 국내 한 연구진이 분석했습니다.

그랬더니 벚꽃은 1그램당 비타민 C가 껍질째 먹는 자두의 3배 였고, 심혈관 질환에 좋은 플라보노이드 성분도 많았습니다.

또 개나리에는 암 억제 효과가 있는 항산화물질 카로티노이드가 양배추의 4배 들어있고, 진달래는 혈관 노화 방지에 탁월한 프로안토시아니딘이 풍부했습니다.

[유은하/국립원예특작과학원 연구원]

"색소를 이루는 물질이 항산화 효과가 많다고 알려졌거든요. 붉은 계통이나 색소가 많은 것이 함량이 높은 것으로나타났습니다"

하지만 몸에 좋다고, 가로수에 핀 봄꽃을 그냥 따서 먹으면 안 됩니다.

미세먼지는 물론, 농약을 친 경우엔 유해성분까지 먹을 수 있기 때문입니다.

전문가들은 식용 목적으로 하우스에서 기른 봄꽃을 먹는 게 좋고, 이때도 알레르기를 일으킬 수 있는 수술과 꽃받침은 떼고 물에 잘 씻으라고 당부합니다.

MBC뉴스 김윤미입니다.

뉴스2 '기름 유출 사고 7년.' 태안은 지금 어떻게 달라졌나

오늘은 태안 기름유출사고가 일어난 지 꼭 7년이 되는 날입니다.

100만 명이 넘는 자원봉사자들이 일일이 바위 구석구석을 닦아내는 모습 기억나실 텐데요.

지금은 어떻게 바뀌었을까요.

김지훈 기자가 태안 현지를 돌아봤습니다.

◀ 리포트 ▶

만 2천 킬로리터가 넘는 기름이 그야말로 콸콸 쏟아졌던 태안 해변.

3년 전부터 조금씩 재개된 갯벌 조업이 이제는 제법 모양을 갖춰 가고 있습니다.

◀ 권석수/어민 ▶

"조개나 굴, 바지락 같은 게 많이 나오고... 정상으로 돌아왔어요."

7년 전 사고 당시 마지막까지 방제작업을 했던 이 곳 해안도 이제는 깨끗했던 과거 모습을 다시 되찾았습니다.

바닷물 수질은 정상 기준치를 회복했습니다.

◀ 정주영/국립공원공단 센터장 ▶

"유류 흔적이 심각한 상태로 보였던 69% 정도가 지금은 0%로 조사되었고요. 사고 이전 수준으로..."

방제작업을 위해 123만명의 자원봉사자들이 드나들었던 임시 도로는 아름다운 해안선을 한 눈에 담을 수 있는 산책길로 바뀌었습니다.

◀ 기윤순/관광객 ▶

"굉장히 아름답고 깨끗한 곳이고요. 해변길을 걷다 보니까 기름 사고가 언제 났었나 할 정도로..."

그러나 배상금이 충분치 않거나 대부분이 노년층인 어민들이 대규모 굴 양식설비를 새로 설치하는 데 부담을 느껴 어업이 완전히 회복되는 데는 시간이 더 걸릴 것으로 보입니다.

MBC뉴스 김지훈입니다.

제5과

뉴스1 남자 선생님 없는 초등학교, 교원 선발 방식 개선 해야

요즘 초등학교에서 남자 담임선생님을 만나기란 '하늘의 별 따기'다 이런 말이 나올 정도로 남자 선생님이 많이 부족하죠.

그런데 올해 임용고시에서도 남자 합격자 비율이 더 떨어졌습니다.

신지영 기자입니다.

◀ 리포트 ▶

김종국 씨는 이 학교에 셋뿐인 남자 선생님 중 한 명입니다.

전체 교원 수가 마흔 명이니 90퍼센트 이상이 여자 선생님입니다.

◀ 김종국/초등 교사 ▶

"사춘기도 많이 오고, 남자 아이들 같은 경우는 억센 아이들이 많은데 항상 제가 나서서 해야만 아이들이 차분해지고…"

2014년 현재 초등학교 교원 중 76%가 여성, 도시일수록 더 심해 서울은 여성비율이 88%에 달합니다.

◀ 진재교/성균관대 사범대학장 ▶

"여성화된다든지 정서적으로 또 남성으로부터 받을 수 있는 여러 가지 것들도 있을 수가 있는데 그런 것을 받지 못하므로 해서 생기는 편중성도…"

하지만 올해 서울지역 초등학교 임용고시의 남성 합격률은 더 떨어져, 지난해보다 3%p 감소한 11%대를 기록했습니다.

교대와 사대에 대한 여성의 선호율이 높은데다 가정실습이나 음악과목 등 여성에 유리한 교직과목도 이유가 되고 있습니다.

사정이 이렇다 보니 신규교원 발령시기가 되면 교육청에는 남자교사를 보내달라는 민원이 끊이지 않습니다.

현장에서는 "남녀가 가진 장점을 골고루 평가해 반영할 수 있도록 선발 방식을 개선해야 한다"는 지적이 나오고 있습니다.

MBC뉴스 신지영입니다.

뉴스2 불 꺼지는 카지노 천국

글로벌 금융위기의 여파는 1년 365일 불황을 모르던 카지노 천국, 미국 라스베이거스에도 밀어닥쳤습니다. 국내외 도박꾼과 관광객들의 수가 크게줄면서 호텔 신축 공사들이 줄줄이 중단되고 있고 불야성을 이루던 밤거리의 풍경도 사뭇 달라지고 있다고 합니다.

3년전, 도시역사 백주년을 맞은 뒤 새로운 백년을 개척하려던 라스베이거스가 생각지도 못했던 경제 한파의 시련을 맞고 있습니다. 이동채 특파원이 현장 취재했습니다.

<리포트>

세계에서 가장 아름답다는 야경입니다. 끝없는 사막 한가운데 세워진 녹색도시. 그래서 도시 이름도 '푸른초원'이라 는뜻의 라스베이거스로 지어졌습니다. 관광의 도시, 박람회의 도시. 여기에 누구나 할 수 있는 도박은 365일 라스베이거스를 잠들지 않게 만들었습니다.

<인터뷰>데이비드그레이(관광객): "라스베이거스는 누구나 즐길 수 있는 매력적인 곳입니다."

오늘의 라스베이거스가 시작된 때는 1905년. 미국 남서부와 중부내륙을 잇는 초대형 철도가 완성되면서, 조용했던 광산마을, 축산마을이 현대 도시로 변하기 시작했습니다. 그 뒤 황금을 찾아 서부로 몰렸던 카우보이들의도박판이 커지기 시작해 대박을 쫓는 도박사들을 불러모았습니다. 법이 보장하는 도박은 대형관광산업으로 커졌고, 경제 신화로 이어졌습니다.

얼마전 숨진 초대형 배우 폴뉴만, 20세기 최고 가수 엘비스프레슬리. 프랭크 시나트라와 비틀즈까지. 40~50년부터는 최고 스타들의 공연장으로 성장하면서 라스베이거스는 지난 백년동안 지구상에서 불이 꺼지지 않는 유일한 도시로 그 명성을 이어왔습니다.

<인터뷰>굿맨(라스베이거스시장): "아무것도 우릴 멈추게 할 수 없고, 한계도 없습니다. 꿈은 반드시 이뤄집니다."

그런데 최근 라스베이거스의 거리를 수 놓았던 현란한 조명들이 하나둘씩그 밝기를 낮춰가고 있습니다. 방문객들로 줄을 이었던 중앙거리와 호텔. 쉴새없이 도박꾼들을 실어 날랐던 공항. 미국발 금융위기와 국제유가의 고공행진에 직격탄을 맞은 라스베이거스, 일년전과는 너무 다른 모습을 보이고 있습니다.

<인터뷰>팀랭(택시기사): "작년에는 초과 근무도 많았고 좋았었는데, 올해는 한달에 400달러정도 수입이 줄었습니다."

돈을 돈처럼 생각하지 않았던 도시에서 주민들이 느끼는 충격은 대단했습니다.

<인터뷰>팻왈드(주민): "미국 전체의 경제가 좋지 않아 관광객들이 씀씀이를 줄입니다. 기름 값도 많이 올라서 정말 타격이 큽니다."

3개 호텔이 새로 들어올 예정이던 공사현장입니다. 만개 가까운 객실을 만들려던 공사는 최근 들어 계속되는 투자 심리위축으로 중단되고 말았습니다. 천명 가까운 인부들도 한꺼번에 일자리를 잃었습니다. 자고 나면 호텔이 하나씩 솟아오른다던 라스베이거스. 천2백 개 호텔에 15만 객실을 자랑했지만, 호텔 신축공사가 중단된 지 오래입니다.

쉴새없이 돌아가는 카지노 기계 소리. 대박을 찾아 나선 사람들은 물론 세상구경을 나온 한가로운 관광객들마저도 유혹합니다. 그러나 취재진이 찾아본 카지노는 썰렁했습니다. 주말이면 앉을 자리가 없다던 곳이지만, 최근들어서는 주말에도 여유로운 장소로 변해 버렸습니다.

<인터뷰>윌스캇(콜로라도관광객): "작년보다 비행기값이 두배나 올라 결국운전을 해서 올 수 밖에 없었습니다."

지구상에서 가장 많은 현금이 움직인다는 라스베이거스 거리의 인파도 예전에 비해 크게 줄었습니다. 평소라면 길을 걷기도 힘들었던 거리가 요즘들어서는 썰렁한 기운마저 들게 하고 있습니다.

<인터뷰>마이크크라켓(시애틀관광객): "사람이 없어서 걸어다니기 편합니다. 가격이 내려 전보다 부담이 덜 됩니다."

중심가의 타격은 그래도 덜 한 편입니다. 주변을 둘러싼 여관과 식당, 술집같은 언저리 휴양산업은 직격탄을 맞았습니다.

<인터뷰>주미애(라스베이거스한인식당): "8월달까지는 그래도 뭐 한1/3 정도 떨어졌다고 생각했는데 9월 달 되니까 뭐 한 반으로 떨어졌던 느낌이 와요. 피부에 너무 닿는 거예요. "

박람회에 온 대규모 회사원들과 가족 단위 손님들로 북적였을 휴게시설도텅 빈공간으로 남아있습니다.

<인터뷰>김기흥(여행사대표): "호텔에 종사하는 사람이 라스베이거스 주민 중에 거의 2/3에 해당되는데 그 2/3에 해당되는 많은 분들이 이제는 누구나 다 이 어려움을 호소하고 있을 정도로."

호텔 업계도 비상이 걸렸습니다. 예전 같았으면 필요없었던 고객 유치를 위한 여러가지 상품이 새롭게 등장하고 있습니다. 반 값 호텔비는 기본. 7~8만원짜리 주유권을 그냥 주고, 몇 십만원 상품권과 할인권이 따라갑니다.

또 다른 명물인 호텔쇼공연에도 세일, 또세일, 파격이 등장했습니다.

<인터뷰>키란와이스(영국관광객): "하나 사면 하나 공짜인 티켓때문에 여자친구와 쇼를 보러왔습니다."

매일 매일 손님 발길을 잡으려는 아이디어와의 전쟁을 치르고 있습니다.

<인터뷰>양건수(라스베이거스 00호텔마케팅이사): "아이디어를 쥐어짜고 있다."

백 50만인구가 해마다 4천5백만명의 관광객을 맞이했던 라스베이거스로서도 이제 변해야 할 때라는 것을 알 고 있습니다.

<인터뷰>제르미핸델(라스베이거스관광국): "생활속에 힘들고 지쳐있는 사람들이 와서 다 잊고 즐기라는 새로운 캠페인을 시전체 차원에서 실행하고 있습니다."

인간의 욕망을 관광으로 승화시켜 산업화에 성공한 도시 라스베이거스. 미국발 금융위기로 수렁에 빠지고 있는 세계 경제앞에서 잠시 주춤거리지만, 라스베이거스는 새로운 백년을 위해 또 다른 변신을 모색하고 있습니다.

제6과

뉴스1 '등산하기 좋은' 청명한 날씨, 가을철 산악 사고 예방법

요즘 청명한 가을 날씨가 이어지면서 등산하시는 분들 많은데, 산에서 예기치 않은 사고로 목숨을 잃는 경우가 끊이지 않고 있습니다.

가을철 산악사고 예방법, 이재욱 기자가 취재했습니다. 소방 헬기가 산에 오르다

낙석에 머리를 다친 60대 등산객을 급히 이송합니다.

비슷한 시각, 다른 산에서는 등산로에서 넘어져 머리를 크게 다친 50대가숨졌습니다.

지난 3년동안 국립공원에서 발생한 산악사고의 1/3 이상은 가을에 집중됐는데, 모두 67명이 목숨을 잃었습니다.

◀김정자/청주시가경동▶

"명상하듯이 걷다 보면 돌부리에 넘어지는 경우도 있거든요. 그럴 때, 이러다가 큰 사고로 이어질 수도 있겠구나."

산악사고는 하산할 때 많이 발생하는 데 계단을 내려 올 때 발전체가 바닥에 완전히 닿도록해 중심을 잃지 않는 것이 중요합니다.

특히 이처럼 낙엽이 쌓인 바위는 무심코 밟았다가 쉽게 미끄러질 수 있어 각별한 주의가 요구됩니다.

길을 잃었을 경우 등산로 곳곳의 위치표지판은 중요한 역할을 합니다.

◀윤홍근/동부소방서구조대장▶

"사고가 나게 되면 산악위치판에 번호가 있습니다. 3번지점에서 사고가 났다고 하면 3번지점이라고 얘기를 해주시면."

위치표지판의 QR 코드를 스마트폰으로 찍으면 심폐소생술등 응급처치법을현장에서 영상으로 배울수 도 있고, 고립될 경우에 대비해 비상식량과 여벌의 옷을 준비하는 것도 좋습니다.

MBC뉴스 이재욱입니다.

뉴스2 따뜻함·그리움 담은 '집밥' 열풍. 현대인 외로움 반영

따뜻함·그리움 담은 '집밥' 열풍…현대인 외로움 반영

◀ 앵커 ▶

'집에서 먹은 것 같은 밥'을 파는 이른바 '집밥' 식당이 요즘 인기라고 합니다.

이렇다 할 메인 요리도 없어 투박해 보이기까지 하는 밥상인데,

왜 인기인지, 김성민 기자가 취재했습니다.

◀ 리포트 ▶

손님맞이에 분주한 식당 부엌.

정성스레 고기를 볶고, 채소를 썰고, 따스한 잡곡밥에, 채소가 풍성한 국을 준비합니다.

김에 젓갈, 김치, 장아찌를 더하자 '집 밥'이 완성됩니다.

언뜻 보기에도 평범하고, 단출한, 외식 같아 보이지 않는 밥상입니다.

문을 연 지 1년 만에 식당이 5개로 늘었습니다.

혼자 밥 먹기 싫은 사람들이 인터넷을 통해 만나 함께 밥을 먹습니다.

음식은 평범하지만, 누군가 차려준 밥을 집에서 나눠 먹으며 도란도란 이야기꽃을 피웁니다.

◀ 오세민/'집밥 모임' 주최 ▶

"힘도 얻고, 마음의 위안도 얻고.."

최근에는 백화점에도 '집 밥 전문식당'이 들어서 줄을 설정도로 인기를 얻고 있습니다.

'집밥'은 화려하고 자극적인 현대인들의 식단과 달리 간소한 상차림으로 영양소의 균형을 잡아준다는 점을 앞세워 관심을 모으고 있습니다.

◀ 주아영 ▶

"할머니가 챙겨주셨던 반찬들 생각 많이 나요."

집 밥을 통해 새벽같이 일어나 아침밥을 준비하던 엄마의 손길과 정을, 느껴보려는 사람들이 늘고 있습니다.

MBC뉴스 김성민입니다.

제7과

뉴스1 딸이 좋다 지난해 출생 성비 최저. 여아 100명당 남아 105명

아들을 선호하는 분위기가 점차 줄고 있습니다.

여아 백 명당 남아의 수인 출생성비가 지난해의 경우 통계 작성을 시작한 1981년 이후 가장 낮았습니다.

김성민 기자가 보도합니다.

◀ 리포트 ▶

지난해 여아 백 명당 남아의 수인 출생성비는 105.3.

역대 최저치입니다.

통계청 자료를 보면 우리나라의 출생 성비는 1990년에 116.5로 역대 최고를 기록했고 2001년 109.1로 점차 하향 곡선을 그리다가 2007년 106.2로 '정상 범위'에 들어섰습니다.

보통 성비가 103에서 107사이이면, 정상으로 보고 있습니다.

남녀성비가 균형을 이루는 현상이 뚜렷해지고 있는 겁니다.

여자아이를 원하는 사례는 둘째인 경우가 가장 많았습니다.

첫째아 성비가 105.4 둘째아 성비가 104.5로 첫째보다 둘째인 경우 여자아이를 더 원하는 것으로 나타났습니다.

셋째아 성비는 107.8 넷째아 이상 출생 성비는 109.8로 정상범위보다 높아 셋째아이 이상에서는 남아선호현상이 여전했습니다.

급격한 육아비용 증가로 하나만 낳을 거라면 남자아이가 낫다는 생각이 바뀌면서 딸이든 아들이든 모두 좋다는 분위기로 전환되고 있습니다.

MBC뉴스 김성민입니다.

뉴스2 먹구름 낀 베스트셀러 '구름빵'. 저작권 논란 휩싸여

혹시 '구름빵'이라는 어린이용 그림책 들어보셨습니까?바로 40만부 넘게 팔린 베스트셀러인데요.이 '구름빵'이 출판업계의 '불공정 계약' 논란에 이어 이번에는 저작권 논란에 휩싸였습니다.공윤선 기자가 취재했습니다.

◀ 리포트 ▶

캐릭터 상품은 물론 TV애니메이션으로도 제작된 유아용 그림책 '구름빵.' 국내에서만 40만 부 넘게 팔리며, 4천억 원대 부가가치를 낸 것으로 알려졌습니다. 하지만, 정작 작가에게 돌아간 대가는 1,850만 원 정도였습니다. 이후, 출판업계의 '불공정계약' 관행이 여론의 도마에 오르면서, 이 책의 출판사는 원작자인 백희나 작가에게 저작권을 반환하는 협상을 하고 있습니다. 그런데 백 씨가 책 표지의 저작자에서 사진을 찍은 김향수 씨의 이름을 빼달라고 요구하고 나섰습니다. 그림책 제작 당시 김 씨는 출판사 직원이었고, 단순히 촬영만 했을 뿐 '창작자'는 아니라는 겁니다. 김 씨는 반박하고 나섰습니다.

◀ 김향수/사진작가 ▶

"창작물이냐 아니냐 따져보자, 그런 식으로 접근했다면 저는 마음이 편했을 것 같아요. 그런데 그게 아니라 단도직입적으로 이름을 빼겠다."

이에 대해, 백희나 작가는 인형과 세트를 자신이 제작했고, 촬영할 때 빛의각도까지 직접 정해 테스트 촬영까지 한 만큼, 창작자는 자신뿐이라고 다시 반박했습니다. 또, 이 논란은 직원이었던 김 씨를 작가와 상의 없이 창작자로 표기한 출판사에 가장 큰 책임이 있다고 주장했습니다. 해당 출판사는저작권 문제는 작가들이 해결할 문제라고 해명했습니다.

MBC뉴스 공윤선입니다.

제8과

뉴스1 성남 재개발 지역 입주권 혼란

경기도 성남시의 한 재개발지역 주민들이 이주대책 기준일 지정을 놓고 한달 넘게 시위를 벌이고 있습니다.

관계법이 모호해서 1800여 가구가 새입주권을 받느냐 마느냐 혼란에 처한상황입니다.

송형국기자가 보도합니다.

<리포트>

내년부터 주거환경정비사업에 들어갈 성남시 은행 2구역입니다.

지난 2006년 3월, 정비사업계획 공람공고가 나간 뒤 1,800여 가구가 이곳으로 이사를 왔습니다.

재개발호재를 노리고 엄청난 부동산거래가 이뤄진 겁니다.

그런데 공람공고 일로 기준일이 정해지면 이 날짜 이후에 전입한 가구는 이주대책 보상대상에서 제외되고, 2007년 10월 정비구역지정고시일로 정해지면 입주권을 받게 됩니다.

성남시는 도시주거환경정비법에 명확한 규정이 없어 아직까지 기준일자를정하지 못하고 있습니다.

<녹취>성남시도시개발사업단관계자 : "구역지정고시일로 한다고 해도 사회적으로 문제가 있고 공람공고일기준일로 하면 엄청난 피해자가 많이 발생되고 그래서그런

문제때문에 저희들 고민하고 있는 거죠."

1,800여 가구가 이 지역에 들어오는 동안 지켜만 보던 성남시가 혼란을 자초하고 있다는 지적입니다.

<인터뷰>김복환(공인중개사) : "기준일자가 이미 지났다든가 이렇게 확실하게 이야기를 해줬으면 아마 거래가 없었을 겁니다."

웃돈을 주고 이 지역에 전입한 해당주민들은 대응수위를 높이고 있습니다.

<인터뷰>정주환(은행2동주민) : "아무것도 정해진 바 없다고 발언들을 하고있으나 여러가지 정황들을 볼 때 이주대책기준일을 앞당기려는 음모가 있다고밖에 볼 수 없습니다."

모호한 법규정을 놓고 지자체가 검토만 계속하고 있는 동안 재개발지역의혼란은 가중되고 있습니다.

KBS 뉴스, 송형국입니다.

뉴스2 못생긴 '늙은 호박' 알고 보면 '겨울 보약'

◀ 최나래 리포터 ▶

늦가을 수확해 겨우내 두고 먹는 늙은 호박.

농익은 영양분에 겨울 보약으로 불리는데요.

감기 예방부터 다이어트, 피부 미용 효과까지 넝쿨째 굴러들어온 고마운 제철 먹거립니다.

◀ 리포트 ▶

울퉁불퉁한 생김새에 못난이의 대명사로 꼽히는 호박.

하지만, 이젠 그 선입견을 바꿔야 할 것 같습니다. 미국에서는 다양한 축제의 주인공으로, 중국에선 다산과 풍작, 부의 상징으로 여겨지는 호박.

세계적으로 재배되는 호박은 열다섯 종류인데요.

우리에게 가장 친숙한 건 누렇고 커다란 늙은 호박입니다.

죽으로, 김치로, 쌈으로 버릴 게 하나도 없는 호박.

반으로 갈라 속과 씨를 긁어낸 뒤 껍질을 벗겨 요리에 사용하죠.

입에 착 붙는 맛이 매력적인 '호박죽'.

팥을 넣어 먹으면 영양에 부족함이 없는데요.

다이어트, 피부 미용에 도움돼 미녀들의 먹거리로 꼽히는데, 특히, 부기 제거에 그만입니다.

◀ 원은경/경기도 의왕시 'ㅎ' 농장 ▶

"잘 익은 호박을 고르는 방법은 우선 껍질이 단단하고 모양이 둥글고, 껍질에 하얀 분가루가 있을 때 더 달고 맛있어요."

호박 안에 꿀을 넣고 중탕한 '호박 꿀단지'.

꼭지 부분을 동그랗게 도려내 씨를 긁어냅니다.

비어 있는 호박 안에 꿀을 넣고 도려낸 부분을 잘 막아 3~4시간 쪄내는데요.

호박 안에 고인 물을 따라 마시면 됩니다.

도려낸 '꼭지', 그냥 버리느냐고요?

잘 말린 꼭지를 가루 내 꿀에 섞어 먹으면 감기 예방 효과를 얻을 수 있습니다.

큼직한 늙은 호박 하나만 있으면 다양한 요리, 색다른 맛을 즐길 수 있는데요.

대표 호박 요리인 호박떡과 호박찜, 호박범벅.

조금 더 색다르게 즐기고 싶다면 몸에 좋은 견과류와 호박을 넣은 '호박 영양밥'을 추천합니다.

잘게 썬 호박을 노릇하게 구워낸 '호박전'과 쫀득한 '호박 양갱'은 소화력이 떨어지는 어르신들도 부담 없이 즐길 수 있고요.

푹 삶은 호박을 오븐에 구워낸 '호박 파이'와 호박을 넣어 반죽한 '호박 케이크'는 아이들 간식으로 으뜸입니다.

◀ 최나래 리포터 ▶

늙을수록 몸에 좋은 호박.

오늘 저녁, 맛도 영양도 최고로 잘 익은 호박 요리 어떠세요.

제9과

뉴스1 2012년 '정보 고속도로' 구축·인터넷 10배 빨라진다

오는 2012년 우리나라에 세계 최고 수준의 정보고속도로가 구축됩니다.

지금보다 10배이상 빠른 유무선 인터넷망을 기반으로 전화와 인터넷, 방송이 융합되는 생활 혁명이 일어날 것으로 보입니다.

김개형 기자의 보도입니다.

<리포트>

집이나 사무실등에서 실시간 방송을 보는 IP TV.

오는 2012년부터는 무선 인터넷을 통해 IP TV를 시청하는 이동형 서비스가 도입될 전망입니다. 방송통신위원회는 이를 위해 양방향초광대역 정보고속도로를 구축합니다. 망구축이 끝나면 유선 인터넷속도는 1Gbps, 무선은 평균 10Mbps로 지금의 10배 수준으로 높아지게 됩니다.

지금의 HD TV 보다 최고 16배 높은, 고화질의 방송을 보면서 물건을 사고 파는 양방향서비스가 가능해집니다. 유무선 전화와 인터넷, 방송등이 융합된 대용량, 고품질의 다중융합서비스를 모바일등 다양한 환경에서 제공받는 것입니다

<인터뷰>

이태희(방통위대변인) : "국민 누구나 언제 어디서나 미래형 양방향통신서비스를 누리는 생활 혁명이 일어날 것으로 기대합니다."

방통위는 오는 2013년까지 관련사업자들과 함께 모두 34조원을 양방향초광대역정보고속도로 건설에 투자할 계획입니다.

KBS 뉴스 김개형입니다.

뉴스2 인터넷전화, 기존번호 그대로

이 달부터는 집 전화를 인터넷 전화로 바꿀 때 기존에 쓰고 있는 번호를 그대로 사용할 수 있게 됩니다. 이렇게 되면 업체간의 경쟁이 심해지면서 집 전화 요금이 많이 내려갈 걸로 보입니다.

정홍규 기자의 보도입니다.

<리포트>

지난 2005년 070 식별번호를 갖고 본격적인 서비스를 시작한 인터넷전화.

일반 유선전화보다 60% 이상 싼 기본료와 가입자간 무료통화, 분당 50원의 국제통화료 등 저렴한 요금을 앞세워 집전화시장에 뛰어들었습니다.

그렇지만 인터넷전화를 쓰기 위해서는 기존의 집전화번호를 바꿔야하는 불편때문에 서비스를 시작한 지 3년이 지나도록 시장점유율은 10%에 머물고있습니다.

이때문에 방송통신위원회는 기존번호를 그대로 인터넷전화에서도 쓸 수 있도록 하는 번호이동제도를 도입하기로 했습니다.

<녹취>박재문(방통위대변인) : "음성서비스간 경쟁확대, 저렴한 요금을 통한통신비 절감, 다양한 서비스 이용 등 소비자 혜택 증진이 예상된다."

그동안 112나 119 등 긴급통화시 발신자 위치추적이 안 되던 문제도 기술적인 보완으로 해결됐습니다.

그러나 이사등으로 인한 전화기의 위치변경 시 가입자가 새 주소를 등록해야 하고 정전시 통화가 안 된다는점은 여전한 문제점으로 남았습니다.

유선 전화시장에 큰 변화를 가져올 인터넷 전화번호이동제는 규제심사등을거쳐 이르면 이 달안으로 시행될 예정입니다.

KBS 뉴스 정홍규입니다.

제10과

뉴스1 가짜명품 8톤, 100억 원어치 공개 폐기

밀수, 그 중에서도 가짜명품 밀수는 점점 더 조직화하고 있습니다.

서울 세관이 어제 압수한 가짜 명품들을 공개폐기했는데요.

김나나 기자가 그 현장에 다녀왔습니다.

<리포트>

서울 세관의 압수물 창고.

가짜 명품가방이며 의류, 가짜보석에 이르기까지 국내로 반입하려다 적발된 밀수품들로 가득합니다.

서울 세관이 이 가짜 명품들을 공개폐기했습니다.

이번에 폐기된 양은 모두 만 5천여 점, 8톤으로 진품 시가로 100억원 어치에 이릅니다.

가짜명품들은 파쇄를 거쳐 완전히 소각됩니다.

<인터뷰>태운용(서울세관총괄계장) : "소비자들이 속아 피해를 볼 수 있고정상적인 공급자에게 피해가 돼 아깝지만 가짜 밀수품은 대부분 소각합니다."

올해 들어 지난 달까지 인천항에서 적발된 밀수품만 4만 3천여 점, 진품시가로 160억원어치로 지난해 같은 기간보다 양은 줄었지만 액수로는 25% 증가했습니다.

밀수가 조직화, 대형화하면서 정교한 고가의 밀수품이 늘어나는 추세이기때문입니다.

<인터뷰>이생기(서울세관조사총괄과장) : "저희들이 외국에서 수입된 물품을 많이 받는데도 불구하고 진품과 구별할 수 없을 정도로 아주 정교히 만들어서 적발할

때 어려움이 많았습니다"

세관은 특히 최근에는 인터넷 쇼핑몰등을 통한 밀수가 기승을 부리고 있다고 보고 이에 대한 단속을 강화할 계획입니다.

KBS 뉴스 김나나입니다.

뉴스2 미세 플라스틱, 인체 영향은? 유해성 규명조차 안 돼

걱정은 미세 플라스틱이 사람 몸에도 축적되는 게 아니냐 하는 건데요.

아직 과학적으로 규명된 건 없습니다.

하지만 여러 정황을 보니까 마음 놓을 상황은 결코 아닙니다.

계속해서 차주혁 기자가 보도합니다.

◀ 리포트 ▶

미세 플라스틱은 해양생물 체내에서 소화되지 못하고 위나 내장 안에 달라붙은 형태로만 발견되는 경우가 많았습니다.

그런데 최근 한 연구에선 오염물질 농도가 생식기관에서 높게 나타났습니다.

수컷 송어의 고환에서 난자 세포가 발견되는 등 암컷과 수컷이 뒤섞인 중성화 혹은 양성화 현상이 확인된 겁니다.

중금속과 내분비 장애물질까지 포함한 미세 플라스틱이 생물체 안에 축적돼 광범위한 영향을 끼칠 수 있다는 추론이 가능합니다.

[티모시 호에라인/시카고 로욜라대 교수]

"플라스틱에 붙어 있는 병원성 미생물이 증식해 질병을 유발할 수 있고, 자연으로 멀리 퍼져 나갈 수 있습니다.

특히 과학자들은 환경오염이 거의 없는 극지방에서 수산물을 주식으로 하는 이누이트족의 변화에 주목하고 있습니다.

최근 남녀 출생비율이 깨져 여아 출생이 늘고 일부 부족원에게 화학물질 중독 증상이 발견되고 있습니다.

수산물 속 미세 플라스틱과 무관치 않다는 분석입니다.

미세 플라스틱이 인간에게 어느 정도 위협이 되는지 현재로선 과학자들도 분명한 답을 내놓지 못하고 있습니다.

하지만, 우리나라 남해 바다의 미세 플라스틱 오염도가 세계 최고 수준으로 조사된 만큼 정밀조사가 시급하다는 지적입니다.

MBC뉴스 차주혁입니다.

제11과

뉴스1 박태환 금지약물 성분 남성호르몬 투약.병원 과실여부 확인

도핑테스트에서 양성반응이 나온 박태환 선수가 금지약물성분이 포함된 남성 호르몬 주사를 맞은 것으로 확인됐습니다.

검찰은 박 선수가 주사제 성분을 몰랐던 것으로 보고 병원측의 과실 여부를 수사하고 있습니다.

차주혁 기자입니다.

◀ 리포트 ▶

도핑검사에서 양성 반응이 나온 박태환 선수가 지난해 7월 근육강화제 성분이 포함된 남성호르몬 주사를 맞은 것으로 확인됐습니다.

서울중앙지검은 박 선수에게 주사를 놓은 병원을 압수수색하고, 박 선수와 해당 병원장 등을 잇따라 소환조사한 결과, 박 선수가 지난해 7월 말 병원에서 맞은 '네비도' 주사제 때문에 도핑테스트 양성반응이 나온 것으로 보인다고 밝혔습니다.

네비도는 갱년기 치료 등에 쓰이는 남성호르몬의 일종으로, 세계반도핑기구가 금지약물로 지정한 테스토스테론 성분이 포함된 것으로 알려졌습니다.

박 선수는 검찰조사에서 금지약물이 포함된 사실을 모른 채 병원 측의 권유로 주사를 맞았다고 진술한 것으로 알려졌습니다.

해당 병원장 역시 "주사제 성분이 금지약물인지 몰랐다"고 주장한 것으로 전해졌지만, 검찰은 업무상과실치상 등의 혐의로 박 선수를 진료한 의사 김 모 씨 등을 재판에 넘기는 방안을 검토하고 있습니다.

MBC뉴스 차주혁입니다.

뉴스2 밤바다 길잡이 묵호등대, 문화 공간 탈바꿈 '관광명소' 인기

등대 하면 밤바다를 안내하는 시설로만 생각하기 쉬운데요.

전망 좋은 곳에 위치한 동해안의 등대가 해양문화공간으로 탈바꿈해 관광명소로 인기를 얻고 있습니다.

김형호 기자가 보도합니다.

◀ 리포트 ▶

50년 넘게 어두운 밤바다의 길잡이 역할을 해온 강원도 동해시 묵호등대.

영화 촬영장소로 유명한 묵호등대는 2000년대 들어 등대주변 정비를 통해 공원으로 바뀌었고 낮에는 일반인에게 개방됐습니다.

나선형의 계단을 따라 올라가다 보면 우리나라 유인등대가 어디에 위치해 있고 언제부터 운영됐는지 한눈에 볼 수 있습니다.

최근에는 묵호등대 마을주변에 벽화가 그려지면서 연계 관광지로도 인기가 높습니다.

◀ 신용재/관광객 ▶

"묵호등대로 올라오기까지 벽화를 잘 그려놔서 좋았고, 우선적으로 해변경치가 뛰어나다."

재작년에는 묵호등대 관람객이 60%나 증가했고, 작년에도 30%나 늘어난 21만여 명을 기록했습니다.

속초등대는 연간 30여만 명이나 찾아 강원도 내에 있는 등대 가운데 가장 많은 관광객이 방문하는 관광 명소가 됐습니다.

정기적으로 등대문화 행사까지 개최하면서 도내 유인 등대 방문객은 연간 60만여 명에 달하고 있습니다.

◀ 전재천 해사안전시설과장/동해해양수산청 ▶

"관람객이 많이 찾는 묵호 속초등대는 각종 문화행사를 개최하고, 주문진 대진등대는 바다해양 교육장으로 활용하겠다."

바다의 신호등에서 관광 랜드마크로 등대가 변신하고 있습니다.

MBC뉴스 김형호입니다.

제12과

뉴스1 잘못된 수요예측, 빈 교실 3천 9백여 개

경기도내 초.중.고등학교에 4천개 가까운 빈교실이 있는것으로 드러났습니다.

수요 예측을 잘못한 게 아니냐는 비판이 제기됐습니다.

이경진 기자가 취재했습니다.

<리포트>

5천 여 세대의 신도시가 들어서면서 지난 달 개교한 경기도의 한 중학교.

전체 24개 교실 가운데 각 학년별로 한 학급 씩, 3개 교실만 사용하고 나머지는 모두 빈 교실입니다.

<녹취>학교 관계자 : "시설을 한꺼번에 해 놓으면 나중에 증축같은 걸 안 하니까 편리한 건 있죠."

지난 8년 동안 경기도에 신설된 학교는 549개로 교실 수는 만 7천 9백여 개입니다. 그런데 전체 교실 가운데 22%가 현재까지 사용되지 않는 빈 교실인 것으로 나타났습니다.

경기도 내 학교에만 유독 빈 교실이 많은 것은 신도시 개발 등으로 주택 공급이 유동적이기 때문입니다.

그래서 입주 세대 등을 고려해 각 지방 교육청이 학생수를 예측해야 하는데, 예측 시스템이 제대로 작동되지 않아 빈 교실이 많아졌다는 지적입니다.

<인터뷰>

이철우(국회 교과위 소속 학생) : "수요 예측은 교육청 뿐 아니라 관계 기관이 협조해서 체계적으로 할 필요가 있습니다."

학교 한 개를 짓는데 드는 예산은 보통 200~300억 원.

신도시 입주가 끝나는 2-3년 뒤의 수요를 감안했기 때문에 문제가 없다는 게 담당기관의 설명이지만 예산과 시설 낭비가 계속되고 있다는 점에서 과학적인 학생 수요 예측이 절실하다는 주장이 힘을 얻고 있습니다.

KBS 뉴스 이경진입니다.

뉴스2 벌써 겨울? 스키장 '인공눈' 뿌려 일제히 개장 준비

바쁜 일상 보내다 보니 어느덧 겨울 문턱입니다.

오늘 강원 일부 지역은 기온이 영하로 떨어지면서 스키장들이 일제히 개장준비에 돌입했습니다.

조성식 기자입니다.

◀ 리포트 ▶

발왕산 자락에 펼쳐진 드넓은 스키장.

기온이 영하 1도를 기록한 자정을 넘어서자 푸른빛이 채 가시지 않은 슬로프에 하얀 눈이 뿌려집니다.

눈을 만드는 장비 60대가 일제히 밤하늘을 향해 인공눈을 뿜어냅니다.

반짝이는 눈가루가 어느새 눈꽃밭을 이뤘습니다.

지난해 제설보다 하루 빠른 건데, 밤사이 7시간 동안 2천 톤의 물을 인공눈으로 만들어 뿌렸습니다.

이곳 스키장은 이르면 다음 달 7일쯤 일부 슬로프를 개장한다는 계획입니다.

◀ 김성주/용평리조트 스포츠지원팀 ▶

"제설이란 것 자체가 기온과 온도, 습도에 많은 영향을 미치기 때문에 영하권의 날씨가 지속된다고 하면 빠른 시일 내에 개장을 할 것 같고..."

대관령 영하 4도, 태백 영하 1.8도 등 강원 일부 지역의 올 들어 가장 쌀쌀한 날씨를 보이면서 평창의 용평, 보광피닉스파크, 홍천의 비발디파크 등이 일제히 제설 작업과 함께 스키장 개장 채비를 서두르고 있습니다.

MBC뉴스 조성식입니다.

제13과

뉴스1 희로애락 담겨있는 '표정 예술'

사람의 표정 하나 하나에는 희로애락이 담겨있다고 하죠.

최근들어 이 사람의 표정에 예술적 의미를 담아내는 이른바 표정 예술이 주목받고 있습니다.

이민우 기자가 취재했습니다.

<리포트>

헌혈이 이렇게 귀중한 것이라고, 표정 하나로 모든 걸 말합니다.

관객을 울리고 웃기는 천의 얼굴.

그 변화무쌍한 표정 중 단 하나를 위해 수없이 셔터를 누릅니다.

마음의 상태를 알수있는 얼굴, 바로 표정엔, 표정 그 이상의 의미가 담겨있기 때문입니다.

<인터뷰> 조선희(사진작가) : "표정엔 쓸쓸함, 행복, 그런 내면이, 그런인생이 고스란히 드러나거든요.그걸 잡아내는게 가장 중요한 작업인거죠."

폭소를 터뜨리는 이 표정.

웃음을 주기 위해 끊임없이 노력한, 젊은 개그우먼의 고뇌의 산물입니다.

<인터뷰> 박지선(개그우먼) : "어떻게 하면 관객들에게 가장 많은 웃음을 줄 수있나.. 가장 많은 웃음..."

비호감 여자의 좌충우돌 로맨스.

이 내용을 가장 잘 나타낼 포스터의 표정은 뭘까.

사진 4백여장의 표정중 단 하나가 선택됐습니다.

<인터뷰> 박시영(포스터 디자이너) : “유명한 여배우, 패셔니스트 공효진. 그런 사람 망가지는 모습보고 재미 느꼈으면...”

이처럼 다양한 표정의 예술이 각광받는 이유.

현실속 현대인들의 표정이 갈수록 굳어지고 있기 때문입니다.

모두 눈을 가린 그림 속 표정들.

마음을 열기보다 감추는데 급급한 현대인의 표정을 상징적으로 나타냈습니다.

<인터뷰> 정열리(화가) : “기쁘거나 슬프거나 감정을 표현해야하는데마음을 숨기는데 익숙해지다보니 현대인이 표정이 굳어지고 무표정...”

근육의 움직임으로 표현될 수 있는 사람의 표정은 7천가지, 그러나 실제론 백가지도 안된다고합니다

삶이 각박해질수록 표정은 퇴화하고, 무표정의 표정만 전염되기 때문입니다.

잃어버린 표정을 되찾기 위해 그래서 노력합니다.

<인터뷰> 정연아(표정연구가) : “표정도 연습하지 않으면 표정 자체가 사라진다. 더불어 중요한건 사람이나 상황에 대해 마음을 여는 거겠죠.”

예술 속 표정은 갈수록 다양해지고, 현실 속 표정은 갈수록 굳어만갑니다.

오늘 당신의 얼굴은 어떤 표정이십니까.

KBS 뉴스 이민우입니다.

뉴스2 범인 잡고 범죄 예측까지. ‘IT 신기술’로 범죄 해결한다

◀ 앵커 ▶

서울 시내를 걸으면 5초에 한 번씩 찍힌다는 CCTV.

이 CCTV가 최근 4년 동안 1만 3천여 건의 범죄를 해결했다고 합니다.

최근에는 특정 지역에 어떤 범죄가 많이 일어날지 예측하는 지도까지 나왔다고 하는데요.

범인 잡는 IT 신기술, 김나라 기자가 소개합니다.

◀ 리포트 ▶

늦은 밤 서울의 한 공원.

청소년들이 모여앉아 담배를 피웁니다.

제지하는 사람이 아무도 없었지만, CCTV가 이 장면을 자동으로 인식해 경찰에 신고했습니다.

이 지능형 CCTV는 화면에 나타난 물체가 이상 행동을 보이면 미리 관제센터에 알려줍니다.

주정차 단속은 물론, 사람 얼굴을 읽어내 실종자나 수배자를 찾기까지 합니다.

담을 넘는 사람이 포착되자, 경보음이 울리고 “관제센터입니다. 신속히 출동 바랍니다.” 경찰관이 현장에 출동합니다.

서울 노원구의 한 공원입니다.

이렇게 설정된 영역 안으로 걸어들어오면 CCTV가 움직임을 감지해서 저를 추적하고 관찰합니다.

한 지자체가 지능형 CCTV 90대를 범죄 다발 지역에 설치한 결과, 2년 만에 범죄건수가 14% 가까이 줄었습니다.

◀김성환/노원구청장 ▶

"학교 주변에 특정한 사람이 계속 배회하거나 담을 넘거나 집단적인 학교 폭력이 있으면 자동으로 감지해서 알려줍니다."

최근에는 특정 지역의 범죄를 예측하는 지도도 등장했습니다.

3년 동안 일어났던 범죄 현황과 주민 특성, 상권 등을 분석해 앞으로 어떤 범죄가 발생할지 예측합니다.

◀ 이재경/강북 수유2파출소장 ▶

"범죄 취약 시간과 지역을 선정해 사전에 경찰관을 배치해서 범죄를 예방하는 시스템입니다."

실제로 서울의 한 주택가는 오후 시간대 빈집털이에 취약한 것으로 나타나, 순찰을 강화하고 가스배관에 윤활유를 칠했더니 관련 범죄가 절반으로 감소했습니다.

MBC뉴스 김나라입니다.

제14과

뉴스1 '헌책방'으로 떠나는 추억 여행

<앵커 멘트>

좀 아껴보자고 요즘 새책보다 헌책 찾으시는 분들 많더라...인터넷 서점에서도 헌책을 팔더라고요. 헌책방의 매력은 직접 가서 누렇게 바랜 책장을 직접 넘겨보고 고르는 맛이죠~

태의경 아나운서, 요즘 헌책방 찾기 쉽지 않던데요?

<리포트>

헌책방 하면 기억나는 게 부모님께 새 책 값 받아서 헌 책 사고 남은 돈으로 군것질하던 생각에, 참고서 사자마자 헌책방에 팔았던 기억 등 다양하실 거 같아요. 요즘 이 헌책방 찾기가 정말 힘들어졌는데... 언젠가부터 다시 인기를 끌면서 새로운 모습으로 재탄생하고 있습니다.

시낭송 모임이 열리는 헌책방도 있고, 차를 마시며 책을 볼 수 있는 헌책방 카페도 있다고 해요. 오늘 주말충전에서는 헌책방으로 보물을 찾아 떠나는 추억여행을 떠나보시죠.

헌책방 거리로 유명한 곳, 인천의 배다리입니다.

문밖에 쌓여 있는 빛바랜 책들도, 헌책방에서만 볼 수 있는 정겨운 풍경인데요, 길게는 40여년 명맥을 이어온 곳도 있습니다.

<인터뷰>

곽현숙 (헌책방 운영) : "20~30년 넘게 오시는 분들이 많죠. 학생 때 오고, 나이 드시면 또 오시는데 그때는 인생이 깊어져요. 깊어지는 인생만큼의 책을 찾으러 오시거든요. 그런 분들의 모습을 보면서 좋죠." 오래된 책들은, 여러 사람의 손을 거친 터라, 때론 연애편지나 일기가 적혀있기도 한데요,

양윤지 (고등학교 3년) : "이날 제가 태어나지도 않았지만 이때 비가 왔었다는 것... 끝맺는 부분엔 이 책을 읽고 자기만의 느낌을 쓴 것 같아서 새 책과는 다른 감동이 있어서 좋은 것 같아요." 물론 책값도 저렴합니다. 새 책이나 다름없는 책들도 30~50%정도 싸고요, 오래된 책들은 3~4천 원 정도면 살 수 있습니다.

김진규 (인천시 청천동) : "헌책방 구경하다 보면 돈을 많이 주고도 사지 못할 책들이 있어요. 그런 책을 발견했을 때 기분 좋죠, 다른 사람에겐 쓰레기처럼 보일지 모르나 그걸 찾는 사람에겐 굉장한 보물이죠." 서점 위쪽으로 올라가면, 주말에만 즐길 수 있는, 재밌는 공간도 있습니다. 오래된 시집들로 가득한 아늑한 다락방인데요, 매달 마지막 주 토요일엔 시 낭송회도 열립니다.

<현장음> "그중에 가장 슬픈 이야기는 내가 살아온 삶이라고. 책으로 쓰면 몇 권인지 알 수 없을 긴긴 이야기." 유명한 시인들도 종종 참여하는 이 모임, 누구나 무료로 참여할 수 있다고 합니다.

하유자 (인천시 창영동) : "생전 안 해봤던 걸 해볼 수 있는, 살아 있는 경험이 돼서 좋죠." 스르르~ 자동문이 열리는 이곳은, 요즘 새롭게 들어선 헌책방입니다. 꽤나 넓은 매장에 책도 분야별로 깔끔하게 정리돼 있어서, 웬만한 서점 부럽지 않은데요, 군데군데 편히 앉을 수 있는 의자도 있어서 몇 시간이고 천천히 책을 볼 수 있습니다.

송혜숙 (서울시 신림동) : "책 분류도 잘 되어 있고요, 종류도 많고 깨끗해요. 그래서 애들이랑 가끔 와서 시간을 보내고 있어요." 추억의 음악이 흐르는 책방 한 켠엔, LP 음반만도 2천여 장에 달하고요, 수십 년 된, 추억의 어린이잡지들도 있습니다. 표지모델 중엔 배우 송승환 씨도 보이죠. 당시의 잡지 가격은, 30원... 지금은 몇 만원을 호가하는 귀한 책이 됐습니다. 하지만 아직까지도 헌책방엔 책값을 흥정하는 재미도 남아 있는데요…

이홍숙 (서울시 평창동) : "15권에 3만 7천5백 원이라는데, 사장님이 깎아서 3만 원에 주셨거든요. 횡재한 기분이에요." 실내장식이 아기자기한 이곳은 책도 보고 차도 마실 수 있는 북카페입니다. 특이한 건, 모두 헌책들로 가득한 헌책 카페라는 거죠.

윤성근 (헌책 카페 운영) : "책만 많이 꽂혀 있으면 부담스럽기도 하고, 지저분하면 들어오기 싫기도 하잖아요. 오다가다 들를 수 있는, 자연스럽고 친근한 느낌을 내려고 많이 노력했어요." 2천여 권이나 되는 책들은, 주인이 세계 각지에서 직접 모은 것은 물론, 본인이 읽고 권할 만한 책들을 진열해 놓은 거라고 합니다.

윤성근 (헌책 카페 운영) : "이 책은 '이상한 나라의 앨리스'가 우리나라에서 처음 번역된 책이거든요. 60년대 책이라, 제목도 '이상한 나라의 애리스'예요." 구입하고 싶은 책이 있다면, 정가의 절반 정도 값에 구입할 수도 있는데요, 묻지도 않고 따지지도 않고 권당 백 원에 살 수 있는 책들도 많습니다. 따끈한 차 한 잔의 여유는 물론, 다양한 문화공연도 즐길 수 있는 헌책 카페.. 벽에 걸린 거꾸로 흐르는 시계처럼 시간 가는 줄 모르고 즐겁겠죠.

이정민 (중학교 2년) : "여기 와서 책 읽는 걸 좋아하는데, 아저씨의 멋진 기타 연주도 마음에 들어요." 포근함이 그리운 계절, 정겨움 가득한 헌책방으로, 추억여행 떠나보는 건 어떨까요.

뉴스2 겨울 방학 체험으로 배우는 문화

<앵커 멘트>

이제 공연, 전시, 관람이 그저 보는 행사에서 관심과 창의력을 북돋우는 체험 문화로 자리잡아 가고 있습니다. 겨울 방학의 끝자락 어린이들을 대상으로 한 체험 문화활동을 이준안 기자가 취재했습니다.

<질문1>

이제 방학도 얼마 안 남았습니다. 어떤 문화 마당이 있습니까?

<답변1>

미술 체험이나 민속문화놀이에서부터 친근한 만화 캐릭터, 비누방울이나 소리에 이르기까지 어린이들의 관심을 사로잡기 위한 다양한 소재로 한 전시, 공연, 놀이들이 풍성합니다.

요즈음 그림 전시, 단순한 구경은 눈요기가 아닙니다. 아이들 눈에 비친 이웃들의 모습을 그들 눈높이에서 바라보고 직접 상상력을 체험해 보는 시간입니다. 가령 예, 아들을 낳았을까요? 딸을 낳았을까요?

"네! 아들이요, 딸이요." 이러한 것은 상상력을 자극합니다. 갓난 아기로부터 이웃집 다문화 가정의 아줌마까지 우리 주변에서 흔히 보는 인물을 주제로 각자의 수준에 맞게 이해합니다. 자신의 현재 모습과 과거, 미래라는 주제도 그림 속에서는 연령별 차이에서 이해하도록 유도합니다. 마무리는 백지에 어린이들의 감상과 꿈을 그려보고 다른 친구들 것과 비교, 품평해 보는 체험으로 끝나게 됩니다.

설 연휴 끝자락입니다만 민속공원 같은 곳에서는 민속놀이를 직접 체험해 보는 프로그램을 운영 그저 윷을 던지는 놀이만은 아닙니다. 할아버지가 시범을 보여주면서 윷 만들기를 서투른 손으로 따라해 봅니다. 간단해 보이지만 직접 만들어본다는 것은 큰 차이가 있습니다. 자신이 만든 윷이나 제기는 기념품으로 가져가는데요... 윷이든지 제기든지 돈 주고 쉽게 구해 버릇하던 어린이들에는 직접 만든 제기나 윷이 무엇보다 소중해집니다.

<질문 2>

관심도 높아지고 재미도 있을 것같습니다.

<답변 2>

최근의 문화. 예술 체험 프로그램은 어린이들이 직접 만들어보고 겪어봄으로써 상상력과 창의성뿐 아니라 재미까지 더해주고 있습니다. 객석의 어린이나 가족들을 무대 위로 올려 거대한 비누방울 속에 넣어보고, 객석 전체를 비누방울로 덮기도 하는 무대가 따로 없는 공연입니다.

눈 앞에서 만들어지는 형형색색 비누방울들로 어린이들은 꿈과 희망, 신비로움을 체험해 보는 데요 비누 방울 속으로 한 번 들어가 보고 싶어집니다.

<질문 3>

실내 공연들도 관객 참여의 체험 공연들로 정착되고 있는 것같습니다.

<답변 3>

어른들의 큰 호응을 얻었던 우리 원작 난타도 어린이들의 참여 공연으로 새로 선보였습니다. 곡식 알갱이들로 요리를 만들면서 자신들이 만든 요리가 내는 맛있는

소리를 경험해 보기도 합니다.

빗소리와 말발굽소리, 퍼덕거리는 새의 날개짓 소리까지 평소 전혀 관심 기울이지 않던 일상적인 자연의 소리를 새삼 느껴 보게 됩니다. 외국 만화 캐릭터가 우리 어린이들에게도 친근한 공룡이나 타임머신과 함께 뮤지컬로 선보였습니다.

만화 속에서 튀어나온 친근한 캐릭터들에게 큰 소리로 대답하고 졸졸 쫓아가 매달리고~ 짓궂게 장난치기도 합니다. 이러한 체험 문화들에는 우정, 책임감, 가족애 같은 따뜻함이 담겨 있어... 겨울의 끝자락.. 기지개를 켜고 이번 주가 어린이들에게는 방학 끝이기도 하고 벌써 이른 봄기운을 느끼는 체험 문화를 권해 드립니다.

제15과

뉴스1 '시멘트서 발암물질 다량 검출'

<앵커 멘트>

KBS가 단독으로 입수한 환경부 보고서에 국산 시멘트에서 발암물질이 높게 검출된 것으로 나타났습니다.

폐기물을 섞어 만들고 있는데도 특별한 규제기준이 없는 실정입니다.

최동혁 기자입니다.

<리포트>

한 시멘트 공장 야적장입니다.

폐타이어 등 각종 폐기물들이 가득 쌓여있습니다.

지난 1999년부터 재활용차원에서 폐기물을 시멘트 제조에 사용하면서 유해성 논란이 끊이지 않습니다.

실제로 KBS가 입수한 지난 2월 환경부차관과 시멘트사장단 간담회 보고서를 보면 국내 시멘트가 중국과 일본 제품보다 발암물질이 3배에서 많게는 50배까지 높게 검출된 것으로 나타났습니다.

KS인증 시멘트를 만들기만 하면 폐기물 사용에 특별한 규제가 없어 관리가 어렵다는 대목도 있습니다.

<녹취> 박준선 의원: "환경부는 쓰레기 시멘트의 문제점을 소상히 국민에게밝혀야 한다 그리고 하루빨리 구체적인 안전기준을 만들어서 시행을 해야 된다."

이에대해 환경부는 올해초 민관합동으로 실시한 조사결과는 11개 업체 모두 업계 자율기준 이내였다며 다만 조사기관과 시기별로 수치가 다른 점이 있다고 해명했습니다.

<녹취> 최종원(환경부 산업폐기물과장): "과거의 분석결과나 언론에 문제가 됐던 부분들을 시멘트 회사에 다시 주지하면서 앞으로 이런 일이 없도록..."

환경부는 현재 신고제인 시멘트 공장 폐기물 사용을 앞으로 허가제로 바꿔 폐기물의 종류 등을 엄격히 규제해 나갈 방침이라고 덧붙였습니다.

KBS 뉴스 최동혁입니다.

뉴스2 65세 이상 노인 인구 비중 10% 돌파

<앵커 멘트>

65세 이상 노인인구 비중이 올해 처음으로 10%를 돌파했습니다. 이런 추세속에서 노인의 재혼도 계속 늘고 있습니다.

박일중 기자의 보도입니다.

<리포트>

서울의 한 결혼 정보 회사입니다.

몇년 전부터 노인 재혼 상담이 해마다 10% 정도씩 늘고 있습니다.

평균 수명이 늘면서 새로운 인생을 시작하려는 노인들이 많아졌기 때문입니다.

<인터뷰> 김00(74세/재혼 희망자) : "오랫동안 건강하게 같이 살 수 있겠다. 누구를 만나든 간에 함께 살수 있겠다는 자신감이 생긴거죠."

실제로 올해 7월 현재 65세 이상 노인 인구는 501만 6천 명. 사상 처음으로 전체 인구의 10%를 돌파했습니다.

14살 이하 유소년 인구 100명 당 노인 인구는 59.3명으로, 2016년에는 노인인구가 유소년 인구보다 많아지고 2030년에는 두배를 넘을 것으로 보입니다.

젊은 사람들의 부양 부담도 늘어 지금은 생산가능 인구 7명이 노인 1명을 부양하면 되지만 2030년에는 2.7명이 1명을 부양해야 합니다.

노인 인구가 많아지면서 의료비 부담도 늘어 노년층 의료비가 전체 의료비에서 차지하는 비중이 지난해 28.2%까지 상승했습니다.

<인터뷰> 김연명(중앙대 사회복지학과 교수) : "노인 의료비 부담이 사회적으로 너무 큰 부담이 될 가능성이 높습니다. 그래서 전반적으로 의료 시스템을 치료위주에서 예방위주로 확 바꿔야한다고 생각합니다."

노인들이 겪는 어려움은 건강 관리와 경제적인 문제가 가장 큰 것으로 조사됐습니다.

KBS 뉴스 박일중입니다.

제16과

뉴스1 예술 통해 꿈 키우는 '이웃집 예술가'

<앵커 멘트>

평범하게 일상을 살아가는 사람이 갑자기 무대위의 주인공이 되는 이야기, 영화속이 아닌, 내 옆 집에 사는 이웃의 얘기일지 모릅니다. 문화와 사람, 이하경 기자가 전해드립니다.

<리포트>

샐러리맨들의 전쟁 같은 하루가 저물어가는 강남의 거리. 허름한 건물 지하 연습실에 사람들이 하나, 둘 모여듭니다. 직장인들이 주축이 돼 만든 오케스트라 단원들입니다. 올 가을 정기연주회를 앞둔 마지막 연습. 악기를 연주하는 손엔 팽팽한 긴장이 흐릅니다. 6개월 넘게 준비한 무대의 막이 오르고, 어느덧 40여 명의 연주자 모두가 무대의 주인공이 됩니다.

<인터뷰>

조선무 : "뭐라고 표현하기 힘든 쾌감 같은 것이 있더라구요. 아마 그런 중독성이 있어서 계속 이런 활동을 하는 게 아닐까… "테헤란벨리 오케스트라', 이들의 꿈은 국내 최고의 아마추어 오케스트라를 만드는 것입니다. 한 방송사의 장기자랑 프로그램에 출전했다가 일약 스타가 된 김태희씨.

<KTF 광고화면>독학으로 노래를 연습한 평범한 수족관기사인 그의 이야기가 CF를 통해서도 전파를 타면서, 한국의 폴포츠로 불리우게 됩니다. 그는 요즘 크고 작은 무대에 초청되는 일이 부쩍 잦아졌습니다. 가난 때문에 포기했던 무대에서 노래하는 사람으로 사는 꿈이 조금씩 현실이 돼 가고 있는 것입니다.

김태희 : "전문적인 지식은 없었어요. 그러나 꿈을갖고 있었기 때문에 그 꿈을 이루려고 계속 노력했어요. 그랬더니 그 꿈이 이뤄졌어요. 또 이뤄져가고 있구요."초가을 빛이 내려앉은 고궁을 카메라에 담은 사람들은 한 사진 촬영 모임의 회원들입니다. 이 모임에서 사진 찍는 재미에 눈을 뜬 구경우 씨는 최근 하던 일을 접고 전업 작가를 선언했습니다.

구경우 : "무모하게 보시는 분들도 있는데, 제가 지금 하지 않으면 못할 것 같아요. 더 늦게는... 지금 가장 하고싶을 때 하는게..." 카메라만 있으면 어디서든 행복하다는 사진 모임 동료들은 구 씨의 가장 든든한 후원잡니다. 예술을 통해 삶을 꿈꾸는 '이웃집 예술가'들. 꿈꾸는 사람 모두가 삶의 주인공이란 것을 보여준 이들의 아름다운 도전에 기대를 걸어봅니다.

KBS 뉴스 이하경입니다.

뉴스2 봄의 향연 꽃 피는 유달산 축제 개막 '목포로 오세요'

4월의 첫 주말 아침입니다.

완연한 봄을 맞아 축제가 열리는 남녘의 산자락으로 가보겠습니다.

목포 유달산에 취재기자 연결합니다.

신광하 기자, 유달산 꽃축제가 오늘부터 열린다고요?

◀ 리포트 ▶

네 그렇습니다.

제 뒤로 보이는 것처럼 유달산에는 개나리와 벚꽃이 가득 폈습니다.

연분홍과 노란색이 어우러진 사이로 하얀 동백까지 장관을 이루고 있습니다.

벌써부터 새벽 운동을 겸해 꽃구경을 나온 분들도 보이는데요,

현재 유달산의 아침 기온은 영상 8로 포근하고 바람도 잔잔합니다.

노령산맥의 마지막 봉우리이자 다도해로 이어지는 목포 유달산의 봄은 지금이 절정입니다.

해마다 이 시기에 유달산 꽃축제가 열리는데요, 올해 축제는 오늘부터 시작입니다.

목포시는 유달산을 찾는 분들이 편안하게 꽃길을 거닐며 문화행사들을 즐길 수 있도록 별도의식을 열지 않기로 했고 주말과 휴일에는 유달산 일주도로를 차 없는 거리로 만들어 편안한 나들이 길을 제공합니다.

축제는 오는 12일까지 9일간 계속됩니다.

이 기간동안 목포시내에서는 남도 문화공연도 다양하게 열려 꽃 나들이를 즐기기에는손색이 없을 것으로 보입니다.

목포 유달산 꽃축제 현장에서 MBC뉴스 신광하입니다.

제17과

뉴스1 청명한 가을 '화사한 꽃의 향연'

가을이면 꽃은 지고, 낙엽 떨어지고~ 자칫 우울한 기분에 젖을 수도 있잖아요~그럴 수록 화사한 꽃으로 기분전환해 보는 것도 좋을 듯... 박은영 아나운서, 생각해 보면 화사한 가을꽃도 많잖아요?

<리포트>

네, 봄에만 아름답고 화사한 꽃이 피는 게 아니었습니다. 가을에도 봄못지않은 형형색색의 아름다운 꽃을 볼 수 있는데요. 지방 꽃축제나 도심속꽃시장에 가시면 얼마든지 가을꽃의 향연을 느낄 수 있다고 하는데요. 가을에 떠나는 꽃나들이, 그리고 가을꽃을 이용한 집안인테리어 지금부터 알려드립니다. 청명한 가을 하늘 아래 펼쳐진 화사한 꽃의향연~마치 한폭의그림을 보는 것 같죠. 강원도 화천군의 한 꽃농장인데요. 향긋한 꽃향기를 맡으며 걷는기분, 과연 어떨까요?

<인터뷰>

안정화 (강원도평창군용평면) : "가을 꽃향기에 취해서 집에 못 갈 것 같아요. 국화도 활짝펴서 너무 좋고요. 예쁜 백합도 향기 실컷 맡 을 수 있고, 그래서 너무 좋아요."일교차가 큰 강원도 산간지역~ 그래서 이곳에 피는꽃은 유난히 색이 선명하다는데요. 물감으로 찍어놓은 듯 가을 바람에 흔들리는 꽃들의 아름다움은 그 어떤 말로도 표현하기 어렵습니다.

이유나(6세) : "친구들이랑 꽃냄새 맡는 것도 좋고요. 아주 좋아요." 이젠 입이 즐거울 차례인데요. 꽃잎전에서 꽃잎비빔밥까지 입안 가득 풍기는 꽃향기와 매콤한 비빔밥의 만남은 정말 환상적이겠죠?

김기남(강원도화천군) : "꽃향기가 아주~~ 확납니다. 맛이 아주 끝내네~정말" 가을꽃보러 도심속 꽃시장을 찾아보세요. 이곳에선 평소 보기 힘들었던 갖가지 가을꽃들의 향연을 제대로 볼 수 있는데요.

정진영(경기도성남시정자동) : "가을 흠뻑 느끼고 가고요. 가까운데 이런 좋은 곳이 있어서 너무 좋네요."꽃을 좋아하는 사람들은 요즘 아예 꽃시장에서 산다는데요, 요즘같은 가을에 어떤 꽃이 인기일까요?

조선미(꽃방사장) : "가을하면 국화잖아요.국화뿐만 아니라 이런들꽃 아스타라던가 구절초 용담같은 가을에 나는 산촌에 있던 그런 들꽃도 보실 수 있고요. 또 일단 다양해요. 다양하고 시중보다 저렴하고요." 꽃시장에서는 시중보다 30% 정도저렴하게 살 수 있는데요. 가을에 인기가 좋다는 해바라기, 소국등 종류에 따라 한단에 1,500 원에서 7,000원까지 정도라고 합니다.

우해광(서울포이동) : "가을이라서 그런지 풍성하고 컬러도 되게 예쁘고 여기 와서 새로운 거 많이 봐서 너 무좋았어요."가을꽃을 집안으로 가져올 수도 있습니다.

가을에 어울리는 꽃꽂이, 지금부터 보여 드릴께요. 먼저 화기에 꽃꽂이용 받침을 놓고 큰잎으로 가려줍니다. 그리고 잎 모란, 메리골드같은 굵직한 꽃은 모아서 한곳에 꽂고, 맨드라미, 국화같은 작은 꽃은 중간중간에 속을 채우듯 꽂아주면 완성이 됩니다. 또 말린 꽃을 이용해 간단하면서도 우아한 꽃장식을 만들 수 있습니다.

김수현(플로리스트) : "가을철 꽃꽂이는 다른 계절에 비해서 여러가지 소재를 이용할 수 있어서 좋은데요. 열매나 곡물을 이용할 수 도 있고 또 마른소재나 조화를 이용해서 가을의 풍성함을 잘 표현할 수 있습니다." 이번에는 생화와 곡물을 이용한 리스라는 것을 만들어 볼텐데요. 먼저 리본을 감은 틀에 마른 옥수수를 접착제로 붙여줍니다. 큰 재료를 먼저 붙인 다음 한방향으로 돌아가면서 작은 재료를 붙여야 자연스러운 리스를 만들 수 있다고 하네요. 가을을 그대로 담은 훌륭한 리스가 만들어졌죠?

한나(용인시수지구죽전동) : "도심에서 가을을 느끼기 쉽지 않은 데 집안에다가 이런 리스를 이용해서 가을 열매들로 꾸며 놓으면 가을 분위기도 느낄 수 있고 좀 더 낭만적인 가을을 보낼 수 있을 것 같습니다."가을을 더욱 풍요롭게 만들어주는 가을꽃의 향연. 아름다운 가을 꽃으로 기분도 집안분위기도 바꿔보는 것은 어떨까요?

뉴스2 행복한 나만의 공간

드라마 '엄마가 뿔났다'에서 김혜자 씨가 자신만의 시간, 휴가를 얻어서 나가시잖아요? 주부님들, 오롯이 자신만의 시간, 장소가 필요할 때가 있죠. 오늘 소개해드릴 나만의 공간이 있었다면 엄뿔의 엄마도 생각이 좀 달라지셨을 듯합니다. 박은영 아나운서, 어떻게 꾸미는거죠?

<리포트>

누구의 아내도, 누구누구의 엄마도 아니고요. 내 이름 석 자로 존재하는 작은 공간을 마련해 놓고 자신만의 소중한 시간을 가지는 주부들입니다.

집안에 방치돼 있던 자투리 공간을 찾아내 스스로 꾸민 아이디어 넘치는 알뜰 여성들인데요. 그리 넓지도 또 근사하지도 않지만 자신들에겐 가장 소중한 공간이라고 하네요. 어떤 공간인지 함께 보시죠. 주부 이지원 씨는 동네 꽃 가게에서 조그맣고 예쁜 화분을 구경하는 재미에 푹 빠졌습니다. 집안에 새로 생긴 자신만의 공간을 꾸미기 위해서인데요, 남편의 서재와 연결된 작은 공간이 바로 이지원 씨 전용 공간입니다. 하나 둘씩 화분을 늘려가다보니 어느새 원예 전문가가 된 듯합니다.

<인터뷰>

이지원(경기도 양주시 장흥면): "어느 집에서나 '사랑초'는 하나씩 키우는 게 정말 좋아요. 물을 흠뻑 주면 확 살아나기 때문에 키우는 재미가 있는 화초예요."

남편 서재와 마주한 아내의 정원. 부부 간의 독립된 공간이 생기면서 서로의 생활을 존중하는 마음 또한 커졌다고 합니다.

이지원(경기도 양주시 장흥면): "저는 저대로 공간이 있어서 좋고, 남편도 서재를 자기 공간으로 써서 좋죠. 서재가 삭막하게만 느껴지는데 화초가 있으니까 분위기도 좋고, 저도 태교하는 데 많은 도움이 돼요."

주부 류정순 씨는 거실 베란다에 자신만의 공간을 마련했습니다. 일반적인 베란다와는 느낌이 다르죠? 모두 직접 꾸민 거라는데요. 예쁜 책상과 의자를 비롯해 아기자기한 소품들까지 류정순 씨가 기존에 있던 것을 모두 고쳐서 만든 것들입니다. 이 공간에선 버려지는 와인 상자도 멋진 사진 보관함이 되고요, 음식물을 먹고 남은 유리병 또한 예쁜 소품으로 변신합니다.

류정순(경기도 용인시 동천동): "제가 이 작업하는 공간을 만들기 전에는 거실에서 작업을 했었는데, 남편이 오면 괜히 미안했어요. 치우기도 급하고..."

이제 마음 편히 작업에 몰두할 수 있게 됐다는데요, 아들을 위해 그동안 틈틈이 작업했던 장난감 수납장이 드디어 완성됐습니다. 엄마가 만들어준 거라 더욱 값진 선물이겠죠.

류정순(경기도 용인시 동천동): "버려지는 가구들이 제 손을 거쳐 멋진 가구로 재탄생되듯, 저도 우울할 때 저만의 작업을 하면서 뿌듯함을 많이 느껴요."

'영자의 공간' 이란 문패가 달린 이 방, 나이 오십이 되어서야 처음 갖게 된 이영자씨만의 공간입니다. 부엌 옆에 딸린 창고를 꾸민 방은, 그녀에겐 새 인생을 찾아준 보물 같은공간인데요,

이영자(서울시 불광동): "아이들이 크고 남편이 어느 정도 자리를 잡으니까 조금은 외롭다는 마음이 들었고... 오히려 나이가 들수록 꿈이 더 필요하고 그런 꿈을 이뤄나가는 공간이 절대적으로 필요하다고 생각했어요.

"방에는 라디오 하나, 크레파스와 물감 등이 전부였지만, 이곳에서 그려낸 작품 하나하나가 어느새 방안 가득 채워지면서 실내를 멋지게 장식합니다. 손님들이 놀러오면, 갤러리에 온 듯 작품들 구경하느라 시간가는 줄 모른다는데요, 작품들로 가득한 이곳에선 차 한 잔을 마셔도 기분이 다르겠죠.

김미애(서울시 구기동): "나 혼자 고독감을 느끼고 싶을 때가 있잖아요. 또 내가 하고 싶은 것을 방해받지 않고 할 수 있는 공간이 있었으면 좋겠다고 항상 생각하고 있었는데, 실천하고 계셔서 아주 부럽네요."

어느덧 동네 화가로까지 인정받고 있다는 이영자 씨. 그녀의 그림 솜씨를 원하는 곳에 기분 좋은 선물을 해주기도 하는데요, 이 식당의 깔끔한 외관은 물론이며 안쪽의 아기자기한 메뉴판까지 모두 이영자씨의 솜씨로 빚어낸 것들이라고 합니다.

이우수(음식점 운영): "영자 씨가 와서 아기자기하고 예쁘게 꾸며준 뒤로, 지나가는 분들도 예쁘다고 들어와 보고. 그래서 장사가 아주 잘 되고 있어요."

오늘 또 예쁜 그림 하나를 더 선물하는데요. 순식간에 깔끔한 나무벽과 어우러지는 싱그러운 초록덩굴이 완성됐습니다.

이영자(서울시 불광동): "내 재능을 사람들이 알아주면서 쓰임새도 많아지다 보니까 삶의 활력소도 생기고..."

그래서 여자들한테 나만의 공간이 꼭 필요하다고 생각합니다. 비록 좁은 공간일지라도 일상의 여유를 찾고 또 꿈도 키워갈 수 있는 자신만의 공간, 한 번 꾸며보는 건 어떨까요?

제18과

뉴스1 외줄타기 고수들

영화 '왕의남자' 아직도 기억하는 분들 많으실 겁니다. 특히 까마득한 높이의 줄 위에서 주인공 장생이 연산군의 화살을 피해 높이 뛰어오르는 장면은최고의 명장면으로 회자되고 있죠. 보는 사람을 더 가슴 졸이게 하는 이런줄타기공연... 영화뿐 아니라 실제로도 자주 보고 싶은데 현실에서는 쉽게 보기 어려운 것 같아요.

<리포트>

장터나 잔치집등을 돌며 재주를 펼치던 줄광대들의 모습은 지금은 거의 사라진 우리 전통문화인데요. 모질고 힘든 길이지만 꿋꿋이 줄꾼의 길을 걷는 사람들이 있습니다. 32년 줄타기 외길인생을 걸어온 장인이 있는가 하면 이제 고등학교 2학년인 신세대 줄꾼도 생겼습니다. 그런데 이런 줄타기 문화가 비단 우리나라에만 있는 것은 아닌데요. 어제부터 전세계줄타기고수들이 한데 모여 기량을 겨루는 축제가 한강에서 열렸습니다.

지름 3센티미터 줄위에서 삶을 펼쳐 보일 줄타기꾼들을 만나 보시죠. 지상 2m, 허공에 걸린 외줄하나에 의지해 하늘 높이 날아오르기도, 공중에서 180도 몸을 비틀기도 합니다. 한 발짝 걸음조차 옮기기 힘든 줄위를 제집안방인양 사뿐사뿐 내달리기도 합니다. 줄위의 아슬아슬한 재주에 보는 관객들은 절로 입이 떡 벌어집니다.

<인터뷰>

이강희(관객): "즐겁고 너무 잘하는 것 같아요. 아슬아슬해서 마음 졸였습니다."
김희수(관객): "줄타고 도는 게 참 재미있어요."

보통 사람들은 서있을 수 조차없는 지름 3cm의 줄위를 마음껏 노니며 관객들의 마음을 쥐락펴락하는 이는 올해로 32년째 줄을 타온, 천생 줄꾼 권원태씨입니다.

권원태(남사당줄꾼): "줄은 땅에서 발을 딛고 몸이 떠있잖아요. 첫째도 안전, 둘째도 안전이에요. 날아가는 새같은 날짐승들은 절대 안 건드려요" 장터나 잔치집등을 돌며 재주를 펼치는 남사당패공연중 하나인 줄타기는 서민들의 애환이 깃들어있는 우리네 전통문화입니다. 하지만 이들을 '광대'라 부르며 천대하는 사회적 분위기와 편견으로 인해 점점 사라져가고 있는데요. 권 씨 역시 영화 왕의남자에서 감우성씨대역을 맡으며 유명해지긴 했지만 춥고 배고픈 굴곡진 삶이 대부분이었습니다.

권원태(남사당줄꾼): "지금 하고 있는 남사당놀이라든가 하는 부분들은 예전부터 우리 조상들이 했던 것이에요. 그런 사람들이 인정을 받아야지 외래문화를 좀 한다고 하면 그것을 고급스럽게 여기고 그게 멋있다. 저는 그것은 아니라고 봐요."

너무 힘들어 줄꾼의 길을 포기하려했던 적 도 있지만 꿋꿋이 한길을 걷다보니 줄위에서 가장 자유로움을 느낀다는 권씨. 그러나 이제 권씨 곁에도든든한 후계자가 생겼습니다. 사라지고 있는 줄꾼의 명맥을 이어갈 신세대줄꾼이라고 할 수 있는데요. 권씨의 공연이 있을 때면 옆에서 모자며 부채며 하나 하나를 챙기는 민중이.

<녹취>"오늘은 몇시, 몇시 (공연이야?)""오늘은 3시 30분에 하고요……."

고등학교 2학년생인 민중이는 권씨가 자신의 모든 것을 전수하며 애지중지 기르고 있는 제자입니다. 중학교 1학년때 우연히 줄타기 공연을 본후 그 모습이 너무 멋

있어 보여 그길로 줄꾼의 길로 들어서게 됐다는데요. 동이 막 트기 시작한 이른아침. 집 근처 허름한 비닐하우스 안에서 오늘도 민중이가 줄연습에 나섰습니다. 40여가지의 기술중 민중이가 할 수 있는 기술은 쌍홍잽이, 황새두렁넘기등 모두 13가지. 어린나이치고는 제법 많은기술을 구사하는 편입니다. 때로는 줄에 스쳐 상처를 입기도 하고, 그대로떨어져 위험천만한 순간을 맞기도 했지만 여전히 민중이에게 줄타기는 최고의 즐거움입니다.

김민중(고등학교 2학년줄꾼): "발바닥도 아프고 몸전체가 다 아픈 거예요. 항상 부채로 중심잡아야 하니까 팔에 마비올 때까지 해야 돼요. 그런데 하다 보니까 재미있고 멋있는 것 같아요."하나밖에 없는 아들이 줄꾼이 되겠다고 나섰을 때 부모님은 행여 몸이 다칠까 염려도 되고, 천한 사람들이 하는 것이라는 사회적 인식에 반대를 많이 했지만 지금은 그 누구보다 든든한 후원자입니다.

심정숙(김민중군어머니): "똑바로보지는 못하고 눈감고 기도하다가 박수소리 나면 끝났구나..그 다음 박수소리나면 시작하는구나 … 어차피 이길로 들어섰으니까 욕심은 줄타기라는 것을 많이 알렸으면 …"그런데 10월 2일, 어제부터죠. 세계의 줄타기 고수들이 한강에 모여 기량을 겨루는 축제가 열렸습니다. 미국, 중국, 독일등 전세계 14개국, 27명의 줄타기 명인들이 참가해 한강 양화지구와 망원지구 사이에 설치된 지상 22m, 세계 최장길이인 1km의 외줄을 가장 빠르게 횡단하는 사람을 가려내게 되는데요.

티노왈렌다(미국): "참가하게 돼서 기쁘고요, 이대회를 정말 학수고대했습니다." 작년에 열린 1회대회에서는 중국의 제1회 세계한강줄타기대회 우지압둘라선수가 11분 22초의 기록으로 지난해 우승을 차지했습니다. 세계최장거리를 횡단하다 보니 한강에 추락하며 완주에 실패한 헝가리선수도 있었는데요, 올해도 같은 방식으로 경기가 진행되는 가운데 대회 첫날, 앞서 보셨던 국내최고의 줄타기 고수인 권원태씨가 조직위원장 겸 국가대표로 출전해 참가선수중 가장 먼저경기를 펼쳤습니다. 바람이 심하게 부는 등 기상조건이 좋지 않아 대회가 끝까지 진행되진 못했지만 우리 전통공연에 외국인들이 대거 참여한 것만 봐도 가슴 뿌듯했습니다

예카데리나막시모바(러시아): "저의 목표는 안전하게 끝까지 완주하는 것입니다." 천년의 역사를 이어온 우리 줄타기가 이제는 사람들의 기억속에서 되살아나 훌륭한 전통문화로 자리매김해가고 있습니다.

뉴스2 서울시 대중교통 요금 2년마다 인상. 환승 할인 축소

서울시가 대중교통 요금을 2년마다 정기적으로 인상하기로 했습니다.

이르면 2016년부터 시행될 예정인데, 이기주 기자 리포트 보시겠습니다.

◀ 리포트 ▶

서울의 한 버스 정류장.

평일 오후에도 시민들이 계속해서 버스를 타고 내립니다.

◀ 김준아/서울 종로구 명륜동 ▶

"하루에 아침 출퇴근 길에 이용하고요. 한 달에 그래서 교통비로 7~8만 원 정도..."

서울시가 고시한 교통정비 기본계획 보고서에 따르면, 대중교통 요금은 물가상승

률을 반영해 2년마다 주기적으로 인상되고, 2017년부터는 승객이 붐비는 시간과 붐비지 않는 시간의 요금이 다르게 적용됩니다.

또 단독이나 환승 구분없이 같은 거리를 이용할 경우 동일한 요금이 부과되고, 환승 할인도 5회에서 3회로 축소됩니다.

◀ 백호/서울시 교통정책관 ▶

"교통요금 인상을 언제할 수 있는지를 시민들한테 미리 사전에 제공하는 측면에서 인상을 정례화하는 것도 바람직한 방향이다.."

하지만 요금 인상에 좀 더 신중해야 한다는 의견도 있습니다.

◀ 박지호/경실련 소비자정의센터 간사 ▶

"시민들은 계속해서 공공요금이 인상되는 느낌을 받고 있거든요. 모든 책임을 시민들에게 전가해서는 안 된다고 생각하고요."

서울시는 수도권 교통체계가 연결돼 있는 인천과 경기도, 코레일 등과 협의해 정확한 요금 인상 폭과 인상 시기 등을 확정해나갈 방침입니다.

MBC뉴스 이기주입니다.

제19과

뉴스1 소비자 우롱하는 '칼로리 표시제'

과자나 음료수 등 식품포장에는 칼로리 표시가 돼 있습니다만 소비자가 잘 모르는 함정이 있다고 합니다. 어떤 문제가 있는지 김도영 기자가 취재했습니다.

<리포트>

과자 한봉지, 보통 뜯으면 한자리에서 다 먹게 됩니다. 하지만 포장에 적힌 이 과자의 칼로리 150 kcal 는 한 봉지의 총 칼로리가 아닙니다. 실제로 이 과자 한 봉지의 칼로리는 1050kcal, 보통 한번에 다 먹는 과자 한 봉지를 7차례에 걸쳐 나눠 먹을 것이라고 계산해 1회 제공량만 표시한 겁니다. .

<인터뷰>

<녹취>제과업체 관계자 : "우리 입장에서는 표시할 수 있는 최소한의 칼로리를 표시하죠. 왜냐하면 저희 입장에서는 적게 표시하는게 아무래도 좋죠.."결국 이를 모르는 소비자가 과자 한 봉지, 주스 한 병을 구입할 경우 예상 섭취 칼로리는 표시대로 과자 150, 주스 100kcal 를 합쳐 250 kcal가 아니라 실제는 과자 1050, 주스 300kcal를 합쳐 1350kcal나 되는 것입니다.

임인숙(주부) : "제조회사에 배신감이 생겨요 앞으로 이런 거 유의해서 봐야겠다고 생각이 드네요"

강미정(주부) : "장보기도 바쁜데 누가 다 그걸 일일이 계산하겠어요"

과자와 주스 뿐 아니라 음료수와 빵 아이스크림 대부분 가공식품들이 이런 식입니다. 칼로리는 물론 당분과 나트륨도 이런 방식으로 표시합니다. 이같은 편법이 가능한 것은 지난 2006년부터 적용된 세부기준의 함정 때문, 가공식품의 칼로리는 1회 제공량은 반드시 표시해야 한다고 했지만 제품 전체 칼로리 표시는 표시할 수 있다고만 해 사실상 업체자율에 맡겨놓은 셈입니다. 되도록이면 칼로리를 적게 표시하고 싶어하는 식품회사들이 제품 총량의 칼로리를 제대로 표시할 지 의문입니다. 식약청은 문제점을 알면서도 방관하고 있습니다.

<김종욱(식약청 영양평가팀 연구관) : “전체 총량에 대한 정보보다는 한번에 먹는 양에 대한 정보가 우선적으로 제공돼야 한다는 취지에서...”

소비자 편의는 조금도 생각치않고 업체 편의에만 맞춘 칼로리 표시제 소비자를 우롱하는 이런 제도는 하루속히 개선돼야 한다는 목소리가 높습니다.

KBS 뉴스 김도영입니다.

뉴스2 과일 칼로리 무시하다가는 독!

과일은 부담이 없다는 생각에 늦은 밤에도 드시는 분들 많은데요, 의외로 칼로리가 꽤 높은 과일도 있으니 알아두시기 바랍니다. 고은선 의학전문 기자가 전합니다.

<리포트>

주부 김혜옥씨, 온 가족이 모일 땐 늘 과일을 준비합니다.

<인터뷰>

김혜옥(주부) : “저녁에 식구들이 많이 모였을 때 저녁 먹고 나서 후식으로 과일을 많이 먹고 있어요”하지만, 과일도 과식은 금물. 우리가 먹는 과일에는 과당, 즉 탄수화물 성분이 들어있기 때문입니다. 수분이 적고 단 과일일수록 칼로리가 높아 사과나 바나나, 오렌지는 2, 3개만 먹어도 밥 한공기 칼로리와 맞먹습니다. 거봉 한 송이도 밥 한공기 수준입니다.

또 파인애플 등의 열대 과일은 당 지수가 높아 같은 칼로리라도 혈당 수치를 더 빨리 올립니다. 따라서 칼로리가 높은 열대성 과일보다는 수막이나 토마토 등이 칼로리도 낮고 섬유질도 풍부해 당뇨병과 비만 환자들에게 더 도움이 됩니다. 과일을 먹는 시간도 중요한데, 에너지 소비가 적은 밤에 과일을 많이 먹으면 내장지방으로 쌓일 가능성이 높은만큼 야식으로 과일을 먹는건 피하는게 좋습니다.

박철영(강북삼성병원 내과교수) : “피로하고 그럴 때 회복시켜 줄 수 있는 좋은 장점이 있기 때문에 오전 아침 시간이라든지 아니면 오후에 지친 시간대에...”또 하루 비타민 섭취량을 한두가지 과일로 해결하기보다는 다양한 종류의 과일과 야채를 섭취하는게 더 좋습니다.

KBS 뉴스 고은선입니다.

제20과

뉴스1 어린이집 ‘불량 급식’ 논란. ‘상한 음식 먹였다’ 학부모 분노

이번에는 어린이집 불량 급식이 문제가 되고 있습니다.

아이들에게 상한 음식을 급식으로 먹였다며 학부모들이 집단 시위까지 벌였습니다.

보도에 이용주 기자입니다.

◀ 리포트 ▶

누렇게 변한 파와, 시들어 버린 배추.

시래기와 옥수수는 먹을 수 있을지 의심될 정돕니다.

울산 동구의 한 어린이집 조리실에 보관된 식재료들입니다.

학부모들은 급식을 직접 만드는 원장이 곰팡이 슬고 상한 음식을 아이들에게 먹였다며 집단시위에 나섰습니다.

특히 학부모들은 최근 원생 4명이 설사와 구토 증세를 보였다고 주장했습니다.

◀ 학부모 ▶

"이런 쓰레기 같은 음식을 먹인 사실을 알았을 때 엄마들은요. 밤에 혼자 울어요. 이것도 내 죄다, 하고요."

교사들도 상한 음식을 수차례 폐기처분했다고 털어놓았습니다.

◀ 어린이집 교사 ▶

"저희도 똑같이 교실에서 급식을 먹고 있는 상황이기 때문에 맛이 좀 그렇다고 분명히 말씀을 드렸었습니다."

경찰은 원장을 소환할 방침입니다,

◀ 어린이집 원장 ▶

"물의를 일으켜서 너무 죄송하고요. 어린이집은 제가 운영치 않도록 그렇게 하겠습니다."

이 어린이집에는 CCTV가 한 대도 설치되어 있지 않아 경찰 수사에 어려움을 겪을 것으로 예상됩니다.

어린이집에 등록된 원생 31명 가운데 22명의 학부모들이 퇴소를 신청했습니다.

MBC뉴스 이용주입니다.

뉴스2 '가을 사과, 이렇게 즐겨요!'

수확의 계절이 돌아왔습니다. 붉으족족한 사과 빼놓고 과일 얘기 하기 힘들죠~ 요즘은 4계절 맛볼 수 있기는 한데요~ 박은영 아나운서, 요즘 제철 맞아 먹는 게 최고겠죠?

<리포트>

요즘은 가을에 즐기는 사과를 농장에서 직접 체험할 수 있는 기회가 많아지고 있는데요. 직접 딴 신선한 무농약 사과를 즉석에서 먹기도 하고요. 사과나무를 이용한 염색 체험도 해 볼 수 있습니다. 가을에 즐기는 사과, 신선한 그 맛의 세계를 지금부터 함께 해 보시죠. 이른 새벽, 서울 가락동 청과물 시장인데요. 각지에서 올라온 사과 경매가 한창입니다. 최상품의 사과를 먼저 사려는 사람들의 눈치작전이 대단한데요. 과연 어떤 사과가 신선하고 맛있는 걸까요?

<인터뷰>

김용흠(경매사) : "큰 사과보다는 중간크기의 사과가 저장성도 높고 단단하면서 맛도 좋으니까 중간크기의 사과를 고르는 게 좋습니다." 사과는 일단 모양이 예뻐야 하고요. 꼭지 부위 반대편을 봤을 때 푸른빛보다는 약간 노란빛을 띠는 것이 맛있는 사과라고 합니다.

특히 껍질이 짙은 빨강의 홍로는 과즙이 많고 새콤달콤한 맛이 강해 소비자에게 인기가 좋은 품종이라고 하네요. 아침, 저녁으로 일교차가 심한 충청북도 충주시. 이런 조건은 사과가 자라기에 가장 이상적인 환경이라고 합니다. 때문에 충주에서 생산되는 사과는 빛깔, 당도, 향기까지 으뜸으로 꼽히고 있는데요.

사과 농장 체험이 한창인 한 농장을 찾았습니다. 사과 따기를 직접 해 볼 수 있다는 생각에 아이들은 무척 들떠있는 모습인데요. 설명도 들었겠다, 아이들이 사과과 따기를 시도 해 봅니다. 제법 따는 것 같죠? 이곳의 사과는 무공해로 재배되고 있는데요. 그래서 직접 딴 사과는 즉석에서 먹어 볼 수 있습니다.

"새콤달콤해요.""꿀이 들어 있는 것 같아요" 사과 따기 뒤엔 또 다른 체험이 기다리고 있는데요. 사과나무를 이용한 천연 염색이 바로 그것입니다. 염색 방법은 아주 간단한데요. 먼저 사과 나뭇가지를 물에 잘 삶습니다. 그렇게 사과나무가 적당히 삶아지면 물은 서서히 노란빛으로 변하는데요. 이 물을 식힌 후에 물들이고 싶은 천을 넣어주면 고운 노란빛의 천이 탄생됩니다.

이우리(고등학교 1학년) : "사과나무에서요 이렇게 예쁜 물이 나올 줄 몰랐어요." 사과나무 외에도 붉은색을 내는 소목이나 푸른색을 내는 쪽 등을 이용하면 더욱 다양한 색깔을 낼 수 있습니다. 색깔이 정말 예쁘죠? 자, 이제는 사과를 더 맛있게 즐길 수 있는 방법을 알아볼까요? 우선 사과 돼지고기 스튜를 만들어 볼께요.

소금과 후추에 미리 재워 둔 돼지고기를 으깬 토마토와 함께 잘 볶습니다. 육수는 볶은 채소에 으깬 토마토, 백포도주, 그리고 사과주스 넣고 졸여 만드는데요. 이때 사과주스는 돼지고기를 연하게 하고, 비린내도 없앨 수 있다고 합니다. 육수가 끓는 동안 사과, 피망, 건포도를 버터에 살짝 볶고요. 마지막으로 재료를 모두 합쳐서 간을 맞추고 다시 한 번 끓이면 정통 프랑스식 돼지고기 사과 스튜가 완성됩니다. 사과의 씹는 맛을 아이들이 특히 좋아한다고 하네요.

김규안(경기도 안양시 동안구) : "저 원래 사과 싫어하는데요. 돼지고기랑 먹으니까 맛이 정말 끝내줘요 다음엔 통 사과 오븐구인데요." 먼저 사과 속을 모두 빼 줍니다. 그리고 잘게 다진 호두, 건포도에 버터크림, 설탕, 계핏가루를 넣고 고루 섞은 다음 사과 속에 넣고 오븐에 1시간 정도 구우면 사과 파이 느낌의 통 사과 오븐구이가 완성됩니다. 이밖에 얇게 썬 사과를 오븐에 구워 설탕을 뿌린 사과 스낵도 만들 수 있습니다. 맛과 영양 모두를 만족시키는 사과올 가을, 사과 하나로 가족의 건강을 챙겨보시기 바랍니다.

제21과

뉴스1 가을 등산, 좋다고 무조건 나섰다간…

설악산엔 벌써부터 단풍이 서서히 물들고 있다고 하는데요. 이번 달 중순부터는 국내 모든 산에 단풍이 절정을 이루게 될 거라고 합니다. 단풍이 물들기 시작하면 등산을 준비하는 사람들도 많으실 텐데요, 처음 등산을 하신다거나 무리한 등산을 하면 오히려 몸에 안 좋다고요?

<리포트>

네, 그렇습니다. 관절에 좋다고 선뜻 등산시작했다간 없던 병까지 얻을 수 있습니다. 축구나 농구의 경우엔 몸에 손상이 오면 바로 치료가 가능하지만 등산의 경우 알게 모르게 조금씩 몸에 무리가 가다 자칫 만성적인 관절 질환으로 이어질 수 있어 주의가 필요합니다. 가을철 산행 질환과 예방법 알아봅니다. 기분좋은 선선함이 묻어나는 가을은 여름내내 무더위로 지친 몸을 등산으로 추스를 수 있는 좋은 시기죠. 지난 화요일, 북한산 입구는 평일인데도 산을 오르는 사람들로 북적였는데요. 등산을 하면 스트레스도 해소하고 심폐기능과 근육이 강화된다는 이점 때문에 중년층 사람들이 자주 찾고 있습니다.

<인터뷰>

김정남(43세, 서울시 돈암동) : “저 같은 경우는 쌓인 스트레스를 산에다 풉니다. 늘 스트레스 풀러 산에 옵니다. 항상 기대되고 그래요.”

이경주(52세, 서울 상도동) : “산을 타다 보니까 몸이 매우 가벼워졌어요. 성취감도 있고 만족감도 있고 여자들 몸매 관리도 많이 하는데 제일 좋은 것이 체중도 줄고, 몸매에도 제일 좋은 것 같아요.”

하지만 등산 경험이 거의 없거나 평상시 운동을 잘 하지 않는 사람들이 무리하게 등산을 하면 근육과 관절이 손상될 수 있는데요. 이렇게 갑자기 통증이 오면 바로 응급처리를 해줘야 합니다. 큰 산의 경우는 구조대원들이 산 중간에 머무르면서 간단한 응급 처치를 해주고 있는데요.

등산을 어느 정도 하셨어요? “세 시간 반 정도... 관절염이 있으신 분들은 무리입니다.”

강균석(국립공원 재난 안전 관리반) : “성수기에는 하루 평균 7만 명이 북한산을 찾고 있습니다. 하산 시에 관절이 약하신 분들은 관절에 통증을 호소하는 경우가 많은데 하산 시에 관절에 무리가 가면 통증이 심해짐으로 산행 시간을 짧게 하고, 하산 시간을 충분히 가져서 잠깐 잠깐씩 휴식을 취하면서 하산 하는 것이 좋습니다.” 일주일에 3번은 등산을 꼭 간다는 이춘희씨. 이씨는 지난 1월 등산을 하다 미끄러져 오른쪽 무릎을 다쳤습니다. 하지만 통증이 심하지 않아 병원을 찾지 않았다고 하는데요, 결국 병을 키워 두 번의 수술을 해야 했습니다.

이춘희(59세, 서울시 상일동) : “엑스레이에서는 아무 이상 없고 견디다 보면 괜찮을 거로 생각해서 치료를 안 받았죠. 점점 통증이 심해서 걸을 수 없을 정도로 아프더라고요. 큰 병을 부른다는 걸 이제야 알았죠.”

연골이 손상된 이씨는 조금만 늦었어도 연골 이식까지 갈 뻔 했다고 하는데요, 이씨처럼 등산을 하다 다쳐 병원을 찾는 환자 10명중 2명은 수술로까지 이어진다고 합니다.

고용곤(정형외과 전문 병원장) : “등산 후에 2주 이상 통증이 지속된다든지 무릎이 이유 없이 부으면 연골 손상을 의심해서 정확한 진단을 받아보는 것이 좋습니다.” 평소 관절이 안 좋았지만 등산을 하면 좋아진다는 주변사람들 말을 듣고 일주일에 한번씩 남편과 함께 등산을 갔다는 주옥순씨. 그런데 얼마 전 무릎 통증이 심해지면서 병원을 찾았습니다. 주씨의 병명은 관절염. 건강을 위해 한 등산이 오히려 병을 키운 것인데요.

주옥순(61세, 서울시 화곡동) : "친구 하나가 무릎이 너무 안 좋았는데 등산하러 다니면서 많이 좋아졌다고 하더라고요. 등산을 자주 못하고 일주일에 한번 주말에 가고 그랬는데 갑자기 무릎이 많이 아프더라고요."

주씨처럼 평소 관절이 안 좋은 사람이 무리한 등산을 할 경우에는 오히려 관절염으로 발전할 수가 있어 주의를 해야 한다고 합니다.

심우문(관절염 전문 한의원 원장) : "관절이 약하신 분들이 무리해서 등산 하다가 관절이 손상돼서 오는 경우가 많습니다. 중년 이후에는 연골이 점점 약해지기 때문에 무리해서 등산을 하면 관절의 연골이 파열되거나 마모돼서 관절염으로 빨리 진행되는 경우가 많습니다."

가을이 되면 평소 등산을 하지 않는 사람들도 단풍 구경을 하기 위해 가을 산을 많이 찾다보니 다른 계절에 비해 가을에 사고가 가장 많이 발생한다고 하는데요. 지난, 3년 동안 발생한 서울시 산악사고를 살펴보면 해년마다 부상이 늘고 있습니다. 등산을 할 때 사전 철저한 준비만 해도 큰 사고를 미연에 예방 할 수 있다고 합니다. 사고 유형에는 관절손상 뿐 만 아니라 갑작스러운 운동으로 인한 심근경색이나 뇌졸중, 심지어 사전에 방한 대책을 세우지 못해 생기는 동상 등 그 유형도 다양하다고 합니다.

손성모(경찰산악구조대 대장) : "가을에 등산을 많이 다니는데요. 최소한의 구급약품, 체했을 때 먹을 수 있는 약, 열이 난다든가 두통이 났을 때 먹을 수 있는 약이라던지 압박 붕대 정도는 기본적으로 등산하시는 분들이 챙겨서 등반하는 것이 좋습니다." 단풍철을 맞이해 등산을 즐기는 사람들이 많은 계절, 가을! 그만큼 사고발생률도 증가하고 있는데요. 등산 전에 가벼운 스트레칭과 자기 체력에 맞는 무리 없는 산행이 산악사고에 가장 큰 예방이 아닐까 싶습니다.

뉴스2 독감접종, 빠를수록 좋아

서울시내 보건소에서 노인들을 상대로 독감 예방주사 접종이 시작됐습니다. 독감 예방은 일찍 할수록 좋다고 합니다. 고은선 의학전문기자의 보돕니다.

<리포트>

보건소마다 독감 예방주사를 맞으려는 사람들이 줄을 이었습니다.

<인터뷰>

이찬호(구로구 신도림동, 65살) : "보조금을 줘서 접종을 해주는데, 구태여 병원에 가서 돈을 내고 맞을 필요는 없잖아..."

독감은 통상 날이 추워지는 11월부터 유행하기 시작합니다. 하지만, 예방접종은 지금이 좋습니다. 접종 후 2주 후부터 면역 항체가 생기기 시작하기 때문에 독감이 유행하기 전에 미리 주사를 맞아야 합니다. 더구나 지난달 이미 부산에서 독감 바이러스가 검출됐기 때문에 올해는 독감이 평소보다 일찍 유행할 가능성도 있습니다. 특히 영유아나 노인 그리고 임신부나 만성질환자들은 독감 백신을 맞을 필요성이 더 큽니다.

하정훈(소아과 전문의) : "독감에 걸리면 중이염에 쉽게 걸릴 수 있고요, 폐렴 같은 것도 쉽게 걸립니다."

그래서 사망에 이를 수 있는 아주 위험한 병입니다. 임신부도 독감 백신을 맞으면 6개월 전 영아의 독감을 63%가량 예방하는 효과도 있습니다. 특히 독감은 전염력이 강한 만큼, 사람들이 많이 모이는 학교, 유치원이나 보육시설에 있는 사람은 손을 잘 씻는 등 개인위생에도 신경을 써야 합니다.

KBS 뉴스 고은선입니다.

제22과

뉴스1 성형수술 사고 급증 이유는?

최근 성형수술사고가 빈발하고 있습니다.

성형수술을 너무 쉽게 생각하는 경향과 응급시설부족등이 주원인이라고합니다.

고은선 의학전문기자의 보도입니다.

<리포트>

전국의 성형외과의원은 7백여곳, 성형수술을 하는 다른과 의사들을 합치면천여 군데가 넘습니다.

몸짱, 얼짱 열풍과 맞물려 성형수술이 급증하다 보니 성형수술을 너무 쉽게 생각하는 경향이 문제라는 지적입니다.

<인터뷰>

이종희(성형외과전문의) : "성형수술도 수술인데, 환자들이 조금만 째면 된다고 생각하는데요, 사전에 충분한 검사와 컨디션체크가 잘 되지 않아서 사고로 이어지는 것 같습니다."

성형수술이 주로 작은의원급에서 이뤄지다 보니 응급상황이 생기면 대처하기 힘든 것도 성형사고급증의 한 원인입니다.

심사평가원의 조사결과, 성형외과의원 710곳 가운데 마취과의사가 상주하는 곳은 10군데에 불과했습니다.

갑자기 심장이 멈췄을 때 쓰이는 심장충격기를 갖춘 곳도 두 군데밖에 없습니다. 때문에 마취사고등 응급상황이 발생해도 손쓸수없는 경우가 많습니다.

병원수가 많다 보니 의사들간의 과다한 경쟁도 한 몫을 하고 있습니다.

<인터뷰>

김광섭(성형외과전문의) : "무리한 수술을 요구할 경우의사들 입장에서 거절하기 어렵고 일어나지도 않은 부작용을 자세히 설명하기가 좀 어려워들하는 경향이 있습니다."

성형사고를 예방하기위해서는 마취과의사가 상주하는 곳을 선택하는 것이중요합니다.

또, 한꺼번에 여러곳을 수술하는 것은 피하는 게 좋습니다.

KBS 뉴스 고은선입니다.

뉴스2 '영양 만점' 달걀, 제대로 먹는 방법

저희 구내식당에서 밥먹을 때 가끔 달걀프라이 하나 나오면 왜 그리 반갑던지요, 딱히 비싼 음식도 아닌데 말이죠.

저도 학창시절 도시락 반찬으로 달걀들어 있으면 도시락 후딱 비웠던 기억이 나는데요...

태의경 아나운서, 무심코 먹는 달걀이지만, 알고 보면 종류도 다양하고 더맛있게 먹는 법도 따로 있다죠?

<리포트>

네. 달걀하면 가격도 저렴하고 맛도 좋고, 영양도 풍부해 완전식품이라고

불리잖아요.

달걀 2개의 영양가치는, 고기 80~90g 과 맞먹을 정도라고 합니다.

그런데, 달걀 사러 나갔더니 웬 종류가 이렇게 많나 뭘 골라야 하나 고민하셨던 경험들 있으시죠...

사실 알고 보면 달걀은 다른거 없고, 무조건 신선한 게 맛도 좋고 영양도좋다고 합니다.

그렇다면, 어떤게 신선한 달걀인지 자세히 알려드리고요, 달걀을 보다 신선하고 맛있게 먹을 수 있는 다양한 방법들까지 소개합니다.

암탉 2만 마리가 사육되고 있는 양계장입니다.

갓 낳은 따끈따끈한 알들이 가득하죠.

시중에 나온 달걀 대부분은 이렇게 성숙한 암탉에서 수정과정을 거치지 않고 나온 무정란입니다.

선별장으로 옮겨진 달걀은, 무게별로 자동으로 분류돼 등급이 매겨지는데요, 68g 이상은 왕란, 60g 이상은 특란, 그외에는 대란, 중란, 소란으로 나뉩니다.

주로 유통되는 건 특란인데요, 가격은 30개들이 한판에시 중가 5,000원. 왕란과 대란은 각각 5,300원, 4700 원선입니다.

요즘은 달걀종류도 다양해졌습니다.

김치 유산균을 먹은 닭이 낳았다는 달걀도 있고, 황토에, 마늘등을 먹은 닭이 낳은 달걀, 해발 500m 청정지역에서 사육된 닭이 낳았다는 달걀도 있습니다.

하지만, 무엇보다 좋은 달걀은, 신선한 달걀입니다.

고를때, 유통기한을 따지기보다 산란일자가 최근인것을 골라야 하고요,

표면은 매끈하고 단단한 게 신선합니다.

또, 깨뜨렸을때가 중요합니다.

<인터뷰>

홍명의 (양계장운영) : "(깨뜨렸을때) 노른자를 감싸고 있는 흰자가 탄력이좋아야 신선한 달걀입니다."

노른자를 감싸는 탱탱한 흰자를 '농후난백'이라고 하는데요, 도톰하고 탱탱할수록 신선한 달걀입니다.

신선한 달걀은 노른자에 이쑤시개를 꽂아봐도 터지지 않는데요, 실험결과, 스무개 정도도 끄떡없더라고요.

이처럼 신선한 달걀을 매일 아침 먹고 싶다면, 요즘은 우유처럼 배달시켜먹을 수 있는 달걀도 있습니다.

갓낳은 달걀을 5℃냉장차량으로 운송해, 24시간내에 가정으로 배달한다는데요, 배달전, 신선도 테스트는 기본입니다.

신선도의 단위는 호유니트(HAUGH UNITS)라고 하는데요. 달걀 무게와 농후난백의 높이를 측정해서 신선도를 수치로 나타낸 겁니다.

결과가 90.9 가 나왔죠.

<인터뷰>

오영석 (달걀배달업체품질보증팀) : "호유니트(HU)가 높을 수록 신선한 달걀이라고 할 수 있습니다. 72 이상이면 1등급 달걀에 속합니다."

배달되는 달걀은 적어도 호유니트 80 이상의 것들인데요, 가격은 4개들이한팩에 1,400원선입니다.

신선함을 유지하려면 보관법도 중요합니다.

충격이 가지 않게 냉장고문이 아닌 안쪽에 보관해야 하고요, 달걀의 숨구멍이 있는 뭉툭한 곳이 위로 향하게, 즉, 뾰족한 곳이 아래로 향하게 둬야신선합니다.

신선한 달걀은, 물론 건강에도 좋지만, 맛도 아주 고소하다고 해요.

<인터뷰>

박순미 (서울시목동) : 예전엔 달걀프라이에 소금이나 케첩을 뿌려서 먹었거든요. 그런데 신선한 달걀은 자체로 굉장히 고소한 맛이 강해서 달걀프라이 자체로만 먹고 있어요.

그렇다면, 신선한 달걀을 더욱 건강하게 즐기는 법도 알아보죠.

달걀을 노른자만 분리해서, 체에 곱게 걸러준다음, 우유와 꿀을 넣어 섞어주면, 달걀 주스로 즐길수 있고요, 삶은 달걀을 먹을 때도, 과일과채소, 요구르트등을 곁들여 먹으면 좋습니다.

<인터뷰>

김진선 (요리연구가) : "달걀을 단백질이 풍부한 완전식품이라고 하잖아요. 하지만 비타민C가 없기때문에, 각종 과일과 채소와 함께 먹으면 좋은 궁합을 이룰 수 있습니다."

이번엔, 달걀로 간편하면서도 맛있는 영양 간식 만들어 볼게요.

흔히 길거리에서 사먹는 달걀빵. 종이컵을 가지고 쉽게 만들 수 있습니다.

핫케이크가루에, 우유, 달걀을 섞어 주고요, 체에 곱게 걸러서 종이컵에 담습니다.

그위로 달걀을 하나 깨뜨려준다음, 치즈를 얹고 파슬리 가루로 마무리합니다.

찜기에서 20분정도 쪄낸뒤, 종이컵을 벗겨내면요...

이렇게 근사한 달걀빵이 완성됩니다.

역시 과일과 함께 곁들여 먹으면 좋겠죠.

다음은 간단하게 피자를 만들어 볼게요.

팬에 피자도우대신 감자를 펼쳐서 익힌다음, 달걀을 풀어 부어줍니다.

여기에 토마토, 피자치즈를 올려 구워내고, 마요네즈, 케첩, 파슬리가루로마무리해주면 근사한 피자가 완성됩니다.

<인터뷰>

김진선 (요리연구가) : "감자대신 밥을 깔아주면 달걀밥피자가 돼서, 아이들간식이나 아침에 출근할 때 간단하 게 들고 먹을 수 있는 좋은 요리가 됩니다."

완전식품이라 불리는 영양만점 달걀로, 건강하고도 맛있는 식탁 차려보세요!

제23과

뉴스1 정부, '치매와의 전쟁'… 4년새 2배 이상 증가

정부가 치매와의 전쟁을 선포하고 조기 검진과 치료를 크게 강화하기로 했습니다. 치매환자는 최근 4년 사이에 두 배이상 늘어났습니다. 이충헌 의학전문기자가 보도합니다.

<리포트>

치매에 걸린 아흔살 어머니를 70대 부부가 집에서 돌봅니다. 벌써 2년째입니다. 마땅한 수입이 없어 요양기관에 보내기도 어렵습니다.

<인터뷰>

박상복(치매 환자 보호자) : "가정 경제상으로 문제가 있고, 내가 나이가 먹었기 때문에..."

치매 환자는 지난해 13만 2천여 명으로 4년 새 2.4배 늘었습니다. 진료비도 5배 급증했습니다. 이에 따라 정부가 치매 예방과 관리에 직접 나서기로 했습니다.

우선 3%대에 머물고 있는 치매 조기 검진율을 2012년까지 60% 수준으로 끌어올리기 위해 60살 이상 건강검진항목에 치매검사를 추가하기로 했습니다. 이에 따라 60세 이상 노인들은 치매 진단을 무료로 받을 수 있게 됩니다. 또 저소득층 치매 환자들에겐 약값이나 재활치료에 사용할 수 있는 '바우처'도 지원됩니다.

전재희(보건복지가족부 장관) : "이 순간부터 치매와의 전쟁을 시작하고자 합니다. 치매는 조기에 발견해 적절히 치료하면 진행을 지연시키거나 증상을 호전시킬 수 있는 질병이기 때문입니다."

복지부는 치매 조기검진 사업을 하는 보건소를 두 배로 늘리고, 국립의료원 안에 국립치매센터를 신설해 치매 관련 통계를 관리할 방침입니다.

최희찬(신경과 전문의) : "행동증상은 약물로 교정이 가능하고, 인지기능, 기억력 장애 등도 약물치료로 증상호전을 꾀할 수 있습니다."

평소 독서를 많이 하는 등 지적인 생활을 유지하고, 규치적인 유산소 운동으로 뇌의 혈액순환을 개선시키는 것이 치매 예방에 도움이 됩니다.

KBS 뉴스 이충헌입니다.

뉴스2 '학업 스트레스' 청소년 정신질환 급증

청소년의 정신 질환이 최근 급증하고 있지만 진료조차 안받고 있는 것으로 나타났습니다. 학교와 학부모의 적극적인 대처가 필요하다고 합니다. 고은선 의학전문기자입니다.

<리포트>

빽빽한 학원 간판 사이로 소아 정신과가 눈에 띕니다. 이 병원의 경우 우울증이나 불안증 때문에 찾아오는 청소년만 하루에 스무 명이 넘습니다.

<인터뷰>

조재일(정신과 전문의) : "아이들한테서 나타나는 정신질환의 특징은 어른과 달리 환경의 영향을 많이 받는데 있습니다. 과도한 학업이라든지, 친구관계에서 생기

는 여러가지 스트레스..."

교육과학기술부가 지난해 초.중.고등학생 3만 천 명을 조사한 결과, 16%가 정신건강에 문제가 있어 정밀 검진이 필요한 것으로 나타났습니다.

하지만, 정밀검사가 필요하다고 조사된 학생 중 실제로 정밀 검진을 한 학생은 35% 정도에 불과했습니다. 이처럼 정밀 검진이 이뤄지지 않는 것은 학부보들이 정신질환 치료 자체를 부정적으로 보고 기피하기 때문인 것으로 분석됩니다.

김춘진(국회의원) : "학생들의 정신건강 상태를 주기적으로 검사하고 여기에 따른 적극적인 대책이 절실히 요구됩니다."

지난 5년간, 18세 미만 정신질환 환자 수가 89% 늘어 지난해만 27만 3천여 명에 이르렀습니다. 정신질환은 조기에 치료하지 않을 경우 자칫 비행이나 자살로 이어질 수 있습니다. 사춘기 반항으로 오해하기 쉬운 청소년 정신질환, 이제는 사회적인 관심이 필요할 땝니다.

KBS 뉴스 고은선입니다.

제24과

뉴스1 황사철, 천식·뇌졸중 입원환자 증가

황사철은 아닙니다만 황사가 발생하면 천식이나 뇌졸중 입원 건수가 늘어난다는 조사가 나왔습니다. 황사 발생이 갈수록 늘고 있어 환자들의 주의가 필요합니다. 이영진 기자의 보도입니다.

<리포트>

황사가 심할 때는 병원마다 호흡기질환 환자가 북적입니다. 실제 황사 발생일부터 이틀 후까지 천식으로 인한 입원건수가 평상시보다 4.6~6.4% 높은 것으로 나타났습니다. 국립환경과학원이 1999년부터 2003년까지 서울 등 국내 7대 도시의 병원 입원자료를 분석한 결과입니다. 특히 서울과 대전, 부산의 경우 황사발생 당일의 천식 입원건수는 대조일보다 각각 8.4%와 17.1%, 7.6% 증가했습니다.

뇌졸중으로 인한 입원건수도 황사발생 사흘 후 3.7%까지 높아졌습니다.

<인터뷰>

박충희(국립환경과학원 연구원): "먼지가 폐포를 통해 혈관으로 들어가 혈전을 만들기 때문 아닌가한다."이 밖에 황사기간에 기침이나 가래 등 신체적 불편을 경험했다는 응답자가 48.5%에 달했고 황사 때문에 병원에 가봤다는 사람도 40.4%나 됐습니다. 올해는 다소 줄었지만 2003년 3일이던 황사발생일수는 연간 열흘 정도로 느는 추세입니다. 환경과학원은 황사가 발생할 때는 외출을 삼가고 창문을 닫는 등 정부가 배포한 행동요령에 따라야 한다고 당부했습니다.

KBS 뉴스 이영진입니다.

뉴스2 부모님 건강, 이렇게 체크하세요!

추석 명절, 오랜만에 만난 부모님과 친지들, 흰머리와 주름살이 늘어 마음도 아프고 건강도 걱정되시죠? 그런데 부모님들은 몸이 웬만큼 아프기 전에는 자식들 걱정

할까봐 잘 얘기하지 않는 경향이 있는데 몇 가지 간단히 부모님 건강을 체크하는 방법, 고은선 의학전문기자가 전해드립니다.

<리포트>

노인들은 보통 2-3개 이상 만성적인 질환을 갖고있는 경우가 많습니다. 따라서 부모님을 뵈면 전에 없던 증상이 새로 생긴 것은 없는지, 물어보는 게 우선입니다. 갑자기 이유없이 몸무게가 줄고 화장실 가는 횟수가 늘었던 이 60대 남성도 대장암 판정을 받았습니다.

<인터뷰>

박인현(대장암 환자): "한 2개월 전부터 대변이 묽으면서 좀 가늘게.. 하루에 두세 번 씩 봤어요."또, 갑자기 열쇠구멍에 열쇠를 넣기 힘들다던가, 전에 없던 심한 두통이 생기는 경우에도 뇌 검사 등 정밀 검사가 필요합니다.

이계원(고대구로병원 교수): "걸음걸이가 달라진다던지, 손의 감각이 달라진다던지, 말이 갑자기 어눌해지셨을때, 그럴 때 뇌졸중을 의심하는 증상이 되겠습니다." 증상이 금방 사라졌더라도 안심은 금물, 사지 마비 등 더 큰 합병증이 생길 수 있기 때문입니다.

또 목소리가 갑자기 변했거나, 쌕쌕거리는 숨소리가 들릴 때, 관절이 갑자기 부어올랐을 땐 특별한 질환이 없는지, 병원을 찾아보는 게 좋습니다. 평소에 앓던 질환이 있다면 약 복용 상황을 확인하는 것이 중요합니다. 약을 잘 드시는지 확인하기 위해선 단순히 질문만 하기보다는 약봉지 수를 꼼꼼히 확인하는 것이 더 정확합니다. 특히 약 색깔이 변하지 않았는지, 약이 변질되진 않았는지, 확인해보는 게 좋습니다.

KBS 뉴스 고은선입니다.

제25과

뉴스1 '멋진 하루'

사람이 이렇게 간사한가요? 여름엔 통쾌하고 시끌벅적한 영화가 좋더니, 찬 바람이 분다싶으니까 사람 냄새 나는 영화가 고프네요.이민우 기자에게 한 번 물어보죠.

<인터뷰>

<질문 1> 이 기자, 어떤 영화로 이소정앵커의 마음을 달랠까요?

<답변 1>하도 늦더위가 심해서, 가을 기다린다는 분들 많으셨죠.

이제 제법 가을이 온 것 같은데요. 선선한 날씨에 이런 영화 한 편 어떨까요. 누군가에겐 분명 따분하게 느껴지겠지만, 누군가에겐 분명 소박한 위로도 되고 따뜻한 온기도 느끼게 할 수 있는 영화, 칸의 여왕 전도연의 복귀작 멋진 하루입니다.

<녹취>"잘 지냈어?""돈 갚아. 350만원."1년만에 만난 옛 연인의 첫 인사입니다. 느닷없이 오늘 꼭 받겠다는 여자의 고집, 돈이 없는 남자는 자신만의 방법을 선택합니다.

<녹취>"아 귀여워. 호호호.""감사합니다 하고 받아야지.""젊은 아가씨가그렇게 어

려운 처지에". 졸지에 동정받는 처지가 된 여자, 어처구니가 없습니다.

〈녹취〉"내가 왜 감사해야해?"

두번째 찾아간 곳. 아는 동생이라는 술집 종업원입니다. 이번엔 구박까지 받습니다.

〈녹취〉"1년을 기다려 줬다며 더 기다려 줄수 있지 않냐."

〈녹취〉"술집 여자 주제에 고상한 척 좀 하지마"

〈녹취〉"오빠한테 욕해. 무릎 딱 꿇고 있을게."남자는 능글맞기 그지 없고, 수상쩍은 여성 관계도 끝이 없습니다.

〈녹취〉"집사랑이랑 애인이었죠.""아끼는 선후배 관계.""그럼 같이 잤네?"그저 기가 막힐 따름인 여자, 그래도 이 이상한 여정은 온종일 계속됩니다. 그런데 그러면서 여자는 몰랐던 남자의 모습을 알게됩니다. '아, 당신에게도 그런 상처가, 그런 아픔이 있었구나', '매 순간 나를 당황케했던 당신의 그 행동은 진심이었구나'.

〈녹취〉"왼쪽 얼굴 좋아해서 늘 왼쪽에 서있었는데?"

전도연: "멜로이든 무엇이든 어쨌든 감정의 교류가 있다는 걸 보여주는 영화, 그래서 다른 로맨스 영화들과 차별화..."

어디선가 본 듯한 거리, 어디선가 만난 듯한 사람들... 그리고 누구에게나 있을 각자의 상처.. 그 누군가와 이렇게 공감할 수 있다면, 이 가을, 얼마나 멋진 하루하루일까요.

〈질문 2〉 다음은 지난주 미처 다 소개못한 영화 '고고 70' 소개해 주시죠?

〈답변 2〉예, 약속드렸으니 살펴봐야겠죠?

무언가가 허용되지 않을 때, 사람들은 그것을 간절히 열망하죠. 하지만 그 무언가를 자유롭게 가질 수 있다면, 그 열정은 어디론가 사라져버립니다. 모든 것이 금지된 70년대, 음악과 자유를 갈망하는 젊은이들의 열정이 넘쳐납니다. '고고 70'입니다. 가수 이효리씨가 풍기 문란 혐의로 경찰에 붙잡혔습니다. 무슨 말도 안되는 소리냐구요? 가정 한번 해봤습니다. 만약 30년전이라면 정말 그랬을지도 모르죠.

〈녹취〉"딴따라 니들은 퇴폐 풍조의 첨병이야. 주동자야."머리 깎이고, 쥐어 터지죠. 왜 그랬냐구요. 논리는 간단합니다. 남북 대치의 엄중한 상황에서 젊은이들이 어떻게 밤새도록 춤추고 노래할 수 있느냐는거죠. 하지만 누르면 누를수록 분출합니다. 진리죠. 그것이 젊음의 열정이라면 더더욱그렇구요.

〈녹취〉"야..니들 놀고 싶니?""당연한거아냐?""가자. 록큰롤"

조승우: "지금은 맘만 먹으면 밤새고 놀수 있지만, 그 당시엔 마음먹고 각오하고 노는거잖아요."그러니 앞으로 나이트 클럽갈때마다 꼭 감사하는 마음으로 가서 노시구요, 그런데 소개하다보니 진지한, 무슨 운동권 영화처럼 돼버렸네요. 아닙니다. 신나는 영화, 당시대로라면 쏘울이 충만한 영화입니다. 우리, 쏘울 한 번 느껴볼까요? 물론 이 흥겨움에는 춤도 큰 역할을 하죠.

〈녹취〉"튕겨튕겨댄스. 고고댄스. 고고하는거야..."음악 신나는 음악과 춤. 폭발적인 에너지. 그리고 불같은 열정. 까짓것, 한번 질러보는거죠. 젊음이란게 열정이란게 그런게 아니겠습니까. 앗, 죄송합니다. 제가 흥분해서 그만. 아이들 등교 잘 시키시고, 설겆이 마무리도 잘 하시구요. 들끓는 에너지의 분출은, 꼭 극장에서만 하시구요.

뉴스2 '문화 콘텐츠가 경쟁력!'

국내외 문화콘텐츠 산업을 아우르는 '대한민국 콘텐츠 페어'가 개막했습니다. 특히, 영화에 등장하는 특수효과나 애니메이션 캐릭터 등은 경쟁력을 갖춘 것으로 평가받고 있습니다. 정성호 기자의 보도입니다.

<리포트>

입체 스캐너로 얼굴을 촬영하자, 다양한 표정을 지닌 애니메이션 주인공으로 변신합니다. 특수분장을 한 인체 모형은 원격제어장치를 통해 자유자재로 조종이 가능합니다. 680억이 투입된 이 할리우드 영화의 모든 특수효과는 우리 콘텐츠 업체의 작품입니다.

<인터뷰>

김정훈(매크로그래프 시각감독) : "저희 아이디어가 고스란히 담겨있는, 일반적 할리우드에서 진행하는 과정과 동일한 방법으로 진행했다는 점에서 첫 발을 내딛었다..."

대표적 게임 캐릭터인 '메이플스토리'. 전 세계 백여 개국에 진출하며 세계적 브랜드로 성장한 '뿌까'. 특히, 유아 애니메이션으로 출발해 전 세계 어린이들의 눈을 사로잡은 '뽀롱뽀롱 뽀로로'는 우리 문화콘텐츠의 경쟁력을 입증했습니다. 이 캐릭터는 온라인과 영상, 출판 등 무려 4백여 종의 상품으로 개발돼 한해 3천억 원씩 매출을 올리고 있습니다.

최종일('아이코닉스' 대표) : "철저히 국내뿐 아니라 전세계 시장을 대상으로 해서 기획이 됐고, 가장 큰 성공요인은 어린이들의 눈높이에 맞았다는 점..."

급성장을 거듭하며 새롭게 주목받고 있는 문화콘텐츠 산업. 다만 130여 개에 불과한 기업 수와 열악한 투자환경 등은 여전히 풀어야 할 과제로 남아 있습니다.

KBS 뉴스 정성호입니다.

제26과

뉴스1 역사 도시에 들어선 문턱 낮춘 카페형 갤러리

커피 한잔 마시러 들른 카페에서 다양한 미술 작품도 볼 수 있고 인문학 강좌도 들을 수 있다면 어떨까요?

문화도시 경주에서 명물로 자리 잡은 카페형 갤러리를 김정연 리포터가 소개합니다.

◀ 리포트 ▶

문턱 낮은 갤러리를 꿈꾸는 카페형 갤러리 청와.

경주는 찬란한 신라문화로 많이 알려져 있지만 사실 한국근현대미술사를 이끌며 많은 예술가들이 활동했던 지역이기도 한데요.

갤러리 청와는 이런 경주의 역사성과 지역성에 자부심을 갖고 '경주문화복합공간'을 만들겠다는 야무진 꿈과 함께 탄생한 공간입니다.

◀ 조금진 작가/운영자 ▶

"경주 시민들이 들르셔서 편안하게 차도 즐기시면서 그림도 관람하실 수 있고 음악 공연도 함께 즐기시면서 또 직접 그림체험이나 여러가지 미술시연도 하실 수 있는 그런 복합문화 공간입니다."

최근에는 실용학문에 밀려 설 자리가 점점 좁아지고 있는 인문학을 우리 삶 가까이에서 만나 볼 수 있는 '인문학 강좌'도 개설됐습니다.

교육부와 한국연구재단이 공조하는 '2014 인문학 대중화 사업'의 수행기관으로 선정된 것인데, 내년 6월까지 격주로 열리는 강좌는 원하는 사람 누구나 무료로 수강이 가능합니다.

연단이 따로 없는 소박한 강의실에서 듣는 강연은 질은 높이고 문턱은 낮춰 문화 애호가들에게 좋은 반응을 얻고 있습니다.

◀ 송정현/경주시 충효동 ▶

"평소 인문학에 대해서 관심이 많았는데 우리 지역 경주에서 또 이렇게 청와갤러리에서 좋은 강의를 듣게 돼서 너무 좋은 시간이었고요. 소외된 계층의 예술인들에 대해서 얘기를 들려주셔서 굉장히 흥미롭고..."

한편 갤러리 청와는 현재 김유정작가의 The Jukebox사진전과 다양한 소품 전시 관람이 진행 중이며, 12월 둘째 주부터는 갤러리 청와 크로키 회원전이 열립니다.

MBC뉴스 김정연입니다.

뉴스2 당찬훈남, 여심 사로잡다

요즘 배드민턴 금메달리스트인 이용대 선수가 단연 화제를 모으고 있죠?네, 뛰어난 실력만큼이나 잘생긴 외모까지 갖춰 여성들의 인기를 한 몸에 받고 있는데요... 특히 금메달이 확정되고 방송카메라를 향해 윙크 세리모니한 모습에 마치 자신이 윙크를 받은 것처럼 설레었다는 여성분들이 많아요?

<리포트>

네, 그렇습니다. 이용대 선수의 윙크가 누나부대와 동생 팬들 사이에서 '살인 윙크'로 불리며 단연 화제를 모으고 있는데요, 이용대 선수의 미니홈피는 갑자기 방문자가 폭주해 한때 다운될 정도였습니다. 직장에서든 학교에서든 아니면 친구를 만나든 여성분들은 삼삼오오 모이기만하면 이용대 선수 얘기로 꽃을 피웠는데요, 이 선수 외에도 이번 베이징 올림픽에서 두각을 나타내거나 훌륭한 경기매너로 이른바 '훈남' 반열에 오른 스포츠 스타들이 많습니다.

어지간한 연예인 보다 인기가 높은 이들 올림픽 스타들을 만나봤습니다. 그제 이용대 선수와 이효정선수가 배드민턴 혼합복식에서 금메달을 목에 걸었는데요. 올해 스무살인 이용대 선수, 단연 올림픽 최고 스타로 떠올랐습니다. 하루사이에 이용대 선수는 '완소남', '국민남동생'으로 불리며 올림픽 최고 인기남으로 등극했습니다.

금메달 실력에 잘생긴 외모까지 갖춘 이용대 선수는 깜짝 윙크로 여성의 마음을 단번에 사로잡았는데요. 지난 배드민턴 혼합복식 결승전입니다. 두 번째 세트 37분만에 이용대의 강력한 스매싱으로 승부가 결정되는 순간 금메달의 감격스러운 듯 코트 위에 쓰러졌는데요. 얼마 후 바로 일어나 환한 표정으로 텔레비전 중계 카메라를 향해 손가락을 가리키며 윙크를 보냈습니다.

<인터뷰>

이용대(배드민터 혼합 복식 금메달):"이기고 나서 기분이 좋아 집에서 텔레비전으로 경기를 보실 저의 엄마한테 윙크를 한 건데 그게 카메라에 잡혔어요"

이 모습을 본 여성들은 실제로 자신에게 윙크를 보낸 것 같았다고 하는데요. 이 선수의 귀엽고 깜찍한 모습에 반한 사람들이 많았습니다.

강경희:"카메라보면서 윙크할 때 정말 멋있었어요. (경기가) 끝나고 카메라를 보고 윙크를 하는 거예요. 어머 웬일이냐 그런 생각이 들었어요. 너무 귀여운 거예요."

김우미(18세):"금메달에 뽀뽀했을 때 그 금메달이 되고 싶어요."이용대 선수가 윙크하는 장면만 따로 만든 동영상이 네티즌들 사이에서 화제인데요. 벌써 수십 개의 인터넷 포털사이트에 퍼졌습니다.

유현경:"마지막 득점하고 살인 윙크하는 거요. 막 사랑스럽죠. 저한테 하는 것 같았어요. 대한민국의 자랑스러운 아들이죠."이 동영상을 본 여고생들에겐 이용대선수가 연예인보다 더 인기입니다.

박지수:"우선은 오늘 개학을 했는데요. 올림픽 얘기 때문에 분위기가 풀리고 특히 이용대 선수가 멋있는 그런 메달 세레모니 그런 것 덕분에 훈남 좋아하고 요즘에 카페 들어가고 리플 달고...우선 최고의 훈남인 이용대 선수가 많이 화제가 되는 것 같아요. 저희들 사이에서..."이용대 선수는 초등학교 때 살을 빼려고 배드민턴을 시작했다고 하는데요. 배드민턴 덕분에 살도 빼고 올림픽 최고의 스타가 됐습니다. 배드민턴 혼합복식 결승전 이후 여성들은 삼삼오오 모이면 이용대 선수 얘기로 얘기꽃을 피우는데요. 여성들은 앳된 얼굴이지만 180cm의 훤칠한 키에 라켓을 휘두르는 모습에서 남성미가 느껴진다는 점을 매력으로 꼽았습니다.

이재용:"운동도 잘하는데다가 금메달도 받아오고 거기에 얼굴까지 잘생겼으니까 금상첨화죠. 연예인보다 더 로망인 것 같아요. 아무래도 붕붕 날아다니면서 강하게 스매싱 할 때 남성적이게 나올 때가 가장 멋있었던 것 같아요."이용대 선수는 중국이나 배드민턴이 인기인 인도네시아에서도 적지 않은 관심을 받고 있다고 하는데요.

신현나:"시상식 때보니까 다른 선수들도 관심을 가지더라고요. 그만큼 이용대 선수가 얼굴도 예쁘지만 많은 사람들한테 실력과 얼굴로 호감을 갖는 것 같아요. 한류스타로 거듭날 것 같아요." 이용대 선수를 알아본 외국인 팬들의 사인요청이 잇따랐다고 합니다.

이효정(배드민터 혼합 복식 금메달):"예전에 인도네시아에 경기를 하러 갔을 때 현지인들이 이용대에게 다가가 '용대, 용대, 사인'이라고 한국말을 해 깜짝 놀랐어요."직장 여성들은 쉬는 시간에도 이용대 선수에 대한 이야기뿐입니다.

권아름:"결승 이기고 나서 뒤로 눕는 장면이 있었거든요. 정말 남자답다고 생각했어요. 누나들 마음을 흔들어놓겠구나 그렇게 생각했어요."이용대 선수는 인터넷에서도 최고의 화제인데요. 이 선수의 미니홈피에는 18일 하루 동안 80만 명이 넘는 네티즌이 방문했습니다. 갑자기 접속자가 폭주하자 한때 다운되기도 했는데요.

<현장음>"58만명 진짜 엄청 나네요."

이용대 선수는 많은 팬들이 찾자 팬들을 위한 공간을 마련했습니다. 축하 메시지

를 남기는 대부분의 팬들은 여성들이었습니다. 어제 이용대 윙크, 이용대, 배드민턴 등 이용대 선수 관련된 단어가 포털사이트 검색어를 1위를 하기도 했는데요.

오세린:“비인기 종목이었던 배드민턴이 갑자기 오늘 아침에 보니까 실시간 검색 순위 1위던데... 배드민턴도 붐이 일어나지 않을까...”또 이용대선수와 가수 이승기의 잘생긴 외모가 닮아 화제인데요. 잘생긴 외모도 비슷하지만 누나들에게 인기 있다는 점이 가장 닮았습니다.

이용대(배드민턴 혼합 복식 금메달):“제가 생각해도 닮았다고 그렇게 생각하고 있고 앞으로 관리를 더 잘하도록 하겠습니다.”이용대선수의 인기는 배드민턴 코치에게 이어졌는데요. 2004년 아테네 올림픽에서 은메달을 땄던 배드민턴 이동수 코치도 이 선수 못지않은 주목을 받고 있습니다. 얼굴이면 얼굴, 몸매면 몸매, 실력까지 갖춘 박태환 선수도 올림픽 원조 스탄데요...

유지혜:“박태환 선수는 두말할 것없이 멋졌고요. 박태환 선수가 여러 가지 코드로 젊은이들의 문화코드로 일거수일투족으로 관심을 가지잖아요.”안타깝게 다리를 다쳐 우승은 못했지만 끝까지 바벨을 놓치지 않았던 이배영 선수도 인기를 누리고 있습니다.

유지혜:“역도의 이배영 선수도 메달은 못 땄지만 그런 약간의 포즈 같은 거 V자 준비한 것 같기도 하고 아무래도 연륜이 있으니까... 그리고 몸도 좋더라고요. 허벅지도 단단하고...”이번 베이징 올림픽에서 첫 금메달을 획득한 최민호 선수도 귀여운 얼굴과 복근으로 여성들의 주목을 받았는데요. 최민호 선수의 결승전 상대선수였던 루드비히 파이셔 선수도 비록 졌지만 매너있는 모습을 보여 인기를 얻었습니다.

배지혜:“우리나라 첫 금메달 딴 최민호 선수요. 유도선수... 원래는 우리나라가 압도적인 승리를 해야되는데 상대선수가 너무 잘생겨서 그쪽도 점수가 났으면 하면서 봤는데요. 먼저 안아주고 축하해준다고 인사하는 모습이 감동적이었어요.”최연소 다이빙 선수인 영국의 미소년 톰 데일리선수도 누나들의 관심을 한몸에 받고 있습니다.

박진광:“얼굴도 귀여운 것 같고요. 나이도 어린데 운동을 해서 그런지 몸도 훌륭한 것 같아요. 너무 귀여운 남동생같은 느낌입니다.”모나코의 마티아스 레이몽은 경기가 시작되기전 개막식에서 입장하는 모습만으로도 여성들의 시선이 집중됐었는데요.

권아름:“약간 베컴 닮은 것 같은데요. 금발의 서양 조각미남이니까 ‘많이 잘생겼다’, ‘영화배우 같다’ 이런 생각을 했었거든요.”이번 베이징 올림픽은 이들 선수들 덕분에 여성들의 관심 또한 높아졌습니다.

윤인영:“올림픽을 보는 것만으로도 흥분되고 즐거운 일인데 운동선수들, 야구, 배드민턴, 수영의 박태환 선수 등 너무 멋있는 선수들이 많아 보는 재미가 한층 더 높아졌습니다.” 2008 베이징 올림픽은 잘생긴 외모와 실력까지 갖춰 주목받는 선수들이 유독 많았는데요.환한 웃음으로 승리를 만끽하고 결과를 담담하게 받아들이는 스포츠맨쉽에 여성들이 더욱 매력을 느끼는 것 같습니다.

제27과

뉴스1 '올해 덜 춥다더니'…예상 밖 초겨울 한파, 원인은?

한마디로 예상 밖의 강추위죠.

기상청도 이번 겨울은 다소 포근할 것이다, 당초 이렇게 전망했었는데 이런 전망과는 달리 왜 이렇게 강추위가 계속되는 걸까.

전동혁 기자가 분석해 봤습니다.

◀ 리포트 ▶

매서운 칼바람은 12월이 시작되자마자 닥쳤습니다.

1일 서울 영하 7도, 2일은 철원 영하 10도 등 평년 이맘때보다 5도 이상 곤두박질쳤습니다.

3한 4온 주기는 사라지고 내리 몰아친 한파에 이달 초순 평균 기온은 서울 기준 영하 3.2도로 1967년 이후 47년 만에 가장 낮았습니다.

올겨울이 평년보다 덜 추울 거라고 예상했던 기상청을 무색하게 하고 있습니다.

◀ 정현숙 과장/기상청 기후예측과 ▶

"한파가 두세 차례 오면 (평년과) 비슷하겠다고 봤어요. 이렇게 12월 1일부터 시작될 걸로는 예상을 못 했어요."

원인은 이례적으로 일찍 시베리아를 뒤덮은 눈 때문이었습니다.

지난 10월, 이미 평소 두 배 가까이 쌓인 눈이 햇볕을 반사해 밀어내면서 시베리아에 냉기가 쌓였고, 음의 북극진동 탓에 제트기류가 요동쳐 이 한파가 한반도까지 쏟아져 내린 겁니다.

기상청은, 하지만 이달 하순부터는 평년 수준을 회복하겠고, 새해 1월은 평년보다 포근하겠다고 전망했습니다.

MBC뉴스 전동혁입니다.

뉴스2 연예 리포터들의 24시

<앵커 멘트>

스타가 가는 곳이라면 어디라도 간다! 바로 연예정보 프로그램의 열혈 리포터들인데요. 스타의 결혼식부터 시상식, 경조사를 찾아다니며 스타들의 기쁨과 슬픔을 발빠르게 전달하는데요. 끼와 열정으로 똘똘 뭉친 연예정보 프로그램의 리포터들을 지금부터 함께 만나보시죠.

<인터뷰>

윤형빈(개그맨) : "누구? 누구? 누구? 연예정보의 발 빠른 리포터를 소개합니다!" 더 빠르고 생생한 소식을 전하기 위해 고군분투 하는 연예전문 리포터군단! S-생생한 소식을 전하는 연예전문 리포터 군단! 연예전문 리포터 하면 떠오르는 분!

바로, 리포터 생활로 10억 원 가량의 재산을 모았다는 조영구씨인데요. 김희선씨, 심은하씨 등 내로라하는 스타들은 한번쯤 다 조영구씨와 인터뷰를 해 보셨을 겁니다. 김희선, 이정재, 심은하, 배용준 등 톱스타들과 인터뷰 한 조영구!

조영구(방송인) : (그동안 몇 명의 스타들과 인터뷰를 해 봤는지?) "보통 일 년에 많이 만날 때는 100명 이상을 만났었고요." 못 만나도 일 년에 한 60명씩 만나니까 S-최소한 700~800명을 지금까지 만나지 않았나. 10년 넘게 연예 전문 리포터로 자리매김한 조영구씨... 결혼식 날 톱스타들이 총 출동 해 조영구씨의 능력과 친분을 확인할 수 있었는데요. 조영구씨에게 인터뷰 잘하는 방법을 살짝 들어봤습니다. 10년 넘게 연예전문 리포터로 활동한 조영구 결혼식스타 총 출동!

조영구(방송인) : (인터뷰 잘하는 비법이 있다면?) "목요일 날 그 방송이 있는데 월화수목 4일간을 5분대기조처럼 부르면 달려갔습니다. 제 자신을 모두 버리고 언제든지 달려가 가지고 제가 올인을 해 줬더니 저를 인정해 주더라고요." '여자 조영구' 라 불리는 김성희씨는 김명민씨 등 스타들이 직접 인터뷰를 요청할 정도라고 하는데요? '여자 조영구'라 불리는 김성희! 김명민 등 스타들의 인터뷰 요청 쇄도!

김성희(방송인) : (스타들이 좋아하는 이유는?) "사람 참 편하게 생겼나 봐요. 제가 너무 과하게 예쁘지도 않고 사람 편안하게 느끼게 하나 봐요." 애교스러운 하트 한번만 살짝 날려주시면 안될까요? 김성희씨의 부탁에 바로 하트를 그려주는 장근석씨에게 성희씨의 장점을 물어봤는데요? 김성희의 부탁에 바로 하트 그려주는 장근석!

장근석(연기자) : (리포터 김성희의 장점이 있다면?) "키가 막 크거나 덩치가 큰 것도 아닌데 그녀만의 뭔가 아우라가 느껴지는 것 같아요. 사실 그런 것들 갖기가 되게 어렵거든요. 그래서 항상 저도 인터뷰 재밌게 하려고 노력해 왔는데 더욱 큰 에너지를 저한테 불어넣어주니까 너무 좋아요."

김성희 : "어후. 감사합니다. 어떻게 한번"리포터라서 행복해요~? 이렇게 간혹 스타와 포옹을 하는 행운도 있다고 하네요^^ 재치 넘치는 말솜씨는 기본! 춤과 노래 실력도 출중해서 늘 스타들과 즐거운 데이트를 한다는 붐~ 재치 넘치는 말솜씨, 춤, 노래 실력까지 겸비한 붐!

붐 (방송인) : (스타들과 친해지기 위한 방법은?) "붙자마자 팔짱을 딱 껴요. 못 풀어요. 여기서 바로 옆에서 정식처럼 인터뷰를 진행을. 팔짱을 못 끼면 인터뷰가 안 됩니다. 무조건 그런 전투력이 필요한데서는 팔짱, 팔짱 먼저 낍니다." 윤형빈 개콘 및 연예가중계 자료 S-연예 전문 리포터로 활동중인 왕비호 윤형빈! 윤형빈씨도 연예 전문 리포터인데요.

인터뷰 중에도 왕비호 캐릭터를 기억하는 스타들이 많다고 합니다.

윤형빈: "한석규 차승원씹니다. 안녕하세요?"

한석규 : "누구?"

김윤진 : "감사합니다. 제 욕하지 마세요~"

윤형빈(개그맨) : (왕비호 캐릭터 때문에 스타들 인터뷰하기 힘들지 않나?) "제가 소재로 삼았던 분들하고 만날 기회가 있으면 좀 되게 긴장하고 가요. 이분이 실제로 좀 속상했으면 어떡하지 하는데 다행히도 만나보면 다 개그로 받아들여주시고 굉장히 분위기를 좋게 만들어 주시는"

손소연(방송인) : "안녕하세요? 깜찍 발랄한 개그우먼 겸 리포터 손소연입니다." 손소연씨, 인터뷰 때 특기인 성대모사를 자주 활용한다고 하네요. 손소연: "로버트 할리라예~ 로버트 할리~"

손소연(방송인) : (인터뷰 할 때 성대모사를 자주 한다던데?) "네, 거의 현영씨

만나면 으흠~어머 현영씨 너무 반가워요 머릿결이 으흠~이런것도 연습하고. 왜냐하면 저만의 노하우, 리포터 색깔이 있어야 되잖아요."

안녕하세요? 저희는 다국적 그룹 미소입니다. 이처럼 외국인 스타들과 인터뷰를 할 때도 전혀 떨지 않고 춤까지 추며 여유로움을 보이는 소연씨도 긴장할 때가 있다고 하는데요. 직접 인터뷰 한 자신의 모습을 보며 스튜디오에서 소개 할 때가 가장 쑥스럽다고 하네요. 직접 취재한 모습을 보며 소개 할 때가 가장 쑥스러워 방송 끝나고 든든한 후원자 MC 남희석씨는 손소연씨를 어떻게 생각할까요?

남희석(방송인) : (손소연씨 리포터로서 어떤지?) "리포터 중에 최고신 게 손소연씨 목소리가 가장 크게 뻗어나가요"

손소연 : "네 오늘 저의 미션은 브이, 브이, 여기도 브이입니다." 목소리 크기로 소문이 자자한 손소연 리포터의 적극적인 미션 수행에 스타들 적극 동참 하는 모습인데요. "백윤식씨 브이! 감사합니다!" 목소리가 정말 시원시원하죠? 남희석씨와 재연에 들어갔는데요.

손소연 : "남희석씨! 악수 한번 해 주세요!"

남희석 : "바로 이런 힘이죠."

연예 전문 리포터들! 앞으로도 신선하고 따끈따끈한 소식 발 빠르게 전해 주길 바랍니다! 앞으로도 신선하고 따끈따끈한 소식 많이 전해 주세요! ?

조영구(방송인) : (후배 리포터들에게...) "열심히 하는 사람들은 그 모습들이 스타들에게도 인정받을 뿐만 아니라 시청자들에게도 사랑을 받는 다는 것 잊지 말아 주시길 바랍니다."

제28과

뉴스1 새 MC들의 '4인 4색'

<앵커 멘트>

시청자에게 웃음을 선사하는 쇼&오락 프로그램에, 뉴~페이스 바람이 불고 있습니다. 많은 예능프로그램들이 새로운 진행자를 맞이하고 있다고 하는데요. 특히나 여자 MC들의 새로운 등장이 눈에 띕니다. 예능 프로그램에 생생한 활력을 불어넣고 있는 여자 MC들...! <연예수첩>에서 만나봤습니다.

KBS는 내가 접수한다...! 각기 다른 매력으로 예능프로그램의 안방자리를, 당당히 꿰찬 여성 스타들...! 벌써부터 자신만의 독특한 개성을 내세우며, 프로그램 전체를 휘어잡고 있다고 하는데요~. 예능프로그램의 뉴~ 페이스! 4人 4色! 지금부터 만나 보시죠~.

<녹취> "해피 투게더의 새로운 안방마님...! 지금부터 그 분을 불러보도록 하겠습니다. 자, 우리 유진씨 모셔보겠습니다. 나와 주세요~"

KBS의 간판 프로그램이죠?

스타의 추억을 찾아주는 <해피투게더 프렌즈>. 이번 주, 새로운 안방마님을 맞았는데요.

<인터뷰>

유진(방송인) : (첫 녹화인데, 소감) "우선은 사랑 많이 받고 있는 프로니까, 계속 사랑받을 수 있도록 열심히 하겠습니다."유진씨를 축하하기 위해 반장, 이수근씨가 특별히 노래를 선사하는데요.

<녹취> 이수근: "오늘 같이 좋은 날~ 당신의 MC를~ 축하, 축하 합니다. 진심으로 축하해~"

<녹취> 유진: "감동했어요. 진짜로요. 이거 준비하신 거예요?"

<녹취> 이수근: "지금 직접 만든 거예요. 순간적으로."

<녹취> 유진: "그렇죠?"

<녹취> 이수근: "제가 음악 감각이 있기 때문에... 또 가수 선배님, 아니십니까? 왜 비웃으시죠...?"이래봬도, 이수근씨! 1집까지 낸 가수라고 합니다. 첫 녹화라 긴장이 돼서 그런가요? 대본을 꼼꼼히 체크하고 있는 유진씨.

유진(방송인): (너무 열심히 대본을 보는 것 같은데) "아니요, 리딩을 한 번도 제대로 안 했어요. 저를 너무 믿고 계신 것 같아서 부담이 돼요."모든 준비를 마치고, 녹화장으로 들어서는 유진씨. 마지막으로 파트너, 유재석씨와 호흡을 맞춰봅니다. 자, 드디어 녹화가 시작됐는데요. 역시 <프렌즈> 첫 회 진행 경험을 무시할 수 없습니다...! 초대MC 답게 유진씨는 시종일관 여유로운 모습으로 촬영 분위기를 주도했는데요.

유진(방송인): (시청자 여러분께) "해피투게더 <프렌즈> 제가 새로운 MC를 맡게 됐습니다. 앞으로도 많은 사랑 부탁드리고요. 열심히 하겠습니다. 예쁘게 봐 주세요~."'해피 선데이'의 인기코너, 여걸식스도 새로운 멤버를 영입했습니다! 바로 정선경씬데요~.

멤버들의 열화와 같은 성원을 받으며~ 정선경씨는 첫 녹화 날, 섹시댄스로 혹독한 신고식을 치렀다고 하는데요. 자세한 내용은 오는 28일, <해피 선데이>를 통해 확인 하실 수 있습니다. 여기 또 한 명의 스타가 댄스 신고식을 치렀습니다. <가족오락관>의 안방아씨! 김새롬씬데요~. 신세대답게 앙증맞은 댄스를 선보였습니다.

김새롬(방송인): ('가족 오락관' 안방마님이 된 소감) "데뷔 때, 최종목적이 MC였어요. 그래서 원래는 처음 딱~ 데뷔했을 때 나도 10년 후, 15년 후에는 꼭 저렇게 MC를 해야지... 이런 생각을 가지고 있었는데, 일 년 만에 이렇게 할 수 있어서 너무 기분은 좋죠."오랜 역사를 자랑하는 <가족 오락관>. 김새롬씨에게는 그 역사만큼이나 부담이 컸다고 합니다.

김새롬(방송인): "'가족 오락관' MC를 맡았을 때 부담이 많았다고) "저는 이제 21살이지만, 이 프로그램은 24살이예요. 이렇게 오래된 프로그램을 내가 어떻게 그걸 할 수 있겠느냐.. 그리고 또 허참 선생님과 내가 어떻게 (호흡을) 맞출 수 있겠느냐... 나 이거 진짜 못할 것 같다. 내가 따라갈 수 없을 것 같다는 생각을 많이 했는데. 막상 또 해보니까 재미있기도 하고. 괜찮더라고요."역사를 논하자면, 이 프로그램 빠질 수 없습니다. 한 주간의 연예정보를 확실히 책임지고 있는 <연예가 중계>. 차세대 스타, 한지민씨가 당당히 안방마님으로 활동하고 있는데요.

한지민(탤런트): (MC를 맡은 지 두 달 정도 지났는데) "(처음에는) 대본을 주시면, 대본을 외워서 그대로만 했는데, 지금은 뭐 김제동씨나 다른 패널 분들이 애드리브 해주시면 편하게 조금 받아칠 수 있는 정도가 된 것 같아요."진행 두 달 만인 지금은, 파트너 김제동씨와도 찰떡궁합을 자랑하는데요.

김제동(방송인): ('연예가중계' 안방마님으로서 한지민씨, 어떤지) "방송을 보시면 아시겠지만, 굉장히 순발력도 뛰어나고. 제가 배워야 할 점이 있을 정도로 아주 잘 하십니다." (파트너 한지민씨에게 한 마디) "한지민씨, 뭐 지금처럼만 하면 훨씬 좋을 것 같고. 생방송 현장에 있는 모든 식구들이 한지민씨를 위해서 든든히 버텨주고 있을 테니까 마음껏 재량을 펼치시기 바랍니다."자신의 매력과 재능을 십분 발휘~, 각 자의 프로그램에서 생기를 톡톡히 불어넣고 있는 예능프로 새 안방마님들! 앞으로도 좋은 활동 기대하겠습니다. 이상, <연예수첩>의 이영호였습니다.

뉴스2 이 땅에 하늘이 처음 열린 날. 제 4346주년 개천절 행사 풍성

여러분, 안녕하십니까?

주말과 이어진 개천절.

황금연휴를 선사해 더없이 고마운 개천절 이었습니다.

◀ 앵커 ▶

도심 곳곳에서 다양한 행사들이 열렸는데요.

김나라 기자가 다녀왔습니다.

◀ 리포트 ▶

햇곡식과 햇과일이 차려진 단군 영정 앞에 제관들이 예를 갖춰 절을 올립니다.

4346주년을 맞은 개천절.

이 땅에 하늘이 처음 열린 날입니다.

참석자들은 '널리 인간을 이롭게 하라'는 단군의 홍익인간 정신이 온 세상에 가득하길 기원했습니다.

◀ 조유남·이동현/초등학생 ▶

"개천절은 단군 할아버지가 나라를 개국하신 날인데 친구들이랑 해서 더 뜻깊고…."

도로 한복판에, 말을 탄 기마대가 나타났습니다.

취타대의 연주에 맞춰 화려한 무예가 펼쳐지고, 사람들은 신기한 듯 손을 흔듭니다.

◀ 강태규/초등학생 ▶

"우리 민족이 기마민족이니까 옛날부터 말을 타고 왔는데 지금은 말을 타는 게 많이 힘들어져서 그게 많이 아쉽고…"

세종문화회관에서도 정부 주요인사들이 참석한 가운데, 기념식이 열렸습니다.

정홍원 국무총리는 경축사에서 "비정상적인 관행과 부정부패, 안전 불감증을 청산하고 새로운 선진국가를 열어가자"고 강조했습니다.

제29과

뉴스1 스타의 어린시절, 이런 모습 처음이야!

<앵커 멘트>

우리들이 좋아하는 스타들에게도 이런 시절이 있었습니다. 깜찍, 앙증, 귀여움으로 똘똘 뭉친 이분들 과연 누굴까요? 예쁜 어린이 선발대회를 통해 미모를 과시했던 스타들! 새치름한 표정의 이 어린이, 누군지 알아보시겠어요? 바로 깜찍 발랄의 대명사 김현주씨인데요. 현주씨의 미모, 6살 때부터 유명했다고 하네요.

빨간 멜빵바지 정말 귀엽죠? 누굴까요? 아, 바로 장근석씨군요! 꽃미남으로 멋있게 자랐죠? 오밀조밀한 눈 코 입의 이 어린이는 과연 누굴까요? 바로 문근영양입니다.

어렸을 때부터 똘망똘망한 눈망울이 눈에 띄었던 근영양, 성인이 된 지금도 어린 이때의 순수함이 그대로인 것 같죠? 미스코리아를 연상케 하는 왕관을 둘러 쓴 이 어린이, 바로 장서희씨입니다.

<인터뷰>

장서희: "('예쁜 어린이 선발대회' 출전 계기는?) 그때 참 재밌는 게 신문에 '예쁜 어린이 선발대회' 그게 나왔어요. 그랬는데 그 당시 입상하면 예쁜 왕관을 줬거든요. 왕관하고 망토하고 들고 있는 여왕...그래서 그게 탐이 나서 신청을 했거든요." 특별한 대회를 통해 데뷔한 스타들도 있는데요?

<녹취>권승희: "5학년 5반 권승희입니다."

왼쪽의 김고은 어린이를 주목해 주세요. 어린 시절부터 노래 신동이라고 불렸던 김고은 어린이. 과연 누굴까요? 가수 '별' 양인데요. 초등학교 2학년 때 전국노래자랑을 통해 데뷔를 했습니다. 서구적인 외모의 박시연씨도 특별한 대회 출신 스타라고 하는데요?

박시연: "'창작 동요대회', '어린이 동요대회' 이런 것 있잖아요. 그런 것 항상 1등하고 그랬어요."자, 박시연 어린이가 1990년 창작 동요제에서 1등을 수상한 그 노래, 안 들어 볼 수 없죠? 굉장히 귀에 익숙한 이 노래의 주인공이 바로 박시연씨였군요! 노래 실력이 대단하죠?

박시연씨가 즐겨 부르는 동요가 있다는데요?

박시연: "(즐겨 부르는 동요는?) 바람이 머물다간 들판에 모락모락 피어나는 저녁 연기~"어린 시절 예쁜 사진으로 화제가 된 스타들! 어린 시절의 저를 보는 것 같은데요. 잠옷을 입은 의젓한 모습의 이 어린이, 바로 조인성씨고요. 먹는 모습도 모델처럼 귀엽게! 어릴 때부터 멋쟁이 파마머리를 했던 김하늘씨였습니다.

잘생긴 아버지를 꼭 빼 닮은 이 아기는 바로 장동건씨고요. 흑백 가족사진 속에 인상파 이 꼬마는 재치 넘치는 입담꾼 신동엽씨군요. 커다란 눈이 돋보이는 이 아이는 바로 청순함과 요염함을 겸비한 송혜열핏 봐선 남학생 같기도 한 이 어린이는 애교 섞인 콧소리가 매력적인 윤해영씨군요

<녹취>윤해영 친구: "그 당시에 정말 살아있는 인형이었어요."

<녹취>유재석: "살아있는 인형이요?"

<녹취>윤해영 친구: "예, 살아있는 인형이었어요."

<녹취>윤해영: "제가 예뻤나 봐요?"어린 시절 인형처럼 예뻤다는 윤해영씨.

<녹취>윤해영: "심부름을 가잖아요? 그러면 거기서 제일 예쁘다고 하는 애가 우리 반에 심부름을 와요."

<녹취>유재석: :아니, 무슨 사절단도 아니고... 미의 사절이 서로 왔다 갔다 하면서 이효리씨도?"

<녹취>이효리: "많이 했죠."

예. 미모하면 이효리씨 빠질 수 없죠? 어린 시절 모습이 변함없이 그대로인 스타들도 많은데요? 딱! 봐도 누군지 아시겠죠? 명랑하면서 중심이 없다는 이 어린이 바로 김흥국씨입니다.

<인터뷰>

김흥국: "선생님을 내가 존경했는데 오늘부로 불만이 많네." "(어린 시절 중심이 없었다는데?) 내가 무슨 중심이 없으면 어떻게 걸어 다닙니까? 이게 유명한 호랑나비 되겠습니까? 중심이 있으니까 호랑나비 춤을 추면서 살아남았는데..."

고개를 빳빳하게 든 거만한 자세의 이 소년도 누군지 감이 오시죠? 재치만점 탁재훈씨였고요. 이분은 어쩌면 이렇게 눈매가 그대로일까요? 보나마나 이혁재씨죠? 정말 어린 시절 모습이 맞나요? 메뚜기 유재석씨, 정말 변함없죠?

<녹취>이혁재: "참 초등학교 때 사진하고 비교 해 보니까 곱게 늙으셨네요." 그렇다면 스타들이 말하는 자신의 어린 시절 모습은 어땠을까요? 거구의 노래하는 골리앗 최홍만씨. 어렸을 때 왠지 동네 골목대장이었을 것 같은데요?

최홍만: "키가 작고 왜소했고요 거의 너무 왜소한 나머지 친구들에게 맞고 자랐어요. (언제까지 그랬어요?) 중학교 2학년 때까지요 (그래요?)"

지금 모습과 많이 다른 최홍만씨의 초등학교 시절 모습인데요. 친구들한테 맞고 다녔다니 정말 의외죠. 요즘 최고의 인기를 얻고 있는 가요계의 맏언니 쥬얼리는 어린 시절 어떤 언니였을까요?

쥬얼리: "(가장 장난꾸러기 같았을 것 같은 멤버는?)" 가장 장난꾸러기 같았을 것 같은 쥬얼리 멤버는 역시 서인영씨였군요.

서인영: "저 조금 굉장히 친척 오빠들이랑 굉장히 많이 놀았어요. 그래서 늘 놀이터 같은 곳에서, 야생에서 많이 놀았어요. 그래서 오빠들과 같이 오락실 아니면 놀이터에서 뒹굴면서 미끄럼틀 타면서 모래밭에서 뒹굴면서 놀고요."

쥬얼리: "(어렸을 때 가장 예뻤을 것 같은 사람은?)" 과연 누굴까요? 역시 리더 박정아씨군요.

박정아: "어릴 때 안 예쁜 사람이 어디 있어요." 정아씨, 지금처럼 털털하고 미소년 같은 모습이었네요. 어린이날을 맞아 쥬얼리 멤버들이 특별히 동요 노래 선물을 준비했는데요. "파란 하늘 파란 하늘 꿈이 드리운 푸른 언덕에 아기염소 여럿이 풀을 뜯고 놀아요. 해처럼 밝은 얼굴로..."

행복한 어린이날 보내시길 바랍니다.

뉴스2 입양아 대부분이 미혼모 아이, 미혼모 지원책 절실

우리나라에서 태어난 아이가 다른 나라로, 해외로 입양되면 그 아이는 한국 국적을 잃게 됩니다.

문제는, 입양된 나라에서도 국적을 얻지 못한 것으로 추정되는 입양아들이 2만 4천여 명이나 된다는 건데요.

정말 안타까운 상황이죠.

현재 우리나라의 입양 현황, 어떤지 알아보겠습니다.

여기 표를 보시면, 2013년 지난해 수치인데요.

지난해 우리나라에서 입양된 아이 모두 922명입니다.

이 가운데 국내로 입양된 아이가 686명이고요, 해외로 입양된 아이는 236명입니다.

이 아이들을 한번 성별로 따져보겠습니다.

먼저 국내인데요, 국내에 입양된 어린이의 70% 정도가 여자 아이이였고요, 해외로 입양된 어린이의 경우, 5명 중 4명골로 남자 아이였습니다.

우리나라 입양 부모들은 여자아이를 선호하는 경향이 있어서 상대적으로 남자아이들은 해외로 입양되는 경우가 많다고 합니다.

그런데 입양되는 아이들의 경우, 거의 대부분이 미혼 부모로부터 버림받은 경우라고 합니다.

다음 자료를 살펴보겠습니다.

국내입양아동의 93%, 그리고 해외입양 아동의 97%가 미혼 부모로부터 입양됐다고 하는데요.

그런데 우리나라에서는, 아이를 입양한 부모에게 월 35만 원의 지원금과 아이에 대한 무상 의료 혜택을 주고 있고요, 입양수수료도 정부가 전액 내주고 있습니다.

그런데 이에 반해서 힘들더라도 아이를 직접 키우는 미혼모, 즉 친엄마에게는 월 15만 원의 지원금이 전부입니다.

그래서 일부 전문가들은 차라리 미혼모 지원을 늘려서 아이의 친엄마가 아이를 입양 보내지 않고, 직접 키울 수 있는 환경을 만들어주는 게 더 바람직한 게 아니냐는 진단을 내리기도 합니다.

제30과

뉴스1 중부내륙 '대설특보' 최고 8㎝ 쌓인다. 출근길 비상

내일(19일) 한 주를 시작하는 출근길, 또 일찍 서두르셔야겠습니다.

전국 대부분 지방에 밤새 꽤 많은 눈이 오겠고 아침엔 얼어붙어서 빙판길이 예상됩니다.

전동혁 기자입니다.

◀ 리포트 ▶

저녁 무렵 갑자기 쏟아지는 함박눈.

요 며칠 포근한 날씨에 야외 활동에 나섰던 시민들은 적잖이 당황했습니다.

◀ 권정욱 ▶

“눈이 갑자기 많이 와서 지금 이걸 타야 되나 집에 빨리 들어가야 하나 고민 중입니다.”

수도권부터 시작된 눈은 밤사이 일부 남부지방으로까지 확대되겠습니다.

내일 아침까지 중부 내륙 지방은 최고 8cm, 서울과 경기서부 등엔 5cm, 그 밖의 지방도 3cm까지 쌓이겠습니다.

현재 경기 북부에 내려진 대설 특보는 경기 동부와 강원 영서, 충북 내륙으로 확대되겠습니다.

꽤 많은 눈이 쌓일 중부지방은 내일 아침 빙판길 주의하셔야겠습니다.

◀ 박영연 통보관 / 기상청 ▶

“내일 아침에는 기온이 영하로 떨어지면서 눈이나 비가 얼어 미끄러운 곳이 많겠으니 출근길 안전에 각별히 유의하시기 바랍니다.”

눈과 함께 미세먼지도 주의하셔야겠습니다.

밤사이 한반도 북쪽을 지나는 눈구름엔 중국 오염물질과 황사까지 뒤따르기 때문입니다.

수도권과 충청 호남 제주는 미세먼지 농도가 일시적으로 나쁨 수준까지 치솟고, 일부 지역은 옅은 황사도 나타나겠습니다.

이번 눈은 내일 아침 대부분 그치겠지만, 수요일과 목요일 전국에 또다시 눈이나 비가 내릴 전망이어서 궂은 날이 이어지겠습니다.

MBC뉴스 전동혁입니다.

뉴스2 한국인 면 사랑 세계 최고. 한사람 한해 74개 '호로록'

우동과 소바의 나라 일본, 또 다양한 국수의 탄생지 중국을 제치고 우리나라가 세계에서 면을 가장 많이 소비하는 나라로 꼽혔습니다.

김성민 기자입니다.

◀ 리포트 ▶

끓는 물에 면과 스프를 넣고, 계란까지.

단 몇 분 만에 완성되는 한 끼, 라면.

[구수현]

“간편하고 맛도 좋아서 휴일에 한 끼 정도는 가족들과 라면을 먹고 있습니다.”

우리나라의 연간 라면 생산액은 2조 1백억원, 한 사람당 한 해 74개를 소비해 세계 1위입니다.

라면 뿐만 아니라 칼국수, 비빔국수, 잔치국수같은 밀로 만든 면에 냉면, 메밀국수까지.

면요리는 가짓수를 셀 수 없을 정도로 다양합니다.

[송희정]

“간편하게 먹을 수 있고 시간 절약도 되고, 먹는 양에 비해 포만감도 있어서...”

이런 면 사랑에 힘입어 파스타를 제외할 경우, 한국인의 연간 면 소비량은 한 사람 당 9.7kg으로 세계에서 가장 많습니다.

우동과 소바의 나라 일본보다 많았고, 그 뒤는 인도네시아, 중국, 베트남이 이어 아시아 국가들이 상위를 차지했습니다.

최근 하얀 밀가루의 글루텐이 소화기능을 해친다는 주장이 나온 이후에는 면에도 웰빙 바람이 불면서, 한 대형마트에서 쌀면은 올들어 지난달까지 매출이 78%나 늘었고, 곤약으로 만든 저칼로리 라면이 주목을 받는 등, 새로운 면들도 속속 등장하고 있습니다. 빠르고 간편하게 뚝딱.

이런 추세를 반영한 듯, 간단하게 조리해 먹을 수 있는 식사 대용식의 소비량도 재작년보다 15%가 늘어, 한국이 세계에서 5번째로 많았습니다.

MBC뉴스 김성민입니다.

제2부분 한국 TV 프로그램 감상하며 한국어 학습하기

一、한국 전통 문화의 향기

제1과 한옥—공간을 담다

주요 내용 미리 보기

한국의 전통가옥, 한옥은 수백 년의 세월동안 변함없이 견고한 자태를 자랑하고 있습니다. 소박하지만 품격을 잃지 않았던 한옥은 나무, 흙, 돌 등 자연에서 얻은 재료로 끼워 맞추거나 쌓아서 지은 집입니다. 한국의 한옥은 신분이나 쓰임새에 따라 주거 공간을 확실히 구획했던 집으로 이러한 경계는 조선시대 양반 가옥의 일반적인 구조이었습니다.

단어를 미리 알아보기

단어

한옥,홀로,사랑채,집결되다,미적감각,쓰임새,구획하다, 행랑채,

지계,거처하다,배치하다,누마루,영유하다,미덕

단어해석

1. **한옥 韩式房屋**

   [명사]한국 고유의 형식으로 지은 집을 양식 건물에 상대하여 이르는 말.

   예 우리가 세들어 살던 집은 'ㄱ' 자 모양의 한옥이었다.

2. **홀로 独自**

   [부사]자기 혼자서만.

3. **사랑채 厢房**

   [명사]사랑으로 쓰는 집채.

예 뒷간은 안채나 사랑채 어디서나 멀찌감치 떨어져 있는 것이 보통이었다.

4. **집결되다 集结**

[동사]한군데로 모이다. 또는 한군데로 모여 뭉치다.

예 세계의 최신 정보가 집결되는 국제도시

5. **미적감각 美观感觉**

<철학> 미적 대상에 반응하는 감각 기관의 기능·시각· 청각을 중심으로 하는 여러 가지 감각 작용에 감정이나 의지가 더하여져서 성립하는 것으로, 미를 판단하는 기초를 이룬다.

예 미적감각이 뛰어나다

6. **쓰임새 用处**

[명사]쓰임의 정도.

예 목재는 그 종류에 따라 쓰임새가 다르다.

7. **구획하다 区划**

[동사]『 …을 …으로』

토지 따위를 경계를 지어 가르다.

8. **행랑채 下房**

[명사]=문간채.

9. **지계 地阶**

[명사]<건설> 고층 건물의 첫째 층.

10. **거처하다 居处**

[동사] 일정하게 자리를 잡고 살다.

예 그들은 비록 다섯 식구가 한 방에 거처할망정 오붓하게 지내고 있었다.

11. **배치하다 背驰**

[동사]『…을 …에』 서로 반대로 되어 어그러지거나 어긋나다.

12. **누마루 楼阁地板**

[명사]다락처럼 높게 만든 마루. ≒다락마루.

13. **영유하다 拥有**

[동사]『…을』 [명사]영원히 소유하다.

14. **미덕 美德**

[명사]아름답고 갸륵한 덕행.

프로그램 보기

연습문제

1. 녹음을 듣고 다음 빈칸을 채우십시오.

   예로부터 4계절이 (   ) 우리 나라. 그래서 (   ) 자연과 하나가 되고자 (   ) 노력했던 선조들의 지혜가 집결된 건축물이 탄생하게 되었는데요, 바로 한옥 그것이 입니다. 뛰어난 (   )냉, 난방은 물론 작은 창고에서부터 지붕에 이르기까지 (   )도 놓치지 않았던 것이 한옥입니다.

2. 프로그램의 주요 내용은?

   ① 한옥마을
   ② 한국의 전통적인 집
   ③ 양반의 생활 모습
   ④ 한국의 전통적인 집

3. 들은 내용과 같은 것은?

   ① 전통 가옥 한옥은 소박하지 않고 품격을 잃지 않습니다.
   ② 한옥은 주로 자연에서 쉽게 얻을 수 있는 재료로 만들어진 집입니다.
   ③ 한국 대표적인 주택 구조는 대개 안채, 사랑채, 별당채, 행랑채로 구분되었습니다.
   ④ 안채에는 부엌이 없습니다.

4. 들은 내용과 다른 것은?

   ① 집안의 중요한 일, 예컨데 출산이나 임종 등은 주로 안방에서 이루어졌습니다.
   ② 한옥은 그 당시 사회의 이념과 사상까지 그대로 반영할 수 있습니다.
   ③ 사랑채는 손님들에게 숙식을 제공한 공간이나 자녀를 교육하는 장소가 아닙니다.
   ④ 별당채는 초당 혹은 서당으로 불리기도 했습니다.

5. 질문

   (1) 한옥은 신분에 따라 사용하는 공간이 다릅니다. 양반들이, 그리고 하인들이 각각 어떤 공간을 사용했습니까?

(2) 안채는 대게 몇 개의 공간으로 구성되어 있습니까?
(3) 별당채는 또 다른 이름이 있습니까? 왜 그렇습니까?

제2과 조선의 마을—남산골 한옥마을

주요 내용 미리 보기

한국의 서울시 중구 필동에는 남산의 북쪽 기슭 한 자락에 한국의 한옥들이 옹기종기 모여 있는 마을이 있습니다. 바로 남산골 한옥마을입니다. 10년 전, 문을 연 이곳엔 한국 조선후기의 대표적인 양반 가옥들이 자리 잡고 있습니다. 이곳은 다양한 계층과 형태의 전통 가옥들을 옮기거나 복원해 놓았고, 집의 규모와 살았던 사람의 신분에 따라 가구나 집기까지 고스란히 재현해서 당시 사람들이 어떻게 살았는지 한눈에 엿볼 수 있습니다.

단어를 미리 알아보기

단어

뭉글뭉글, 굴뚝, 또닥또닥, 맷돌, 문득, 기슭, 옹기종기, 청학, 노닐다, 마감하다, 아담하다, 치장하다, 부마도위, 위용, 머물다, 오위장, 으뜸, 기둥

단어해석

1. **뭉글뭉글 炊烟袅袅**
[부사]구름, 연기 따위가 둥그스름하게 잇따라 나오는 모양.

2. **굴뚝 烟囱**
[명사] 불을 땔 때에, 연기가 밖으로 빠져나가도록 만든 구조물. 주로 철판, 토관, 벽돌 따위로 만든다.

3. **또닥또닥 吧嗒吧嗒**
[부사]잘 울리지 않는 물체를 잇따라 가볍게 두드리는 소리. 또는 그 모양. '도닥도닥' 보다 센 느낌을 준다.
예 우는 아이의 등을 또닥또닥 두드리다.
예 또닥또닥 구두 굽 소리를 내며 나갔나.

4. **맷돌 磨**
[명사]곡식을 가는 데 쓰는 기구. 둥글넓적한 돌 두 짝을 포개고 윗돌 아가리에 갈 곡식을 넣으면서 손잡이를 돌려서 간다.

5. **문득 忽然**
[부사]생각이나 느낌 따위가 갑자기 떠오르는 모양.

6. **기슭 山麓**
[명사]산이나 처마 따위에서 비탈진 곳의 아랫부분.

7. **옹기종기 大小不一**
[부사]크기가 다른 작은 것들이 고르지 아니하게 많이 모여 있는 모양.
예 양지바른 곳에서는 계집아이들이 옹기종기 모여 앉아 공기놀이를 하고 있다.

8. **청학 青鹤**
[명사]푸른 학.

9. **노닐다 闲逛**
[동사]한가하게 이리저리 왔다 갔다 하면서 놀다.

10. **마감하다 收尾**
하던 일을 마물러서 끝내다.
[동사]『…을』

11. **아담하다 雅淡**
[형용사]고상하면서 담백하다.
예 그들은 함께 힘을 모아 아담한 구둣방을 열게 되는 것이 꿈이었다.

12. **치장하다 打扮**
잘 매만져 곱게 꾸미다.
[동사]『…을』

13. **부마도위 驸马都尉**
[명사]<역사> 임금의 사위에게 주던 칭호.

14. **위용 威容**
[명사]위엄찬 모양이나 모습.

15. **머물다 停留**
[동사]『…에/에게』'머무르다'의 준말.
[동사]『…에/에게』도중에 멈추거나 일시적으로 어떤 곳에 묵다.

16. **오위장(五衛將) 五卫将军**
[명사]<역사> 조선 시대에, 오위의 군사를 거느리던 장수. 종이품의 관원으로 12명을 임명하였는데, 임진왜란 뒤에 정삼품으로 하고 인원도 15명으로 늘렸으나 실권은 훈련도감에 빼앗겼다.

17. **으뜸 头等**
[명사]많은 것 가운데 가장 뛰어난 것. 또는 첫째가는 것.

18. **기둥 柱子**
[명사]건축물에서, 주춧돌 위에 세워 보·도리 따위를 받치는 나무. 또는 돌

예 쇠·벽돌·콘크리트 따위로 모나거나 둥글게 만들어 곧추 높이 세운 것.

프로그램 보기

연습문제

1. 녹음을 듣고 다음 빈칸을 채우십시오.

   뭉글뭉글 연기가 피워 오르는 (   ) 아래서 구수한 남새가 바람을 타고 (   ) 스칩니다. (   )다듬이 소리를 자장가 삼아 할머니 무릎에 누워 있던 어린 시절 맷돌 돌리기는 재밌는 놀이이었습니다. 낮에 대청마루에서 낮잠을 자고 밤에 (   ) 별빛을 바라보던 그 시절을 상상해 봅시다.

2. 프로그램의 주요 내용은?

   ① 전통적인 한옥 구조
   ② 순종효황후 윤씨 친가인 행풍부원군 윤택영 댁
   ③ 조선의 대표적인 마을인 한옥 마을
   ④ 옛 서울의 모습

3. 들은 내용과 같은 것은?

   ① 조선후기 한양의 인구는 20만 명이 안 되었습니다.
   ② 한옥마을에서는 한 가지 집 형태만 볼 수 있습니다.
   ③ 지금 한옥 마을에서는 모두 6채의 한옥이 있습니다.
   ④ 순종효황후 윤씨는 윤택영 딸이자 조선의 마지막 황후이기도 합니다.

4. 들은 내용과 다른 것은?

   ① 윤택영 댁 재실의 특징은 낮은 터에는 안채, 사랑채 등이 있고 가장 높은 터에는 사당채가 위치했습니다.
   ② 한옥마을의 여러 가옥들이 조선 후기 당시의 위치와 지금의 위치가 같습니다.
   ③ 박영효의 가옥은 양반가의 가옥 모습을 거의 비슷하게 보존하고 있습니다.
   ④ 사람들이 한옥마을을 통해서 조선시대 마을의 모습을 엿볼 수 있습니다.

5. 질문

(1) 한옥마을은 어떻게 형성되었습니까?

(2) 조선시대 때 사당을 왜 그렇게 중요하게 여기었습니까?

(3) 오위장 김춘영 가옥은 어떤 형태를 띠고 있습니까? 김춘영은 서민층이지만 중상류층 주택을 지을 수 있었던 이유는 무엇입니까?

제3과 조선 제일의 정전—경복궁 근정전

주요 내용 미리 보기

조선시대에 건립된 정궁, 한국 경복궁. 길이길이 큰 복을 누리라는 뜻으로 지어진 궁궐의 이름 답게 유교사회의 법식에 따라 거대하게 세워졌던 조선 제1의 궁이었습니다. 이런 경복궁의 중심부에는 정전인 근정전이 있습니다. 근정전은 당대 최고의 기술력을 동원해 지은 정치공간이었는데요. 조선이 남긴 최대의 목조건축물이었습니다. 이곳에선 신하들의 조회나 임금의 즉위식, 대례, 외국사신들의 영접이 이뤄졌는데요, 크고 작은 국가의 주요 행사들이 모두 치러지던 대외적인 공간이었습니다.

단어를 미리 알아보기

단어

분주히,우뚝,가지런히,새침하다,발걸음,봉황,즉위식,도열하다,

지엄하다,여의주,막강하다,사악하다,접근하다,수호하다,매끈하다,

단어해석

1. **분주히** 匆匆(地)

[부사]이리저리 바쁘고 수선스럽게.

예 그녀는 아침마다 분주히 식사 준비를 한다.

2. **우뚝** 高高(地)

[부사]두드러지게 높이 솟아 있는 모양.

예 우뚝 솟은 산맥

3. **가지런히** 整齐

[부사]여럿이 층이 나지 않고 고르게 되어 있는 모양.

예 섬돌 밑엔 낯선 구두가 두 켤레 가지런히 놓여 있었다.

4. **새침하다 装蒜**
[형용사]쌀쌀맞게 시치미를 떼는 태도가 있다.
예 새침한 표정을 짓다

5. **발걸음 脚步**
[명사]발을 옮겨서 걷는 동작.

6. **봉황 凤凰**
[명사]예로부터 중국의 전설에 나오는, 상서로움을 상징하는 상상의 새. 기린, 거북, 용과 함께 사령(四靈) 또는 사서(四瑞)로 불린다. 수컷은 '봉', 암컷은 '황'이라고 하는데.

7. **즉위식 登基式**
[명사]임금 자리에 오르는 것을 백성과 조상에게 알리기 위하여 치르는 의식.
예 오늘은 바로 그 군왕이 엄숙한 식전에서 즉위식을 갖는 날이다.

8. **도열하다 排队**
[동사]많은 사람이 죽 늘어서다.
예 많은 사람이 연도에 도열하였다.

9. **지엄하다 极严**
[형용사] 매우 엄하다. ≒극엄하다(極嚴─)
예 속히 범인을 잡아 엄중 문초하라는 왕명이 지엄했다.

10. **여의주 如意珠**
[명사] 용의 턱 아래에 있는 영묘한 구슬. 이것을 얻으면 무엇이든 뜻하는 대로 만들어 낼 수 있다고 한다. ≒보주(寶珠)

11. **막강하다 莫强**
[형용사]더할 수 없이 세다.
예 그는 막강한 권력을 가지고 있다.

12. **사악하다 险恶**
[형용사]간사하고 악하다.
예 사악한 마음을 품다

13. **접근하다 接近**
가까이 다가가다.
[동사]『…에/에게』『(…과)』
예 그는 안내원에게 접근하여 길을 물었다.

14. **수호하다 守护**
[동사]『…를』지키고 보호하다.
예 거대한 바다 먹구렁이가 어디엔가 붙어서 배를 수호하고 있을 것이다.

15. 매끈하다 滑腻

[형용사]흠이나 거친 데가 없이 부드럽고 반드럽다.

예 매끈하게 옷을 차려 입었다.

프로그램 보기

연습문제

1. 녹음을 듣고 다음 빈칸을 채우십시오.

이른 아침부터 사람들이 (　　) 어디론가 향합니다. 그 넓은 자리에 (　　) 솟아있는 이곳 화려하게 장식된 (　　) 재미 있는 표정을 짓고 있는 무엇인가가 있습니다. 앞머리를 (　　) 자른 말, (　　) 표정의 닭, 선한 얼굴의 원숭이, 넓은 조정을 지키는 호위 모사들이 있는 권력의 중심, 그것이 바로 경복궁 근정전입니다.

2. 프로그램의 주요 내용은?

① 조선 건축물들의 특징
② 경복궁 근전정의 모습
③ 조선 시대의 궁궐들
④ 경복궁 중건 과정

3. 들은 내용과 같은 것은?

① 경복궁은 태조 이성계가 창건했지만 임진왜란 때 불타 없어졌습니다.
② 근정전 앞에 놓여 있는 품계의 자리
③ 무반 정 3품의 자리는 근정전 서쪽 앞부터 세번째입니다.
④ 용상은 왕실의 준엄성을 상징합니다.

4. 들은 내용과 다른 것은?

① 근정전 주변에는 인왕산과 북한산이 있습니다.
② 경복궁은 고대 예법에 따라서 중건했습니다.
③ 근정전을 통해 고대 건축법 및 특징을 충분히 알 수 있습니다.
④ 경복궁 근정전은 조선 제일의 정전이라고 할 수 있습니다.

5. 질문

(1) 경복궁은 어떤 의미를 가지고 그 명칭을 만들었습니까?

(2) 답도의 뜻이 무엇입니까? 그 위에 새긴 봉황은 무엇을 기원합니까?

(3) 일월오봉도에는 어떤 내용이 그려져 있습니까?

(4) 경복궁은 언제 창건하였고, 누가 중건했습니까?

제4과 한양의 도성—서울 성곽

주요 내용 미리 보기

1394년, 조선은 개성에서 한양으로 도읍을 옮겨 종묘와 사직, 궁궐과 관청이 차례로 건축되었고, 곧이어 북악산 동쪽에서 시작하여 낙산, 남산, 인왕산을 거쳐 다시 북악산 서쪽에 이르는 거대한 성곽이 축성되었습니다. 바로 성곽의 길이만 18.2km에 달하며 도읍을 감쌌던 한양의 도성입니다. 이후, 세종과 숙종 때 대대적인 개축공사가 진행된 도성은 일제강점기를 거쳐 일부 손상되기도 했지만, 오늘날 서울성곽이라 불리며 사람들에게 사랑받고 있습니다.

4대문 - 흥인문(동대문), 돈의문(서대문), 숭례문(남대문), 숙정문(북대문)

4소문 - 혜화문(동소문), 소의문(서소문), 광희문(남소문), 창의문(북소문)

단어를 미리 알아보기

단어

성곽, 담쟁이, 관청, 달하다, 허약하다, 허하다, 개축, 메주, 방어하다, 아군, 여장, 유일하다, 현판, 울타리, 거스르다, 만천하다

단어해석

1. 성곽 城郭

[명사]내성(內城)과 외성(外城)을 통틀어 이르는 말.

2. 담쟁이 爬山虎

[명사]<식물> 포도과의 낙엽 활엽 덩굴나무. 줄기에 덩굴손이 있어 담이나 나무에 달라붙어 올라가며 심장 모양의 잎은 끝이 세 쪽으로 갈라지고 톱니가 있다.

3. 관청 官厅

[명사] 국가의 사무를 집행하는 국가 기관. 또는 그런 곳. 사무의 성격에 따라 행정 관청・사법 관청, 관할 구역에 따라 중앙 관청・지방 관청 등으로

나뉜다.

4. **달하다** 达到

[동사] 일정한 표준, 수량, 정도 따위에 이르다.

5. **허약하다** 虚弱

[형용사]힘이나 기운이 없고 약하다.

예 그 소녀는 몸이 허약해서 일 년 내내 병에 시달렸다.

6. **허하다** 虚弱

[형용사]튼튼하지 못하고 빈틈이 있다.

7. **개축** 改建

[명사] 집이나 축조물 따위가 허물어지거나 낡아서 새로 짓거나 고쳐 쌓음.

8. **메주** 酱糗子

[명사]콩을 삶아서 찧은 다음, 덩이를 지어서 띄워 말린 것. 간장, 된장, 고추장 따위를 담그는 원료로 쓴다.

예 천장에 메주를 달아 놓았다.

9. **방어하다** 防御

[동사] 상대편의 공격을 막다.

예 순간적인 기습으로 아군은 방어할 새도 없이 무너졌다.

10. **아군** 我军

[명사]우리 편 군대.

11. **여장** 如墙

[명사]많은 사람이 담을 두른 듯이 서 있는 모양.

12. **유일하다** 唯一

[형용사]오직 하나밖에 없다.

예 늙은 도공의 노련미는 그 일을 해 온 유일한 세월이 말해 준다.

13. **현판** 匾额

[명사]글자나 그림을 새겨 문 위나 벽에 다는 널조각. 흔히 절이나 누각, 사당, 정자 따위의 들어가는 문 위, 처마 아래에 걸어 놓는다.

예 교문은 허울뿐이었다. 두 개의 돌무더기 중 한쪽에 교명을 새긴 현판 한 장만 간신히 매달아 놓았을 따름이었다.

14. **울타리** 篱栅

[명사] 풀이나 나무 따위를 얽거나 엮어서 담 대신에 경계를 지어 막는 물건.

15. **거스르다** 违拗

[동사]『 …을』 일이 돌아가는 상황이나 흐름과 반대되거나 어긋나는 태도를 취하다.

예 그는 멋대로 행동함으로써 모두의 뜻을 거슬렀다.

16. **만천하다 满天**

[형용사]온 하늘에 가득하다.

예 깊은 밤에 별이 만천하다.

프로그램 보기

연습문제

1. 녹음을 듣고 다음 빈칸을 채우십시오.

( ) 개성에서 한양으로 도읍을 옮긴 새로운 나라 조선은 종묘와 사직, 궁궐과 관청이 차례로 들어서고 곧 이어 북악산 동쪽에서 시작하여 낙산, 남산, 인왕산을 ( ) 다시 북악산 서쪽에 이르는 거대한 성곽이 축성되었습니다. 성곽의 길이만 18.2km에 ( ) 도읍을 ( ) 한양의 도성입니다.

2. 프로그램의 주요 내용은?

① 조선 시대의 궁궐들
② 한국의 사대문 및 사소문
③ 서울의 성곽들
④ 서울 성곽의 방위력

3. 들은 내용과 같은 것은?

① 나라를 창건한 후 백성들이 잘 산 다음에 성곽을 쌓아도 됩니다.
② 한양의 성곽은 북악산 동쪽부터 시작하여 북한산 서쪽에 이르도록 건설되었습니다.
③ 당시 한양의 인구는 400만명이었습니다.
④ 이 성곽은 처음부터 돌로 건설되었습니다.

4. 들은 내용과 다른 것은?

① 세종과 숙종대 수축 공사의 규모가 가장 컸습니다.
② 성벽의 축조 방법은 그때마다 달랐습니다.
③ 세종대에는 정사작형 돌을 사용하였고 숙종대에는 반듯한 네모돌를 사용하였습니다.

④ 공사 실명제를 실시하였기 때문에 책임자를 쉽게 찾을 수 있습니다.

5. 질문

(1) 곡장, 여장은 어떤 시설들이었습니까?

(2) 4대문 중 어느 문이 아직까지 남아 있습니까?

(3) 일본 식민지 시기 때 왜 성곽들을 없애는 것을 열심히 했습니까?

제5과 18세기 조선이 빚은 보물—수원 화성

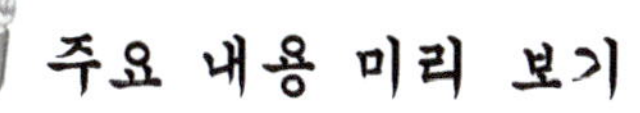

주요 내용 미리 보기

아득한 세월을 품고 역사의 중심에 섰던 이곳이 한국의 수원화성입니다. 높고 낮은 언덕의 능선을 따라 성벽을 둘러 마을을 감싸 안고 있는 수원화성은 수많은 장인들의 솜씨와 과학기술이 빚은 한국 조선시대 역사상 가장 웅장하고 아름다운 성곽이었습니다. 학문과 백성을 사랑하고, 특히 새로운 지식과 문물에 대한 호기심이 남달랐던 조선시대 개혁군주 정조 임금은 왜 이 수원 화성을 세웠을까요?

단어를 미리 알아보기

단어

대매, 능선, 장인, 설계, 무르익다, 호위하다, 서장대, 행차하다, 주군, 배치, 떨치다, 거머쥐다, 정찰하다, 봉수대, 요충지, 준설

단어해석

1. 대매 棍子

[명사]단 한 번 때리는 매.

예 뱀을 대매로 때려 잡았다.

2. 능선 棱线

[명사]산등성이를 따라 죽 이어진 선. '산등성', '산등성이'로 순화.

3. 장인 名匠

[명사]예술가의 창작 활동이 심혈을 기울여 물건을 만드는 것과 같다는 뜻으로, 예술가를 두루 이르는 말.

4. 설계 设计

[명사]건축・토목・기계 제작 따위에서, 그 목적에 따라 실제적인 계획을 세워 도면 따위로 명시하는 일.

5. **무르익다 成熟**

[동사]과일이나 곡식 따위가 충분히 익다.

예 감이 무르익어서 조금 더 있으면 떨어지겠다.

6. **호위하다 护卫宫阙**

[동사]궁궐을 지키다.

7. **서장대 西将台**

[명사]<역사> 장수가 올라서서 지휘할 수 있도록 산성의 서쪽에 높이 만들어 놓은 대.

8. **행차하다 巡幸**

[동사]웃어른이 차리고 나서서 길을 가다.

예 왕이 노국 공주의 능에 행차했다는 소문도 들었다.

9. **주군 主军**

[명사]주력이 되는 군대나 선수.

10. **배치 配置**

[명사]사람이나 물자 따위를 일정한 자리에 알맞게 나누어 둠.

11. **떨치다 扬名**

[동사]『…을』세게 흔들어서 떨어지게 하다.

예 이름이 사해(四海)에 떨쳤다.

12. **거머쥐다 紧握**

[동사]틀어잡거나 휘감아 쥐다.

예 그는 뜻하지 않았던 행운을 거머쥐게 되었다.

13. **정찰하다 侦察**

[동사]똑바로 살피다.

예 적의 동태를 정찰하다.

14. **봉수대 烽燧台**

[명사]<역사> 봉화를 올리던 둑. 전국에 걸쳐 여러 개가 있었는데, 특히 남산은 각 지방의 경보(警報)를 중앙에 전달하는 국방상 중대한 임무를 전담하는 곳이었다.

예 봉수대 축석에 올라서서 바라보던 서산이 물었다.

15. **요충지 要地**

[명사]지세(地勢)가 군사적으로 아주 중요한 곳.

16. **준설 疏浚**

[명사]<건설>물의 깊이를 깊게 하여 배가 잘 드나들 수 있도록 하천이나 항만 등의 바닥에 쌓인 모래나 암석을 파내는 일.

프로그램 보기

연습문제

1. 녹음을 듣고 다음 빈칸을 채우십시오.

   겹겹이 쌓인 벽돌만큼은 (　　) 세월을 품고 역사의 중심에 섰던 이곳이 바로 수원화성입니다. 도시와 어울러진 모습이 (　　) 높고 낮은 (　　)의 능선에 따라 성벽을 둘러 마을을 감싸하고 있는 수원 화성은 마치 동지를 틀고 있는 듯합니다. 수많은 (　　)들의 솜씨와 과학기술이 빛인 이 곳은 조선 시대 역사상 가장 (　　) 아름다운 성곽이었습니다.

2. 프로그램의 주요 내용은?

   ① 서울 주변의 한 도시, 수원
   ② 화성의 건축법
   ③ 수원에 있는 성곽
   ④ 아름다운 수원

3. 들은 내용과 같은 것은?

   ① 수원 화성은 조선 21대 정조 임금대 축성되었습니다.
   ② 2년 9개월에 걸쳐 수원 화성이 준공되었습니다.
   ③ 정조 임금은 백성만 사랑하고 다른 것에 대한 관심이 별로 없었습니다.
   ④ 서장대의 다른 이름은 없습니다.

4. 들은 내용과 다른 것은?

   ① 1794년 2월2일 화성에서 야간 군사훈련을 실시했습니다.
   ② 군사들의 말타기와 활쏘기 훈련은 주로 동장대에서 했습니다.
   ③ 정조 임금이 자기 왕권을 지키기 위해 화성에서 군사 훈련을 했습니다.
   ④ 봉돈은 여러가지 역할을 감추기 위해서 아주 중요한 위치에 자리잡고 있습니다.

5. 질문

   (1) 정조 임금의 야간 군사훈련에 참가한 군사들은 몇 만명이었습니까?

(2) 봉돈의 역할은 어떤 것이었습니까?
(3) 동복각루가 다른 정자와 다른 점은 몇 가지가 있습니까? 자세히 서술해 보시오.

제6과 한국의 정원—자연을 담다

주요 내용 미리 보기

오랜 옛날, 왕과 왕비가 살았던 궁궐은 쉽게 범접할 수 없었던 지엄한 곳이었습니다. 겹겹이 쌓인 아홉 개의 문을 지나서야 다다를 수 있었다는 곳이 바로 구중궁궐입니다. 그렇지만 그 깊숙한 곳에는 왕실 가족들만이 다닐 수 있었던 아름다운 정원들이 있습니다. 크고 작은 연못과 정자가 한데 어우러져 그림 같은 풍경을 보여주는 궁궐의 정원은 흙 한 줌, 기둥 하나에도 저마다 의미가 깃들어 있습니다. 또한, 그 역할과 규모도 모두 달랐던 궁궐의 정원은 자연을 담고 있는 것이 한국의 궁궐의 정원입니다.

단어를 미리 알아보기

단어

야틈하다, 언덕, 굴뚝, 연못, 터전, 범접하다, 지엄하다, 은밀하다, 깃들다, 베풀다, 네모, 누각, 급제하다, 그윽하다, 괴석, 여흥,숨결

단어해석

1. 야틈하다　浅,低矮

[형용사]‘야트막하다’의 준말.

예 야틈한 구령대 위에서 그는 일장 연설을 하기 시작하였다.

2. 언덕　丘陵

[명사]땅이 비탈지고 조금 높은 곳.

3. 굴뚝　烟囱

[명사] 불을 땔 때에, 연기가 밖으로 빠져나가도록 만든 구조물. 주로 철판, 토관, 벽돌 따위로 만든다.

4. 연못　莲池

[명사]연꽃을 심은 못.

5. **터전 基地**
[명사] 살림의 근거지가 되는 곳.

6. **범접하다 接近**
[동사]함부로 가까이 범하여 접촉하다.
예 사람들은 함부로 그에게 범접하지 못하였다.

7. **지엄하다 极严**
[형용사] 매우 엄하다. ≒극엄하다(極嚴—)

8. **은밀하다 隐秘**
[형용사] 숨어 있어서 겉으로 드러나지 아니하다. ≒음밀하다.
예 이번 일은 아무도 모르게 은밀하게 추진되었다.

9. **깃들다 窝聚**
[동사]『 …에』감정, 생각, 노력 따위가 어리거나 스며 있다.
예 꽃이 피어 화단에 봄기운이 깃들어 있었다.

10. **베풀다 摆设**
[동사]『…을』 일을 차리어 벌이다.
예 주연을 베풀다.

11. **네모 四角**
[명사]네 개의 모.
예 네모가 뚜렷한 바위

12. **누각 楼阁**
[명사] 사방을 바라볼 수 있도록 문과 벽이 없이 다락처럼 높이 지은 집.

13. **급제하다 及第**
[동사]『 …에』<역사> 과거에 합격하다.탁제(擢第).

14. **그윽하다 幽深**
[형용사]깊숙하여 아늑하고 고요하다.
예 아무도 찾지 않는 산사의 겨울밤은 그윽하기만 하다.

15. **괴석 怪石**
[명사] 괴상하게 생긴 돌.

16. **여흥 余兴**
[명사]어떤 모임이 끝난 뒤에 흥을 돋우려고 연예나 오락을 함. 또는 그 연
예 나 오락.

17. **숨결 呼吸**
[명사]사물 현상의 어떤 기운이나 느낌을 생명체에 비유하여 이르는 말.

프로그램 보기

연습문제

1. 녹음을 듣고 다음 빈칸을 채우십시오.

오랜 옛날, 왕과 왕비가 살았던 궁궐은 높은 담장만큼이나 쉬이 (　　) 수 없었던 (　　) 곳이었습니다. (　　) 쌓인 아홉 개의 문을 지나서야 다다를 수 있었다는 곳이 바로(　　)입니다. 이 곳은 나라의 행사를 치르던 정전에서부터 왕실사람들의 은밀한 생활 공간에 이르기까지 수많은 건물들이 (　　) 자리잡고 있습니다.

2. 프로그램의 주요 내용은?

① 한국 대표적인 정원
② 정원의 용도
③ 궁궐 내의 누각
④ 은밀한 왕궁 생활

3. 들은 내용과 같은 것은?

① 정원 내에는 자연 요소들이 많이 있지 않습니다.
② 한국 정원의 가장 큰 특징은 웅장하게 만드는 것입니다.
③ 정원을 통해 한국인의 자연관과 미의식을 볼 수 있습니다.
④ 궁궐에 들어가자마자곧 정원을 바로 볼 수 있습니다.

4. 들은 내용과 다른 것은?

① 경회루가 궁궐 누각 중에서 가장 규모가 큽니다.
② 천원지방이라는 원리로 부용지를 만들었습니다.
③ 부용지는 한국 전통 정원의 특징을 거의 다 갖추게 되었습니다.
④ 경회루는 창덕궁, 부용지는 경복궁에 있습니다.

5. 질문

(1) 굴뚝은 단순한 장식적 효과 외에 또 어떤 역할이 있습니까?
(2) 한국 최초의 이탈리아 양식의 건축물은 어떤 것입니까?
(3) 한국 정원 중 가장 큰 특징과 또한 조선시대부터 지금까지 계속 유지해 온 특징은 무엇입니까?

제7과 유네스코 세계무형유산—종묘제례

주요 내용 미리 보기

유교문화의 영향을 받은 의례 중 세계에서 가장 오래된 종합의례가 종묘제례입니다. 조선시대 왕실의 행사 중 최고의 격식으로 거행되었다는 위상에 걸맞게 종묘제례는 음악과 무용이 함께 어울어져 의식을 더욱더 경건하고 장엄하게 만들었습니다.지난 2001년, 그 숭고한 가치를 인정받아 유네스코에 의해 세계무형유산으로 지정된 것이 종묘제례입니다.

단어를 미리 알아보기

단어

유네스코, 장엄하다, 강인하다, 힘차다, 종묘제례악, 헤아리다, 소산, 치례하다, 경건하다, 가다듬다, 깊숙하다, 행렬, 재궁,반듯하다, 전갈하다, 장만하다, 거행되다, 걸맞다, 무용, 정제되다

단어해석

1. **유네스코 联合国教科文组织**
   [명사] <사회> =국제 연합 교육 과학 문화 기구. 【United Nations Educational, Scientific and Cultural Organization】

2. **장엄하다 庄严**
   [형용사]씩씩하고 웅장하며 위엄 있고 엄숙하다.

3. **강인하다 坚强**
   [형용사] 억세고 질기다.

4. **힘차다 雄壮**
   [형용사]힘이 있고 씩씩하다.
   예 힘찬 격려의 박수를 보내다

5. **종묘제례악 宗庙祭乐**
   <음악> 조선 시대에, 종묘에서 역대 제왕의 제사 때에 쓰던 음악.

6. **헤아리다 计数**
   [동사]『…을』 수량을 세다.
   예 어머니는 손가락을 헤아려 날짜를 짚어 보았다.

7. 소산 产物

[명사] =소산물.

예 오늘의 영광은 꾸준한 노력과 인내의 소산이다.

8. 치례하다 打扮

[동사]『…을』무슨 일에 실속 이상으로 꾸미어 드러내다.

9. 경건하다 恭敬

[형용사] 공경하며 삼가고 엄숙하다.

예 경건한 자세로 선열들에 대한 묵념을 올리다.

10. 가다듬다 振作

[동사]『 …을』정신, 생각, 마음 따위를 바로 차리거나 다잡다.

예정신을 가다듬고 다시 한 번 해 봐.

11. 깊숙하다 幽深

[형용사] 깊고 으슥하다.

12. 행렬 行列

[명사]여럿이 줄지어 감. 또는 그런 줄.

13. 재궁 梓宫

[명사]<역사> '자궁'의 원말.

14. 반듯하다 板儿平

[형용사] 생김새가 아담하고 말끔하다.

15. 전갈하다 带话(儿)

[동사]『…에/에게 …을』

사람을 시켜 말을 전하거나 안부를 묻다.

16. 장만하다 购置

[동사]『…을』필요한 것을 사거나 만들거나 하여 갖추다.

17. 거행되다 举办

[동사]의식이나 행사 따위를 치르다.

18. 걸맞다 合适

[형용사]『 …에/에게』『 -기에』『 (…과)』{ '…과'가 나타나지 않을 때는 여럿임을 뜻하는 말이 주어로 온다} 두 편을 견주어 볼 때 서로 어울릴 만큼 비슷하다.

19. 무용 跳舞

[명사] 음악에 맞추어 율동적인 동작으로 감정과 의지를 표현하는 예술. ≒무도(舞蹈).

20. 정제되다 整齐

[동사]⇒정제. [명사]선성(先聖)이나 선사(先師)에게 지내는 제사.

프로그램 보기

연습문제

1. 녹음을 듣고 다음 빈칸을 채우십시오.

　망묘루에서 지당을 바라보며 잠시 마음을 고른 왕은 세자와 함께 종로에 (　　) 곳으로 걸어갑니다. (　　) 세 행렬 길 중 오른쪽은 왕이, 왼쪽은 세자가 (　　) 길입니다. 가운데는 신만이 다닐 수 있는 신향로로 조선에 대한 (　　) 예의를 표현하는 것입니다.

2. 프로그램의 주요 내용은?

① 유네스코 세계 무형 유산에 대한 소개
② 한국 전통 음악인 종묘제례악
③ 조선의 가장 큰 제례, 종묘제례
④ 왕위 변경 의식

3. 들은 내용과 같은 것은?

① 종묘제례악의 역사는 이미 500년이 넘었습니다.
② 중묘제례는 주로 불교 문화의 영향을 많이 받았습니다.
③ 시간이 흐르면서 종묘제례 및 종묘제례악은 많이 변화되었습니다.
④ 2002년 종묘제례와 종묘제례악은 유네스코 세계 무형유산으로 지정되었습니다.

4. 들은 내용과 다른 것은?

① 조선 시대 가장 준엄하고 엄숙한 의례는 바로 제사이었습니다.
② 중묘에 들어가자마자 제향을 올리는 것은 예의이었습니다.
③ 중지당에는 연꽃도 없고 물고기도 없습니다.
④ 재궁은 왕과 세자가 목욕하고 의복을 정리하는 곳입니다.

5. 질문

(1) 전사청은 어떤 곳입니까?
(2) 찬막단에서는 주로 무엇을 하였습니까?
(3) 종묘제례를 통해 주로 무엇을 기원했습니까?

二、사회 문화 보기

제8과 문화보기1

주요 내용 미리 보기

코너1 컬처 트렌드 '삐딱하거나 핫하거나' <펀펀한 스트레스 해소>
온갖 스트레스에 치여 사는 현대 사람들. 스트레스 해소를 하나의 놀이로 여기는 펀트레스가 유행! 화끈한 스트레스 해소법을 만나봅니다.
코너2 컬처 스토리 - 후일담 <뮤지컬 '오즈의 마법사' >
도로시와 친구들을 만날 수 있는 뮤지컬 '오즈의 마법사'.토토 역할을 맡은 강아지가NG를 낸 사연부터 공연 준비 과정에서 일어난 에피소드까지 제작진에게 직접 들어보는 시간입니다.
코너3 컬처 캘린더 <뮤지컬 '미녀는 괴로워', 자우림 전국투어 콘서트 외>
① 외모 지상주의의 병폐를 유쾌하게 그려낸 뮤지컬 '미녀는 괴로워'
② 자우림 전국투어 콘서트 Midnight Express 2008-2009

단어를 미리 알아보기

단어

부수다, 기상천외하다, 트렌드, 삐딱하다, 회오리바람, 독촉, 고달프다, 짓누르다, 파문, 추세, 대성통곡, 라이선스, 휩쓸다, 길들다, 쇠사슬, 리사이틀

단어해석

1. 부수다 打碎
[동사]『…을』
(1) 단단한 물체를 여러 조각이 나게 두드려 깨뜨리다.
a) 돌을 잘게 부수다
b) 유리창을 부수다

(2) 만들어진 물건을 두드리거나 깨뜨려 못 쓰게 만들다.

c) 문을 부수다

d) 자물쇠를 부수다

2. 기상천외하다 异想天开

[형용사] 착상이나 생각 따위가 쉽게 짐작할 수 없을 정도로 기발하고 엉뚱하다.

예 기상천외한 묘안을 짜내다

예 죄수는 기상천외한 방법으로 아무도 탈출하지 못한 그 감옥을 탈출하였다.

3. 트렌드 倾向

[명사] 독창성이나 저작권을 신경쓰지 않고 남 따라할 수 있다고 여겨지는 것.

4. 삐딱하다 歪

[형용사]

(1) 물체가 한쪽으로 비스듬하게 기울어져 있다. '비딱하다' 보다 센 느낌을 준다.

예 모자를 삐딱하게 눌러쓴 학생.

(2) 마음이나 생각, 행동 따위가 바르지 못하고 조금 비뚤어져 있다. '비딱하다' 보다 센 느낌을 준다.

예 삐딱하게 굴다

예 남의 말을 삐딱하게 받아들이다.

5. 회오리바람 旋风

[명사] <지리>갑자기 생긴 저기압 주변으로 한꺼번에 모여든 공기가 나선 모양으로 일으키는 선회(旋回) 운동.

예 회오리바람이 온 마을을 휩쓸고 지나갔다.

6. 독촉 催促

[명사]

1 일이나 행동을 빨리 하도록 재촉함.

예 빚 독촉에 시달리다

예 독촉이 성화같다

7. 고달프다 疲劳

[형용사]『…이』『-기가』 몸이나 처지가 몹시 고단하다.

예 하는 일이 무척 고달픈가 보죠?

예 종일 땡볕에서 일하기가 고달프지 않으세요?

8. 짓누르다 积压

[동사] 심리적으로 심하게 억압하다.

예 마음을 짓누르는 걱정

예 지금까지 나를 짓눌러 온 온갖 불안에서 깨끗하게 해방되었다.

9. 파문 波纹

[명사] 수면에 이는 물결.

예 낚시를 드리우자 그 주변으로 조용한 파문이 일었다.

10. 추세 趋势

[명사]어떤 현상이 일정한 방향으로 나아가는 경향.

예 땅값 하락 추세가 2년째 계속되고 있다.

예 이런 추세라면 올해 무역 흑자가 200억 달러를 넘을 전망이다.

예 올 들어 수출은 계속 증가 추세를 보이고 있다.

예 결혼을 늦게 하는 것이 요즘의 추세이다.

11. 대성통곡 放声大哭

[명사]큰 소리로 몹시 슬프게 곡을 함.

예 그는 부친의 부음을 듣자마자 대성통곡을 터뜨렸다.

12. 라이선스 许可

[명사]

(1) 행정상의 허가나 면허. 또는 그것을 증명하는 문서. '면허', '면허장'으로 순화.

(2) 수출입이나 그 밖의 대외 거래의 허가. 또는 그 허가증.

(3) 외국에서 개발된 제품이나 제조 기술의 특허권. 또는 그것의 사용을 허가하는 일. '허가', '허가장'으로 순화.

13. 휩쓸다 席卷

[명사] 물, 불, 바람 따위가 모조리 휘몰아 쓸다.

예 바람이 마당을 휩쓸고 지나간다.

14. 스티로폼 聚苯乙烯

[명사] 발포(發泡) 스티렌 수지. 절연이나 충격 완화에 쓰는 물질로 상품명

예 서 유래한다.

예 벽에 스티로폼을 내장하다

예 가전제품을 스티로폼으로 포장하다.

15. 길들다 顺从

[동사]『…에』 어떤 일에 익숙하게 되다.

예 새로운 환경에 길들게 되다

예 이미 무더운 날씨에 길들었는지 아무도 덥다는 말을 하지 않았다.

16. 쇠사슬 铁链

[명사] 쇠로 만든 고리를 여러 개 죽 이어서 만든 줄.

예 쇠사슬로 묶다

17. 리사이틀 独唱会

[명사]<음악> 한 사람이 독창하거나 독주하는 음악회. '발표회', '연주회'

로 순화.

예 오늘 밤 국제 콩쿠르에서 입상한 피아니스트가 세종 문화 회관에서 리사이틀을 갖는다.

프로그램 보기

연습문제

* 녹음에서 소개한 스트레스를 해소하는 방법은 몇 가지 있습니까?

제9과 문화보기2

주요 내용 미리 보기

코너1 컬처 트렌드 '삐딱하거나 핫하거나' <신조어로 보는 2008년>

2008년을 관통하는 신조어를 통해 1년을 되돌아 봅니다.

① 다양한 신조어 등장

② 인터넷이 만든 신조어

③ 문화계에 나타난 신조어

코너2 컬처 스토리 - 후일담 <영화 '서양골동양과자점 앤티크' >

일본 만화 '서양골동양과자점' 과 일본 드라마 '안티크' 를 원작으로 제작한 민규동 감독의 영화 '서양골동양과자점 앤티크' 의 비하인드 스토리를 만나 봅니다.

코너3 컬처 캘린더 <'서울 국제사진페스티벌', 뮤지컬 '렌트' 외>

① '인간풍경' 을 주제로 한 6000여점의 사진이 전시되는 <서울 국제사진페스티벌>

② 푸치니의 오페라 '라보엠' 을 현대화한 브로드웨이 뮤지컬<렌트>

단어를 미리 알아보기

단어

노무족, 골치, 핫이슈,침체,역동적,털털하다, 늦동이, 에피소드,

캐스팅, 우걱우걱, 제작진, 터득하다, 갤러리

단어해석

1. 노무족 NoMu一族

[명사] 나이와 상관없이 자유로운 사고와 생활을 추구하는 40~50대를 일컬으며, 'No More Uncle'이라는 말을 줄여 노무(NOMU)족이라 한다.

2. 골치 脑袋

[명사] '머리' 또는 '머릿골'을 속되게 이르는 말.

예 골치가 쑤시다

예 골치가 지끈거리다

예 골치를 썩이다

예 이 일은 골치를 썩는다고 해결될 일이 아니다.

3. 핫이슈 热烈争论的问题

[명사]'주 논점', '주 관심사'로 순화.

4. 침체 停滞

[명사] 어떤 현상이나 사물이 진전하지 못하고 제자리에 머무름.

예 경기 침체

예 침체의 늪에 빠지다

5. 역동적 活跃

[관형사][명사]힘차고 활발하게 움직이는. 또는 그런 것.

예 역동적 체계

예 역동적 현상

예 역동적인 삶

예 역동적으로 활동하다

6. 털털하다 随和

[형용사] 사람의 성격이나 하는 짓 따위가 까다롭지 아니하고 소탈하다.

예 털털한 사람

예 옷을 털털하게 입다

7. 늦동이 老来子

[명사]나이가 많이 들어서 낳은 자식.

예 그는 늦둥이라 부모의 사랑을 독차지하면서 자랐다.

8. 에피소드 小故事,插曲

[명사] 남에게 알려지지 아니한 재미있는 이야기. '일화(逸話)' 로 순화.

예 재미있는 에피소드 한 토막

예 에피소드를 남기다

예 에피소드를 들려주다

9. 캐스팅 角色

[명사]<연영> 연극이나 영화에서 배역을 정하는 일.

예 주인공 역에 누가 캐스팅되었지?

예 그는 김 감독의 새 영화에 주인공으로 캐스팅되었다.

10. 우걱우걱 狼吞虎咽

[부사] 음식 따위를 입 안에 가득 넣으면서 자꾸 거칠고 급하게 먹는 모양.

11. 제작진 剧组

[명사]연극, 영화, 방송 프로그램을 만드는 일에 관여하는 모든 사람.

12. 터득하다 领会

[동사] 깊이 생각하여 이치를 깨달아 알아내다.

예 요령을 터득하다

예 원리를 터득하다

예 자연의 이치를 터득하다

13. 갤러리 画廊

[명사] 미술품을 진열・전시하고 판매하는 장소. '그림 방', '화랑(畫廊)' 으로 순화.

14. 테너 男高音

[명사] 남성의 가장 높은 음역. 또는 그 음역의 가수.

프로그램 보기

연습문제

다음 신조어들의 뜻을 설명해 보십시오.

(1) 호모나이트쿠스　　(2) 호모사이클링
(3) 노무족　　(4) 쿠커족
(5) 파라싱글족　　(6) 캥그루족
(7) 더피족　　(8) 줌마렐라
(9) 하하족　　(10) 네티즌
(11) 쩔어　　(12) 듣보잡
(13) 지못미　　(14) 오나전
(15) 젭라　　(16) OMG
(17) 유남생　　(18) 논높이 스타
(19) 예능 늦둥이　　(20) 신상녀

아래의 재미있는 신조어들의 뜻을 같이 알아 봅시다.

(1) BMW(Bus Metro Walk)족: 물가가 비싼 때 버스나 지하철 혹은 걸어서 경비를 절약하는 사람들
(2) 노노스족:
노 로고, 노 디자인의 줄임말로 겉으로 드러나지 않는 명품을 즐기는 계층
(3) 피카소족: 미술의 거리인 홍대 앞에서 활동하는 오렌지족
(4) 웹시족: 인터넷으로 쇼핑을 즐기는 젊은 주부
(5) 나오미족: 경제력을 바탕으로 젊음을 즐기려는 30-40대 여성
(6) 당펫족: 아이 대신 애완동물을 기르며 사는 맞벌이 부부
(7) 리본족: 초혼 실패를 기점으로 새로 태어난 재혼 희망 남성

제10과 아이들의 숨은 키를 찾아냅시다

주요 내용 미리 보기

요즘 몸짱 열풍이 불면서 우리 아이의 키를 1cm 라도 더 크게 키우려는 부모님들이 참 많습니다. 사실 키가 크건 작건 그것은 문제가 아니라 자신감의 문제일 테지만 키가 작은 아이들에게는 자칫 상처로 연결될 수 있는 문제가 될 겁니다. 그래서 오늘 녹음에서는 어떻게 하면 아이들이 숨은 키를 찾아낼 수 있는지 그 방법을 자세히 전해 드리도록 하겠습니다. 함께 한번 보시지요?

단어를 미리 알아보기

단어

꼬매잉, 미비하다, 치중, 밑받침, 또래, 케이스, 절감하다, 아토피성피부염, 척추, 촘촘하다, 미숙아, 햄스터, 꼬물꼬물 그래프, 겨드랑이, 연골, 허소하다, 탈수, 신진대사, 인슐린, 방부제, 칼슘, 알레르기

단어해석

1. **꼬맹이 小鬼**
   [명사] '꼬마'를 낮잡아 이르는 말.
   예 우리 집 꼬맹이들은 다 어딜 갔나?

2. **미비하다 未具备**
   [형용사]아직 다 갖추지 못한 상태에 있음.
   예 시설과 투자가 미비하여 경쟁력이 떨어지다
   예 이 문제를 적절히 다룰 법 조항마저 미비한 상태다.
   예 이번 조처는 미비한 점이 많지만 앞으로 개선될 것이다.

3. **치중 着重**
   [명사]어떠한 것에 특히 중점을 둠.
   예 그 학생은 영어에 대한 지나친 치중으로 과학 성적이 좋지 않았다.

4. **밑받침 基础**
   [명사]어떤 일이나 현상의 바탕이나 근거를 비유적으로 이르는 말.
   예 제지술의 발달 또한 출판의 발달에 커다란 밑받침이 되었다.
   예 일관된 생활 태도의 밑받침이 될 수 있는 통일된 생각이 바로 사상이다.

5. **또래 年纪相仿**
   [명사] 나이나 수준이 서로 비슷한 무리.
   예 우리 나이 또래
   예 같은 또래끼리 놀다

6. **케이스 事例**
   [명사]어떤 상황이나 사례. '경우', '예'로 순화.

7. **절감하다 切实感受到**
   [동사] 절실히 느끼다.
   예 필요성을 절감하다
   예 한계를 절감하다

예 그는 갑작스러운 친구의 죽음으로 인생이 허망하다는 것을 절감했다.

8. **아토피성피부염 遗传性皮肤过敏症**

[명사] <의학> 어린아이의 팔꿈치나 오금의 피부가 두꺼워지면서 까칠까칠해 지고 몹시 가려운 증상을 나타내는 악성 피부염. 유아기에는 얼굴, 머리에 습진성 병변이 생기고 심하게 가렵다.

9. **척추 脊椎**

[명사] 등골뼈로 이루어진 등마루. ≒등심대 · 척려 · 척주.

10. **촘촘하다 密**

[형용사] 틈이나 간격이 매우 좁거나 작다.

11. **미숙아 早产儿**

[명사] 체중이 2.5kg이 못 된 채 태어난 아기. 젖을 빠는 힘이 약하고 감염에 대한 저항력도 약하여 사망률이 높다.

12. **햄스터 仓鼠**

[명사]<동물> 비단털쥣과의 하나. 몸의 길이는 12~16cm이며, 꼬리와 다리가 짧고 귓바퀴는 둥글다. 털은 부드럽고 몸의 위쪽은 주황색, 아래쪽은 잿빛을 띤 흰색 또는 순수한 흰색이고 앞가슴에는 어두운 갈색 점무늬가 있다. 의학 실험용으로 쓰며 시리아가 원산지로 중동, 유럽 중부 등지에 분포한다.

13. **꼬물꼬물 慢腾腾**

[부사] 신체 일부를 좀스럽고 느리게 자꾸 움직이는 모양.

14. **그래프 曲线图**

[명사] 여러 가지 자료를 분석하여 그 변화를 한눈에 알아볼 수 있도록 나타내는 선이나 곡선.

예 학생들은 실험을 마치고 시간에 따른 온도 변화를 그래프로 나타내었다.

15. **겨드랑이 胳肢窝**

[명사] 양편 팔 밑의 오목한 곳.

16. **연골 软骨**

[명사] 뼈와 함께 몸을 지탱하는 무른 뼈. 탄력이 있으면서도 연하여 구부러지기 쉽다.

17. **허소하다 空荡荡的**

[형용사] 얼마쯤 비어서 허술하거나 허전하다.

18. **탈수 脱水**

[명사] 몸이나 어떤 물체 안에 들어 있는 물기를 뺌. 또는 물기가 빠짐.

예 소금의 강한 탈수 효과

예 이 세탁기는 탈수 성능이 뛰어나다.

19. **신진대사 新陈代谢**

[명사]<생물> =물질대사.

예 신진대사가 활발하다.

20. 인슐린 胰岛素

[명사]<화학> 이자에서 만들어져서 포도당을 글리코겐으로 바꾸는 호르몬 단백질. 몸 안의 혈당량을 적게 하는 작용을 하므로 당뇨병을 고치는 데 쓴다.

21. 방부제 防腐剂

[명사]<약학> 미생물의 활동을 막아 물건이 썩지 않게 하는 약. 살리실산, 포르말린, 나프탈렌, 소금, 알코올 따위가 있다.

예 이 식품은 방부제를 전혀 첨가하지 않은 천연 식품입니다.

22. 칼슘 钙

[명사]<화학> 알칼리 토금속 원소의 하나. 대리석・석회석・방해석・형석

예 석고・백운석・인산염 따위에 많이 들어 있는 은백색의 연한 금속으로, 연성(延性)과 전성(展性)이 있고 산소・염소와 잘 화합하며 주황색의 불꽃 반응을 보인다.

23. 알레르기 过敏

<의학>처음에 어떤 물질이 몸속에 들어갔을 때 그것에 반응하는 항체가 생긴 뒤, 다시 같은 물질이 생체에 들어가면 그 물질과 항체가 반응하는 일. 과민증, 재채기, 두드러기 따위의 병적 증상이 일어난다. '거부 반응', '과민 반응' 으로 순화.

예 세제 알레르기, 꽃가루 알레르기

프로그램 보기

연습문제

1. 녹음을 듣고 다음 빈칸을 채우십시오.

그 다음에 호흡이 (   ) 아이. 자 감기 잘 걸리는 애는 잘 안 컸죠. 그걸 어머니들이 아마 키워 보시면서 너무나 (   ) 부분들이었구요. 또 호흡기 문제 중의 (   )이 있죠. 또 알레르기성 비염이 있을 수도 있구요.

또 (　　) 있는 아이들, …왜냐하면 아이가 갖고 있는 기운, (　　　)이 전부 다 감기에 몰려나는 데 쓰여져야 하기 때문에 키로 갈 (　　　)이 없어지는 거죠.

그런데 여기에서 이 KTX 기간 이 2년에 KTX기간에도 속도 차이는 있습니다. 여자애 같은 경우는 1년에 (　　)부터 12cm정도 자랄 수 있고요. 남자 애 같은 경우에는 (　　)에서부터 15cm까지 자랄 수 있습니다. 자 그러면 그게 2년이 반복되다가 보면은 자 여자는 (　　)자라면 2년이면 13이죠. 자 12cm자라는 아이 24죠. 자 여기에서 (　　)가 좌우가 됩니다. 자 남자애는 (　　)자라는 아이는 2년 동안에 15, 15cm씩 2년에 두번2년간 자라는 아이는 30 , 남자 애는 여기에서 15cm가 바뀝니다.

2. 들은 내용과 같은 것은?

① 부모님의 키가 아이들에 키를 60~70%를 좌우합니다.
② 영양은 키 크는 데에 있어서 31% 영향을 줍니다.
③ 운동은 키 크는 데에 있어서 가장 큰 비중을 차지합니다.
④ 환경은 크 크는 데에 있어서 별 영향을 주지 않습니다.

3. 들은 내용과 다른 것은?

(1) ① 소화가 허약한 아이는 키크기가 거의 불가능합니다.
② 감기에 걸린 동안 키는 안 자랍니다.
③ 내성적인 아이가 외향적인 아이보다 키가 큽니다.
④ 운동을 좋아해도 하루에 2시간 이상 운동하면 키크기에 지장이 될 수 있습니다.

(2) ① 성장 호르몬은 뇌 안 쪽에 뇌하수체 후엽이라는 부분에서 분비합니다.
② 여자 아이는 16세, 남자 아이는 20세이면 거의 어른 키에 도달했습니다.
③ 여자가 가슴 나온 후, 남자가 고환이 발달된 후 성장을 위한 준비를 하면 이미 늦습니다.
④ 아침을 잘 먹어야 아이가 키 성장이 잘 될 수 있습니다.

4. 질문

(1) 아이의 키가 작은지 아닌지 그 측정 방법에 어떤 것들이 있습니까?
(2) 어떤 아이들이 키가 절대 클 수 없습니까? (6가지 이상)
(3) 성장 호르몬의 2가지 작용은 무엇입니까?
(4) 성장판이 닫히는 순서를 한번 말씀을 해 보시오.
(5) 전도엽의 역할은 어떤 것들이 있습니까?
(6) 키가 크려면 4가지 노하우를 잘 지켜야 합니다. 이 4가지 노하우는 어떤 것들입니까?

三、서울 관광 가이드

제11과 서울랜드

주요 내용 미리 보기

과천 서울랜드 소개

서울대공원 옆에 자리 잡은 서울랜드는 모험의 나라, 미래의 나라, 환상의 나라 등 각 테마에 맞춰 각종 놀이기구와 풀장을 갖추고 있고, 화려한 축제와 전시 이벤트를 개최하는 한국 국내의 대표적인 테마파크 중 하나다. 놀이기구 외에 국립현대미술관, 동물원, 식물원 등과 연계하여 이용이 점차 활성화 되어 현재 한국 수도권 시민들의 일일 나들이 장소가 되고 있다.

단어를 미리 알아보기

단어

등골, 오싹하다, 짜릿하다, 만끽하다, 바캉스, 바이킹, 뒤집히다, 아슬아슬하다, 급류타기, 하이라이트, 롤러코스터, 타의추종, 불허하다, 물세례, 구르다, 레포츠, 지퍼, 처지다, 번지점프, 타임머신, 떨구다, 끈적끈적

단어해석

1. **등골　椎骨**

   [명사]등 한가운데로 길게 고랑이 진 곳.

2. **오싹하다　胆寒**

   [동사]몹시 무섭거나 추워서 갑자기 몸이 움츠러들거나 소름이 끼치다양.

   예 나는 갑자기 내 주변에서 무엇인지 없어졌다는 오싹한 기분을 느꼈다.

3. **짜릿하다　麻酥酥(儿)**

   [형용사]『…이』심리적 자극을 받아 마음이 순간적으로 조금 흥분되고 떨리는 듯하다. ‘자릿하다’보다 센 느낌을 준다.

   예 옛날의 남편에 대한 정이 짜릿하게 고개를 드는 것 같았다.

4. **만끽하다 满怀**

[동사]욕망을 마음껏 충족하다.

예 그는 도시를 떠나 전원생활을 만끽하고 있다.

5. **바캉스 休假**

[명사]주로 피서나 휴양을 위한 휴가. '여름휴가', '휴가'로 순화.

예 여름이면 많은 사람이 바다에서 바캉스를 즐긴다.

6. **바이킹 北欧海盗**

[명사]7세기에서 11세기 사이에 스칸디나비아와 덴마크 등지에 거주하면서, 해로(海路)를 통하여 유럽 각지로 진출한 노르만 족의 다른 이름.

7. **뒤집히다 翻覆**

[동사] '뒤집다'의 피동사. 안과 겉을 뒤바꾸다.

8. **아슬아슬하다 惊险**

[형용사]『…이』⇒아슬아슬.

[부사]소름이 끼칠 정도로 약간 차가운 느낌이 잇따라 드는 모양.

예 이른 새벽에 산책을 나갔다 왔더니 몸이 아슬아슬한 것이 감기에 걸린 듯하다.

9. **급류타기 激流勇进**

[명사]물이 빠른 속도로 흐름. 또는 그 물.

10. **하이라이트 精彩场面**

[명사]스포츠나 연극, 영화 따위에서 가장 두드러지거나 흥미 있는 장면. '강조', '주요 부분'으로 순화.

11. **롤러코스터 roller coaster 过山车**

[명사]경사진 레일의 미끄럼대에 차대(車臺)를 끌어 올렸다가 급속도로 내려가게 하는 오락 장치.

12. **타의추종 妥协附和**

타의[명사]온당하게 타협하고 의논함.

추종[명사]남의 뒤를 따라서 좇음.

13. **불허하다 不许**

[동사]허락하지 아니함. 또는 허용하지 아니하다.

예 그의 재능은 타의 추종을 불허한다.

14. **물세례 水洗礼**

[명사]갑자기 세차게 쏟아지는 물. 또는 그런 물을 뒤집어쓰게 되는 일.

15. **구르다 滚动**

[동사]『…으로』바퀴처럼 돌면서 옮겨 가다.

예 공이 골문 안으로 굴러 들어갔다.

16. **레포츠 休闲运动**

[명사]한가한 시간에 즐기면서 신체를 단련할 수 있는 운동.

17. **지퍼** 拉链

[명사] 서로 이가 맞물리도록 금속이나 플라스틱의 조각을 헝겊 테이프에 나란히 박아서, 그 두 줄을 고리로 밀고 당겨 여닫을 수 있도록 만든 것.

18. **처지다** 垂落

[동사]『…으로』위에서 아래로 축 늘어지다.

예 빨랫줄이 아래로 처져 있다.

19. **번지점프** bungee jump 蹦极

<운동・오락> 수십 또는 수백 미터 높이에서 뛰어내려 추락의 아찔한 긴박감을 즐기는 스포츠. 고무로 만든 긴 줄의 한쪽 끝을 발목과 몸통에 묶고 한 끝을 물체에 고정한 뒤 뛰어내린다.

20. **타임머신** 时光机器

[명사] 과거나 미래로 시간 여행을 가능하게 한다는 공상의 기계. 영국의 소설가 웰스가 지은 공상 과학 소설의 제목에서 온 이름이다. '초시간 여행선'으로 순화.

21. **떨구다** 坠落

떨구다 : 어떤 임무나 사업을 맡기다.

22. **끈적끈적** 黏糊

[부사]끈끈하여 자꾸 척척 들러붙는 모양.

예 엿이 녹아 손에 끈적끈적 달라붙는다.

프로그램 보기

연습문제

이 프로그램에서 서울랜드의 어떤 놀이기구들을 소개했지요?

제12과 서울역사박물관

주요 내용 미리 보기

코너1: 경희궁 소개

한국 서울 종로구 신문로에 위치한 경희궁은 조선시대 대표적인 이궁이었다. 광해군 때 왕궁을 지어 처음에는 경덕궁이라 부르다 1760년에 경희궁으로 이름을 바꿨다. 280여 년 동안 동궐인 창덕궁 창경궁과 더불어 서궐에 위치해서 양대 궁궐의 자리를 굳건히 지켜온 경희궁. 창건 당시 자그마치 1500칸에 달하는 규모이었지만 일제 시대 전각들이 철거되는 비운을 맞기도 했다. 현재 우리가 보는 경희궁의 모습은 1987년부터 시행한 경희궁지 발굴과 학술조사를 통해 조선시대의 모습으로 복원한 것이다.

코너2: 서울역사박물관

옛 경희궁의 자리 한 켠을 차지하고 있는 서울역사박물관! 이곳은 조선시대를 중심으로 선사시대부터 현대까지 서울의 역사와 문화를 정리해 보여주는 도시역사 박물관이다. 600년을 이끌어온 수도 서울의 모든 것을 낱낱이 알고 싶다면 반드시 방문해 보아야 할 필수코스이다.

단어를 미리 알아보기

단어

이궁, 광해군, 서궐, 굳건히, 자그마치, 전각, 철거되다, 인왕산, 유형문화재, 숭정전, 정구품, 정팔품, 정칠품, 우물천장, 곡병, 편전, 어진, 희한하다, 속설, 위상, 호패, 무명옷, 베옷, 빻다, 착안하다, 퍼즐, 적시다, 밀착시키다, 스펀지, 가장자리, 서글픔,

단어해석

1. **이궁 离宫**
   [명사]<역사> 행궁(行宮).임금이 나들이 때에 머물던 별궁.

2. **광해군 光海军**
   [명사]<인명> 조선 제15대 왕(1575~ 1641). 이름은 혼(琿).

3. **서궐 西阙**
   [명사]<고적> '경희궁'을 달리 이르던 말. 서쪽에 있는 대궐이라는 뜻이다.

4. **굳건히 坚实**
   [부사] 뜻이나 의지가 굳세고 건실하게

예 경제적 기반을 굳건히 다지다.

5. **자그만치** 可真不少

[부사]예상보다 훨씬 많이. 또는 적지 않게.

예고향을 떠나온 지 자그마치 십 년이 넘었다.

6. **전각** 王宫

[명사]=궁궐.

7. **철거되다** 拆除

[동사]건물, 시설 따위를 무너뜨려 없애거나 걷어치우다.

예 계단 끝나는 곳에 솟을대문처럼 꾸며 놓은 문이 있었는데 계단은 철거되어 있고 쳐다보는 방향에 그 솟을대문만 남아 있었다.

8. **인왕산** 仁王山

[명사]<지명> 서울 서쪽, 종로구와 서대문구 사이에 있는 산. 전체가 화강암으로 구성되어 있고 암반이 노출된 것이 특징이다.

9. **유형문화재** 有形文化财

<고적> 형체가 있는 문화적 유산. 역사상・예술상의 가치가 큰 건조물, 회화, 조각, 공예품, 책, 문서 따위이다.

10. **숭정전** 崇政殿

[명사]<역사> 조선 시대에, 경희궁 안에 있던 정전(政殿). 임금이 신하로부터 조하(朝賀)를 받던 곳이다.

11. **정구품** 正九品

[명사]<역사>고려 시대의 18 품계 가운데 열일곱째 등급. 문산계의 유림랑

예 등사랑 따위와 무산계의 인용교위・인용부위・향직의 군윤(軍尹) 따위가 해당한다.

12. **정팔품** 正八品

[명사]<역사>고려 시대의 18 품계 가운데 열다섯째 등급. 문산계의 급사랑, 징사랑, 승사랑 등과 무산계의 선절교위, 선절부위 따위가 이에 속한다.

13. **정칠품** 正七品

[명사]<역사>고려 시대의 18 품계 가운데 열셋째 등급. 문산계의 조청랑, 선덕랑, 종사랑(從事郎)과 무산계의 치과교위, 치과부위 따위가 이에 속한다.

14. **우물천장** 天障

[명사]<건설> 반자틀을 '井' 자 모양으로 짜고 그 사이에 널을 덮어 만든 천장.

15. **곡병** 曲柄

[명사] =머릿병풍.

16. **편전** 偏殿

[명사]임금이 평상시에 거처하는 궁전.

17. 어진 御真

[명사]임금의 화상(畵像)이나 사진.

18. 희한하다 稀罕

[형용사]매우 드물거나 신기하다.

예 사람들은 그를 희한하게 쳐다보았다.

19. 속설 俗说

[명사]세간에 전하여 내려오는 설이나 견해.

20. 위상 位相

[명사]어떤 사물이 다른 사물과의 관계 속에서 가지는 위치나 상태.

21. 호패 号牌

[명사]<역사> 조선 시대에, 신분을 증명하기 위하여 16세 이상의 남자가 가지고 다녔던 패.

22. 무명옷 棉衣

예 [명사]무명으로 지은 옷.

23. 베옷 麻衣

[명사]베로 지은 옷.

24. 빻다 舂

[동사]『…을』 짓찧어서 가루로 만들다.

예 밀을 빻아서 밀가루를 만든다.

25. 착안하다 着眼

[동사]『…에』어떤 일을 주의하여 보다. 또는 어떤 문제를 해결하기 위한 실마리를 잡다.

예 몇몇만 힘을 합하면 아무리 힘센 자라도 이겨 낼 수 있다는 점에 착안한 것이다.

26. 퍼즐 迷

[명사]풀면서 지적 만족을 얻도록 만든 알아맞히기 놀이. 이에는 낱말이나 숫자・도형 맞추기 따위가 있다. '알아맞히기', '짜 맞추기'로 순화.

27. 적시다 润湿

[동사]『…을』 물 따위의 액체를 묻혀 젖게 하다.

예 물을 엎질러서 바지를 적셨다.

28. 밀착시키다 (让)贴紧

밀착[명사]서로의 관계가 매우 가깝게 됨.

29. 스펀지 海绵

[명사]생고무나 합성수지로 해면(海綿)처럼 만든 물건. 탄력이 있고 수분을 잘 빨아들여 쿠션이나 물건을 닦는 재료로 많이 쓴다.

30. 가장자리 边缘

[명사] 둘레나 끝에 해당되는 부분.

31. 서글픔 悲伤

[명사]쓸쓸하고 외로운 감정.

프로그램 보기

연습문제

1. 서울의 5대 궁권은?
2. 경희궁에 대해서 한번 소개해 보십시오.

제13과 홍대입구역

주요 내용 미리 보기

젊은이들이 열광하는 그곳, 홍대~! 홍대 전척열과 홍익대를 잇는 수많은 골목에는 늘 역동적인 에너지가 넘쳐 흐른다. 거리 한쪽의 개성 있는 벽화와 조형물, 끝없는 실험정신과 열린사고를 반영하는 공연문화. 하드록, 펑크, 힙합 등 다양한 음악을 즐길 수 있는 클럽문화는 다른 어느 곳에서도 보기 힘든 홍대만의 독특한 매력이다. 이곳에서 하루는 늘 짧고 놀 데는 대단히 많다.

단어를 미리 알아보기

단어

하드록, 펑크, 힙합, 선보이다, 담벼락, 자부하다, 지름신, 갤러리, 영상스튜디오, 아마추어, 인디문화, 비보이, 똘똘, 뭉치다, 막바지, 발레리나, 비걸, 브레이크댄스, 점프, 상큼하다, 콘서트, 프리마돈나, 쿵쾅거리다, 깔리다, 재즈, 장르

단어해석

1. **하드록 hard rock 摇滚**
   <음악> 1960년대 후반에 일어난 록 그룹의 연주 스타일. 전기 기타를 중심으로 한 격렬한 비트와 절규하는 듯한 노래가 특징이다.

2. **펑크 punk 朋克**
   [명사]1970년대 후반에 런던 하층 계급의 젊은이들 사이에 유행한 복장과 헤어스타일. 너덜너덜한 티셔츠에 술을 단 자켓을 입거나 머리털을 곧추세운다.

3. **힙합 hiphop**
   [명사]<음악> 뉴욕의 흑인 소년이나 푸에르토리코 젊은이들이 1980년대에 시작한 새로운 감각의 음악이나 춤.

4. **선보이다 (被)相亲**
   [동사]『…에/에게 …을』'선보다'의 사동사.
   예 이번 박람회는 전 세계에 우리 회사의 제품을 선보일 수 있는 좋은 기회이다.

5. **담벼락 墙壁**
   [명사]담이나 벽의 표면.

6. **자부하다 自负**
   [동사]『…을』자기 자신 또는 자기와 관련되어 있는 것에 대하여 스스로 그 가치나 능력을 믿고 마음을 당당히 가지다.
   예 그는 자신이 개혁의 선봉임을 자부하고 있다.

7. **지름신 消费冲动神**
   한국의 네티즌 사이에 유행하는 인터넷 유행어의 일종으로, 소비를 부채질하는 권능을 가진 신으로 알려져 있다.

8. **갤러리 画廊**
   [명사] 미술품을 진열・전시하고 판매하는 장소. '그림 방', '화랑(畫廊)'으로 순화.

9. **영상스튜디오 电影工作室**
   영상[명사]<물리>빛의 굴절이나 반사에 의하여 물체의 상(像)이 비추어진 것. ≒영상(影像).
   스튜디오[명사]영화 촬영소. '촬영실'로 순화.

10. **아마추어 业余**
    [명사]예술이나 스포츠, 기술 따위를 취미로 삼아 즐겨 하는 사람. '비전문가'로 순화.

11. **인디문화 独立社区文化,自主文化**

인디[명사]<연영> 영화・음반 제작에서, 독립 프로덕션으로서 소규모의 예산으로 활동하는 회사. 또는 거기서 만들어 낸 영화나 음반.【independent】

12. **비보이** B[←Breakdancing] boy 霹雳舞男孩
[명사]브레이크댄스를 추는 남자.

13. **똘똘** 骨碌骨碌
[부사]작고 둥근 물건이 가볍고 빠르게 구르거나 돌아가는 소리. 또는 그 모양. '돌돌' 보다 센 느낌을 준다.

14. **뭉치다** 团成
[동사]— i『(…을)』 여러 가지 생각, 힘 따위가 하나로 크게 모이다. 또는 그렇게 되게 하다.
예 우리의 힘이 뭉쳐야 시련을 극복할 수 있다.

15. **막바지** 尽头
[명사]어떤 일이나 현상 따위의 마지막 단계.

16. **발레리나** 芭蕾舞女演员
[명사]발레를 하는 여자 무용수.

17. **비걸** B[←Breakdancing] girl 霹雳舞女孩
[명사]브레이크댄스를 추는 여자.

18. **브레이크댄스** 霹雳舞
[명사]1980년대에 뉴욕의 흑인 소년들이 거리에서 추기 시작한 춤. 자유롭고 곡예적인 율동을 보여 준다.

19. **점프** 跳跃
[명사] <운동・오락>육상 경기나 스키 따위에서 도약하는 종목.

20. **상큼하다** 凉爽
[형용사] 보기에 시원스럽고 좋다.

21. **콘서트** 演唱会
[명사] <음악>두 사람 이상이 음악을 연주하여 청중에게 들려주는 모임. '연주회' 로 순화.

22. **프리마돈나 (이탈리아 어)** prima donna 歌剧中的女主角,首席女歌手
<예술> 오페라에서 제1 여가수나 주역을 맡은 여가수.

23. **쿵쾅거리다** 扑腾
[동사]『(…을)』 폭발물이나 북소리 따위가 크고 작게 엇바뀌어 요란하게 울리는 소리가 잇따라 나다. 또는 그런 소리를 잇따라 내다. '꿍꽝거리다' 보다 거센 느낌을 준다.

24. **깔리다** (被)铺
[동사] 널리 펴져 있다. 또는 많이 펴져 있다.

예 정원에는 잔디가 곱게 깔려 있었다.

25. 재즈 爵士

[명사]<음악> 19세기 말에서 20세기 초에 걸쳐서 미국의 흑인 음악에 클래식, 행진곡 따위의 요소가 섞여서 발달한 대중음악.

26. 장르 体裁

[명사]<문학>문예 양식의 갈래. 특히 문학에서는 서정, 서사, 극 또는 시, 소설, 희곡, 수필, 평론 따위로 나눈 기본형을 이른다. '분야', '갈래'로 순화.

프로그램 보기

연습문제

이 프로그램에서는 홍대의 어디를 소개했지요?

제14과 서울경마공원

주요 내용 미리 보기

승부의 짜릿함과 경주마들의 힘찬 에너지가 넘쳐흐르는 서울경마공원, 주말마다 신나는 레이스가 펼쳐지는 이곳은 청계산, 관악산과 인접한 자연친화적인 곳으로 경마의 묘미가 배가 되는 즐거움을 느낄 수 있다. 매주 30만 명의 경마팬들이 경주를 관람하는 국내우 대표적인 경마장일 뿐 아니라 아름다운 공원과 승마장, 마사박물관이 갖춰져 있는 복합레저공간으로 큰 사랑을 받고 있다.

단어를 미리 알아보기

단어

레이스, 자연친화적이다, 날렵하다, 보폭, 단승식, 연승식, 복승식, 배당률, 기수, 긴박하다, 안장, 발걸이, 재갈, 선사시대, 격구 시연회, 시소, 시뮬레이션,

단어해석

1. **레이스 比赛**
   [명사]<운동 · 오락> 경주, 경영, 경조, 경마, 경륜 따위를 통틀어 이르는 말. '달리기'로 순화.

2. **친화 亲近**
   친화 [명사]사이좋게 잘 어울림.

3. **날렵하다 飞快**
   [형용사]재빠르고 날래다.
   예 그는 날렵하게 몸을 움직여 피했다.

4. **보폭 脚步**
   [명사]걸음을 걸을 때 앞발 뒤축에서 뒷발 뒤축까지의 거리.
   예 보폭이 넓다
   예 보폭이 좁다.

5. **단승식 单胜式**
   [명사]<운동 · 오락>경마, 경륜 따위에서 일등만을 알아맞히는 방식. 또는 그렇게 알아맞히는 투표권.

6. **연승식 连胜式**
   [명사]<운동 · 오락> 경마 · 경륜 · 조정 따위에서, 1 · 2등 또는 1 · 2 · 3등 가운데 하나를 알아맞히는 방식. 또는 그런 투표권.

7. **복승식 复胜式**
   [명사]<운동 · 오락> 경마, 경륜, 경정(競艇) 따위에서 일 등과 이 등을 동시에 맞추는 형식의 투표권. 일 등과 이 등의 순서는 상관없다.

8. **배당률 红利率**
   [명사]<경제> 불입한 금액에 대한 배당금의 비율.

9. **기수 期数**
   [명사] 이자를 계산할 때, 빌린 돈의 기간을 나타내는 수.

10. 긴박하다 紧迫

[동사] 매우 다급하고 절박하다.

11. 안장 鞍子

[명사]말, 나귀 따위의 등에 얹어서 사람이 타기에 편리하도록 만든 도구.

12. 발걸이 步伐

[명사]자전거를 탈 때에 발을 걸치어 놓고 밟아서 가게 되어 있는 부분.

예 발걸이에 발도 닿지 않는 어린아이가 말을 제법 탄다.

13. 재갈 嚼子

[명사]말을 부리기 위하여 아가리에 가로 물리는 가느다란 막대. 보통 쇠로 만들었는데 굴레가 달려 있어 여기에 고삐를 맨다.

14. 선사시대 史前时代

<역사> 문헌 사료가 전혀 존재하지 않는 시대. 석기 시대와 청동기 시대를 이른다.

15. 격구시연회 马球预演会

격구[명사]<운동・오락>예전에, 젊은 무관이나 민간의 상류층 청년들이 말을 타거나 걸어 다니면서 공채로 공을 치던 무예. 또는 그런 운동.

시연회[명사]무용이나 연극 따위를 일반에게 공개하기 전에 시험적으로 상연하기 위하여 이루어진 모임.

16. 시소 跷跷板

[명사]긴 널빤지의 한가운데를 괴어, 그 양쪽 끝에 사람이 타고 서로 오르락내리락하는 놀이 기구.

17. 시뮬레이션 模拟

[명사] 복잡한 문제나 사회 현상 따위를 해석하고 해결하기 위하여 실제와 비슷한 모형을 만들어 모의적으로 실험하여 그 특성을 파악하는 일.

프로그램 보기

연습문제

이 프로그램을 보고 경주마의 순서를 잘 알게 되었지요? 한번 이야기해 보시오.

제15과 홍릉수목원

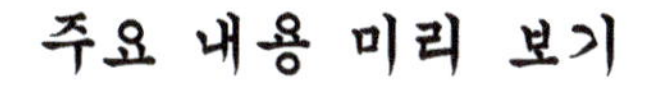

주요 내용 미리 보기

코너1: 홍릉수목원
도심 속의 나무 천국 홍릉수목원! 동대문구 청량리에 있는 이곳은 서울에서 가장 멋진 숲이자 우리나라 최초의 수목원으로 원래 명성왕후의 능림이었던 곳이다.
코너2: 세종대왕기념관
세종대왕기념관은 1973년 세종대왕의 위업을 추모하고 이를 길이 보존하기 위해 개관했으며 수표, 신도비, 한글 관련 문헌 등 소장 유물 627점이 전시되어 있다.

단어를 미리 알아보기

단어

속삭이다, 울타리, 탱자, 메타세콰이아, 부들이, 막대기, 벽판, 잣나무, 너와집, 화전민, 단열, 추모하다, 신도비, 인자하다, 너그럽다, 정취

단어해석

1. **속삭이다　窃窃丝语**
   [동사]『…을』 남이 알아듣지 못하도록 나지막한 목소리로 가만가만 이야기하다.
   예 아이들은 한쪽 구석에 모여 저희들끼리 무언가를 속삭이고 있었다.
2. **울타리　栅栏**
   [명사] 풀이나 나무 따위를 얽거나 엮어서 담 대신에 경계를 지어 막는 물건.

우리는 발을 세우고 울타리 너머로 집 안을 살폈다.

3. **탱자 枸橘**

[명사]탱자나무의 열매. 향기가 좋으며 약용 하기도 한다.

4. **메타세콰이아 水杉**

[명사]<식물> 낙우송과의 낙엽 침엽 교목. 높이는 35미터, 지름은 2미터 정도이며, 잎은 마주나고 가을에 붉은 갈색으로 단풍이 든다.

5. **부들이**

[명사]<건설> 서까래의 끝 부분을 위로 휘어 오른 듯하게 깎은 부분.

6. **막대기 杆子**

[명사]가늘고 기다란 나무나 대나무의 토막.

7. **벽판 墙裙**

[명사]천장이나 벽을 바르는 데 쓰는 널빤지. 석면 시멘트 판, 석고판, 플라스틱 합판 따위가 있다.

8. **잣나무 红松**

[명사]<식물> 소나뭇과의 상록 교목. 높이는 10~30미터이고 나무껍질은 잿빛을 띤 갈색이며 얇은 조각이 떨어진다. 잎은 다섯 개씩 모여나고 바늘 모양이다.

9. **너와집 木片瓦房**

[명사]<건설> 기와처럼 얇은 돌 조각으로 지붕을 올린 집.

10. **화전민 火田民**

[명사]<농업> 화전을 일구어 농사를 짓는 사람.

11. **단열 断裂**

[명사] <지리>응력에 의한 기계적인 파괴 때문에 생긴 암석의 금이나 갈라진 틈 또는 단층(斷層).

12. **추모하다 追念**

[동사]죽은 사감을 그리며 생각하다.

예 매년 사월이면 민주 열사를 추모하는 행사가 열린다.

13. **신도비 神道碑**

[명사]<역사> 임금이나 종이품 이상의 벼슬아치의 무덤 남동쪽의 큰길가에 세운 석비(石碑).

14. **인자하다 仁慈**

[형용사]마음이 어질고 자애롭다.

예 본시부터도 착한 성정을 가진 왕이지마는 요사이 와서 왕의 마음은 더 인자하고 상냥스러웠다.

15. **너그럽다 宽厚**

[형용사]마음이 넓고 아량이 있다.

16. 정취 情趣
[명사]깊은 정서를 자아내는 흥취.

프로그램 보기

연습문제

홍릉수목원은 어떤 곳입니까? 여기에 오면 또 다른 구경거리가 있습니까? 한번 이야기해 보십시오.

韩国语视听说教程(四)(第二版)

尊敬的老师：

您好！

为了方便您更好地使用本教材，获得最佳教学效果，我们特向使用该书作为教材的教师赠送本教材配套音、视频资料。如有需要，请完整填写“教师联系表”并加盖所在单位系(院)公章，免费向出版社索取。

北京大学出版社

教 师 联 系 表

<table>
<tr><td>教材名称</td><td colspan="3">韩国语视听说教程(四)(第二版)</td></tr>
<tr><td>姓名：</td><td>性别：</td><td>职务：</td><td>职称：</td></tr>
<tr><td>E-mail：</td><td>联系电话：</td><td colspan="2">邮政编码：</td></tr>
<tr><td colspan="2">供职学校：</td><td colspan="2">所在院系：
（章）</td></tr>
<tr><td colspan="4">学校地址：</td></tr>
<tr><td colspan="2">教学科目与年级：</td><td colspan="2">班级人数：</td></tr>
<tr><td colspan="4">通信地址：</td></tr>
</table>

填写完毕后，请将此表邮寄给我们，我们将为您免费寄送本教材配套资料，谢谢！

北京市海淀区成府路205号
北京大学出版社外语编辑部 刘 虹
邮政编码：100871
电子邮箱：554992144@qq.com

邮 购 部 电 话：010-62534449
市场营销部电话：010-62750672
外语编辑部电话：010-62754382